精品课程新形态教材
21世纪应用型人才培养系列教材
新时代创新型人才培养精品教材

旅游资源学

姚雪梅　胡淑伟　主编

中国商业出版社

图书在版编目(CIP)数据

旅游资源学 / 姚雪梅，胡淑伟主编. -- 北京 ：中国商业出版社，2024. 8. -- ISBN 978-7-5208-3121-5

Ⅰ. F590

中国国家版本馆 CIP 数据核字第 2024WD0664 号

责任编辑：聂立芳

策划编辑：张　盈

中国商业出版社出版发行

（www. zgsycb. com 100053　北京广安门内报国寺 1 号）

总编室：010-63180647　编辑室：010-63033100

发行部：010-83120835/8286

新华书店经销

涿州汇美亿浓印刷有限公司印刷

* * * * *

787 毫米×1092 毫米　16 开　　16 印张　　345 千字

2024 年 8 月第 1 版　2024 年 8 月第 1 次印刷

定价：47.00 元

* * * *

《旅游资源学》编委会

主　编： 姚雪梅　胡淑伟

副主编： 张春萍　武　刚　卢佳欢　郭　洋
石　光　杨　玲

前言

旅游资源学是一门综合性学科。该学科主要研究旅游资源的类型、形成机制、开发功能和合理保护。旅游资源学涉及的范围和研究内容较为广泛，涉及地理学、生物学、历史学、文学、美学、建筑科学、环境科学、技术科学、信息科学等。因此，旅游资源通常被认为是旅游业的基础，而旅游资源学则可以被看作旅游学的基石。党的二十大对全面建设社会主义现代化国家、全面推进中华民族伟大复兴进行了战略谋划，对统筹推进“五位一体”总体布局、协调推进“四个全面”战略布局作出全面部署，为新时代党和国家事业发展，实现第二个百年奋斗目标指明了前进方向，确立了行动指南。要实现中国式高等教育现代化，促进高等教育高质量发展，必须深入学习和贯彻党的二十大精神，深化高等教育改革。

然而，多年来，我国学术界对旅游资源的定义表述众说纷纭，加上由于分类目的、要求、依据不同，旅游资源形成了多种分类方法。因此，为了适应新形势对旅游教育的要求，丰富旅游资源学的研究视角，本教材编写组参考众多教材与文献，整理、编写了本教材。

本教材主要体现了以下三个方面的特色与创新：

第一，知识的系统性。本教材主要参考国家标准《旅游资源分类、调查与评价》中对于旅游资源的分类标准，全书覆盖了国标分类体系中的 8 个主类、23 个亚类、110 个基本类型，使相关学生和读者对我国旅游资源能够形成更完整、清晰的认识，有助于引导学生更加系统地学习相关知识。

第二，时代性。本教材在编写过程中整合优化了支撑教材编写的配套资源。如采用最新的分类标准，使用最新公布的相关数据，采用紧随时代发展的最新案例等。整部教材的编写体现了与时俱进的时代精神。

第三，创新性。本教材内容简明，设计新颖，案例与时俱进。融通俗性、可读性、应用性于一体，既体现了相应的旅游资源的理论知识，同时又配有相关案例及技能训练，力求体现“以学生为主体，以教师为主导”的教学新理念，服务于培养合格的应用型旅游管理专业人才。

在本书的编写过程中，借鉴了大量的书籍及相关文献，我们已经尽量在参考文献中列出，在此一并向各位学者表示谢意！

该教材既可作为旅游管理、导游管理、酒店管理等相关专业教材，同时也是旅游从业人员理想的自学读物。

由于编者水平有限，本书难免存在一些不足与纰漏，期盼各位读者和同行提出宝贵意见！

编　者

目录
CONTENTS

第一章
旅游资源概述

知识目标

1. 掌握旅游资源的概念及旅游资源对发展旅游业的重要性。
2. 熟悉旅游资源的各种分类标准。
3. 了解旅游资源的特点。

技能目标

1. 能够运用旅游景观知识去准确识别各类旅游景观及其特征。
2. 能够凭借已获得知识进行旅游景观导游词的简单组织及基本讲解。

思政目标

1. 通过讲解我国丰富的水文景观旅游资源，激发学生的爱国热情与民族自豪感、自信心。

2. 通过撰写讲解词，培养学生自主收集信息、查阅资料，对已有知识进行重构和创新的能力。

3. 通过小组研讨，培养学生的独立思考能力、沟通表达能力。

4. 通过考核评价，培养学生实事求是地进行自我评价和评价他人的能力，体现客观公正的评价原则。

第一节　旅游资源的概念及分类

案例导入

深挖世界级旅游资源，提升桂林旅游发展格局和服务品质

2021年4月，习近平总书记视察桂林，赋予桂林打造世界级旅游城市的重任。随后，广西壮族自治区党委、政府明确了桂林“一城一都一地一中心”的发展定位。广西师范大学历史文化与旅游学院王林教授为打造桂林世界级旅游城市提出了以下几点建议。

(1) 提升世界级旅游城市的格局。在桂林打造世界级旅游城市这盘大棋局中，各县（市、区）要举全力来谋划自己的发展空间和机遇。可以确定桂林打造世界级旅游城市“一核两翼”的发展格局，即把桂林城区作为世界级旅游城市的核心区，按照“一南一北”的发展布局，把“大桂林”这一空间概念推向新高度，做好顶层规划设计，抓紧文旅重大项目建设、旅游品质提升、生态环境保护、宜居城市建设、乡村振兴等专项工作。

(2) 深挖“世界级”的旅游资源。盘点桂林高品位、具有世界遗产价值的旅游资源，做好资源的二次开发，讲清、讲透、讲全“桂林故事”。除了漓江以外，桂林各县（市、区）还有一批世界级的旅游资源，比如：灵渠有着“世界古代水利建筑明珠”的美誉，灵渠陡门被世界大坝委员会誉为“世界船闸之父”，入选世界灌溉工程遗产；八角寨丹霞地貌发育丰富程度及品位为世界罕见，被有关专家誉为“丹霞之魂、国家瑰宝”；龙胜被称为“世界梯田的原乡”，包括龙胜龙脊梯田在内的“中国南方稻作梯田”获得了全球重要农业文化遗产的正式授牌。要充分认识到这些高质量提升的景区是聚力桂林打造世界级旅游城市的前沿阵地。

(3) 提升桂林“世界级”的服务品质。旅游服务质量是衡量地方旅游产业综合竞争力的重要标志，结合桂林地方特色特点，探索建立既与国际标准又与国家标准相衔接的国际一流、主客共享、城乡统筹的旅游公共服务体系，形成“桂林气质”。未来可大力推进全州天湖高山滑雪、瑶汉养生城康养、千古情大型演艺等新业态的发展；创新运营融创文旅城、三千漓、大碧头等一批文旅融合示范景区和乡村旅游度假区；开发“桂菜系列”特色餐饮和美食；提升具有国际标准的星级酒店，打造具有桂林“山水”文化特色酒店和精品民宿。从产业升级、消费升级、科技赋能、配套设施等多方面发力，重点是国际离境免税政策、国际航线、用地政策、旅游营商环境等。

(4) 多渠道筹资，壮大市场主体。桂林旅游可尝试在现有国有文旅企业的基础上，培育大型龙头文旅企业集团，扶持一批竞争力强的龙头企业。同时在全球范围内寻求投资合作伙伴，引入竞争资本，壮大市场主体。

资料来源：刘倩．深挖世界级旅游资源提升桂林旅游发展格局和服务品质［N］．桂林日报，2022-03-23（001）．（部分改动）

一、旅游资源的概念

（一）资源的概念

马克思在《资本论》中写道："劳动和土地，是财富两个原始的形成要素。"恩格斯的定义是："其实，劳动和自然界在一起它才是一切财富的源泉，自然界为劳动提供材料，劳动把材料转变为财富。"（《马克思恩格斯选集》第四卷，第 373 页，1995 年 6 月第 2 版。）马克思、恩格斯的定义，既指出了自然资源的客观存在，又把人（包括劳动力和技术）的因素视为财富的另一不可或缺的来源。可见，资源的来源及组成，不仅包括自然资源，而且包括人类劳动的社会、经济、技术等因素，还包括人力、人才、智力（信息、知识）等内容。据此，所谓资源指的是一切可被人类开发和利用的物质、能量和信息的总称，它广泛地存在于自然界和人类社会中，是一种自然存在物或能够给人类带来利益的财富。或者说，资源就是指自然界和人类社会中一种可以用以创造物质财富和精神财富的具有一定量的积累的客观存在形态，如土地资源、矿产资源、森林资源、海洋资源、石油资源、人力资源、信息资源等。

（二）旅游资源的概念

旅游资源（Tourism Resources）是旅游业发展的前提，也是旅游业赖以生存的基础，这一概念的诞生与现代旅游活动的发展密不可分。在国际学术界，学者们更多的是采用"旅游吸引物（Tourism Attraction）"一词。"旅游吸引物"是指旅游地吸引旅游者的所有因素的总和。它包括旅游资源、完备的接待设施和优良的服务与劳务，甚至还包括快捷舒适的旅游交通条件。

在我国，大多数人将旅游资源视为吸引旅游者来访的凭借物，强调旅游资源是旅游者活动的对象物。围绕着这一理论核心，中国旅游学界对旅游资源的含义、价值、开发与保护等方面进行了研究，由于研究角度和侧重点不同，关于旅游资源的定义也层出不穷。

（1）旅游资源是指对旅游者具有吸引力的自然存在和历史文化遗产，以及直接用于旅游目的的人工创造物。（保继刚，1993）

（2）从现代旅游业来看，凡是能激发旅游者旅游动机，为旅游业所利用，并由此产生经济价值的因素和条件即旅游资源。（邢道隆，1986）

（3）凡能激发旅游者的旅游动机，为旅游业所利用，并由此产生经济效益与社会效益的现象和事物均称为旅游资源。（苏文才、孙文昌，1998）

（4）自然界和人类社会凡能对旅游者产生吸引力，可以为旅游业开发利用，并可产生经济效益、社会效益和环境效益的各种事物和因素，均称为旅游资源。（国家旅游局 2003 年颁布《旅游规划通则》）

（5）凡是能够造就对旅游者具有吸引力环境的自然事物、文化事物、社会事物或其他任何客观事物，皆可构成旅游资源。（李天元，2015）

在此基础上，2018 年 7 月实施的《旅游资源分类、调查与评价》（GB/T 18972—2017）中将旅游资源定义为：“自然界和人类社会凡能对旅游者产生吸引力，可以为旅游业开发利用，并可产生经济效益、社会效益和环境效益的事物和现象”。该概念在强调资源具有吸引力的同时，还重点强调了旅游资源产生的经济效益、社会效益和环境效益。这种提法符合现代经济“可持续发展”原则，在实际操作中具有积极的作用。因此，与其他提法相比，这一定义有着较强的先进性和科学性。

二、旅游资源的特点

对于旅游资源的特点，不同学者有不同的观点。根据地理环境和旅游消费者兴趣及出游动机的不同，一般来讲，旅游资源的基本特点可以归纳如下。

（一）种类的多样性

旅游资源是一个内涵广泛的集合概念，即自然界和人类社会的任何事物和现象，只要能对旅游者产生吸引力，可以为旅游业开发利用，并可产生经济效益、社会效益和环境效益，皆可成为旅游资源。此外，旅游资源在表现形式上，也可反映出具有多样性的特点。在中国复杂的地理环境和悠久的历史文化条件下，旅游资源的数量和种类在世界上均名列前茅。

根据《旅游资源分类、调查与评价》中的 8 个主类、23 个亚类和 110 个基本类型，旅游资源既涉及地文景观、水域景观、生物景观、天象与气候景观等，也涉及旅游购物品和人文活动等方面。旅游资源的多样性特点，从根本上讲，是和旅游消费者的兴趣及其出游动机的多样性密不可分的。

（二）垄断性

大多数旅游资源，尤其是历史文化遗存和自然遗存类的旅游资源，都具有地理上不可移动的特点，这一点与其他类型的资源是不同的。

旅游资源的不可移动性可以从以下方面来理解：第一，自然旅游资源是在一定自然地理环境下形成的，由于其规模往往巨大或与地理环境的紧密联系，使其难以发生空间位移。如泰山、黄果树瀑布、桂林山水等资源均在特定的地理环境下产生，无法用人工力量来搬迁或异地再现。第二，人文旅游资源是在特定的地域环境和特定的历史条件下的人类社会产物，它们的价值主要体现在包含人类社会、历史信息的丰富性上。由于这类资源与其生成环境紧密联系，人为割裂其环境联系，势必会影响到旅游资源所承载信息的完整性、原生性和真实性，使资源的价值降低。如中国巍巍群山中蜿蜒不断的万里长城，意大利罗马古城中的斗兽场，埃及茫茫沙漠中的金字塔都是与其自然和人文环境紧密联系的。第三，在现代经济和技术条件下，在其他地方仿制有名的旅游资源在技术上是可行的。如微缩景观、园林建筑等，但由于脱离了历史和环境，不再具有原真性，从而会失去原物所具有的价值和意义，其生命力非常有限。

（三）吸引力的定向性

所有类型旅游资源的共有本质特征是对旅游者有吸引力。但由于旅游者的个人偏好、文化背景、审美能力等方面的限制，导致旅游资源的吸引力呈现出群体倾向性或吸引力的定向性。对于大部分旅游资源而言，其所具有的吸引力在很大程度上取决于旅游者的主观认识。也就是说，一项旅游资源，可能对有的旅游者来说吸引力很大，但对另外一些旅游者却没有多大的吸引力，甚至根本不具吸引力，如对城市人来说农村田园风光具有较大的吸引力，而农村人则更向往城市的高楼大厦。

（四）可创新性

随着时代的发展进步，旅游者的消费习惯、兴趣及社会时尚潮流都可能会发生变化，这也为旅游资源的创新创造了条件。旅游资源的可创新性，归根结底是由于旅游资源吸引力要素的创新。旅游资源吸引力要素内涵广泛、形式多样，它包括自然因素、人文因素、物质因素、精神因素等。因此，旅游资源创新的前景广阔。旅游资源的创新性既可以是物体创新，如新加坡；也可以是一种无须大量投资的精神创意，如洛阳牡丹花会等。旅游资源创新的过程，也是不断更新旅游产品的过程。从旅游资源的类型上看，旅游资源创新包括现实旅游资源创新、人造旅游资源创新，还包括潜在旅游资源创新。随着旅游业的发展，不少潜在旅游资源被发现、被开发，继而转变为现实旅游资源。

（五）不可再生性

除人工可以栽培与繁殖的动植物外，可以说旅游资源是一种不能再生的资源，一旦破坏将很难恢复。这是因为旅游资源一般是自然界的造化和人类历史的遗存，是在一定的条件下产生的。因此，旅游资源一旦遭到破坏就很难复原，即使进行人工修复也有失原貌。随着现代城市化、城镇化进程的加快，一些急功近利的旅游开发行为对旅游地的自然生态环境、文化传统及文化氛围、景观环境乃至旅游景观本身造成了巨大破坏。因此，在开发旅游资源的同时，必须进行旅游资源的保护工作。通过各种保护措施，采用各种技术，一方面，减少自然的损耗和人为的破坏；另一方面，保护好生态环境，也能为某些自然景观、人文景观的可持续发展创造良好的条件，从而延长旅游资源重复使用的期限。

三、旅游资源的分类

旅游资源的分类过程，是旅游资源保护与开发及进行科学研究的重要基础性研究工作，也是人们加深对旅游资源属性的认识过程。此外，通过对不同类别旅游资源的深入认识，可以为比较与评价旅游资源、建立旅游区特色旅游产品体系等提供决策基础与依据。

旅游资源分类是一项非常重要的基础性研究工作，具有重要的意义。首先，旅游资源分类可以使旅游资源清晰化、条理化、系统化，为进一步开发利用、科学研究提供方便。其次，旅游资源分类有利于加深人们对旅游资源属性的认识，从开发主体角度而言，为科学合理的开发保护提供研究基础；从旅游者群体角度而言，能够获得有关旅游资源的更直观和深刻的旅游体验。最后，可以为旅游经济活动的复杂市场群体提供市场细分的思路和方向。目前在旅游业界使用颇广的主要有以下几种分类方法。

（一）基于事物属性的旅游资源分类

依据旅游资源本身的基本属性，可以将旅游资源分为自然旅游资源和人文旅游资源两大类。由于部分旅游资源同时具有自然资源与人文资源双重属性，二者相辅相成、密不可分，且很难将其简单归类，因此，近年来一些学者主张在自然旅游资源和人文旅游资源的基础上增加社会旅游资源（如图 1-1）。

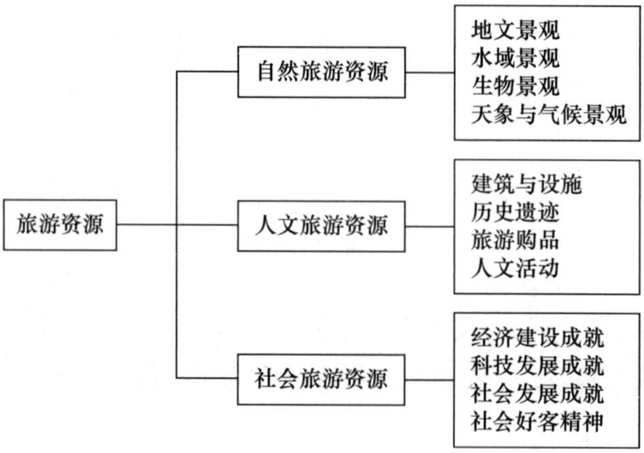

图 1-1　基于事物属性的旅游资源分类

1. 自然旅游资源

自然旅游资源是指凡能使人们产生美感或兴趣的、由各种地理环境或生物构成的自然景观。自然旅游资源通常是在某种主导因素作用下，在其他因素参与下，各种自然因素相互作用，经过大自然长期雕琢发育而成，是最具美学特征的地段或区域。当然，自然旅游资源一般都经过了人工开发，或多或少带有一些人文因素。自然旅游资源依其表现形式的不同，主要分为以下几个类别。

（1）地文景观。如山丘型景观、生物化石点、风沙地貌、丹霞地貌、岩溶景观等。

（2）水域景观。如瀑布、湿地、泉、小型岛礁等。

（3）生物景观。如林地、草地、花卉地、鸟类栖息地、蝶类栖息地等。

（4）天象与气候景观。如太空景象、云雾、雾凇、雨凇等。

我国自然旅游资源为数众多。其中部分资源已被联合国教科文组织列入世界自然遗产和世界文化与自然（双重）遗产。截至 2023 年 9 月，中国已有世界自然遗产 14 项，包括黄龙风景名胜区、九寨沟风景名胜区、武陵源风景名胜区、云南三江并流保护区、四川大熊猫栖息地、中国南方喀斯特、三清山国家公园、中国丹霞、澄江化石遗址、新疆天山、湖北神农架、青海可可西里、梵净山和中国黄（渤）海候鸟栖息地（第一期）；被列为世界文化与自然双重遗产的自然资源有 4 项，分别为泰山、黄山、峨眉山–乐山大佛和武夷山。

2. 人文旅游资源

人文旅游资源是指人类社会历史发展进程中由人类社会行为形成的痕迹或实物，是人类在长期的生产实践和社会生活中所创造的艺术结晶和文化成就。人文旅游资源以社会文化事物为吸引本源，是具有人类社会文化属性的、有旅游价值的物质财富和精神财富，是历史、社会、文化等多种因素共同作用的结果，是特定社会环境与历史条件下的产物。其形成和分布不仅受民族、意识形态等因素的制约，而且由于人类活动受自然环境影响深刻，所以也具有自然形成的属性。

对于人文旅游资源的类别，可作如下的划分：

（1）建筑与设施。如桥梁、洞窟、陵墓、雕塑等。

（2）历史遗迹。如民间文学艺术、传统服饰装饰、传统医药、地方习俗等。

（3）旅游购品。如日用工业品、旅游装备产品、文房用品、家具、陶瓷、画作等。

（4）人文活动。如地方人物、地方事件、宗教活动与庙会、现代节庆等。

中国底蕴丰厚的人文资源为旅游发展提供了不竭动力，这些宝贵的文化遗产中有很多已成为世界人文旅游资源中的优秀代表。截至 2023 年 9 月，中国已有世界文化遗产 39 项、世界文化景观遗产 6 项。其中世界文化遗产如长城、敦煌莫高窟、北京和沈阳的明清皇宫、秦始皇陵及兵马俑坑、周口店北京人遗址、武当山古建筑群、拉萨布达拉宫历史建筑群、承德避暑山庄及其周围寺庙、曲阜孔庙、孔林和孔府、庐山国家公园、平遥古城、苏州古典园林、丽江古城等；世界文化景观遗产如庐山、五台山、杭州西湖文化景观、红河哈尼梯田、花山岩画、普洱景迈山古茶林文化景观等。

3. 社会旅游资源

社会旅游资源，泛指除上述两类旅游资源之外的其他属性的旅游资源。社会旅游资源是最具活力和潜力的一种旅游资源类型。社会旅游资源是社会资源在旅游业中的运用，是动态地呈现社会现实的一种载体。它以一定的空间和时间为载体，包括具有旅游吸引力的当代人类，及由当代人类所创造的、不以旅游为主体功能的，与人的生产生活密切相关的事物、现象和活动。社会旅游资源与人类社会活动融为一体，且不具有长效性和永续性的价值，但可以由人们创造而再生，给游人提供参与性、体验性和刺激性的美感享受。常见的这类社会资源包括：

（1）经济建设成就。如深圳、港珠澳大桥、三峡水利工程等。

（2）科技发展成就。如美国的“硅谷”以及我国的卫星发射基地等。

（3）社会发展成就。如幼儿园、养老院、居民社区等。

（4）社会好客精神。如夏威夷等。

（二）按旅游资源的价值及管理范围分类

旅游资源的价值与其管理级别相对应，即管理级别越高，其质量及价值越高。旅游资源的价值越高，其对游客的旅游吸引力就越强，所能发挥的经济、社会、环境效益就越大。根据旅游资源的价值及管理级别，可将旅游资源分为世界级、国家级、省级、市（县）级四类。

1. 世界级旅游资源

世界级旅游资源主要包括被联合国科教文组织批准列入《世界遗产名录》的名胜古迹、世界级地质公园和列入联合国“人与生物圈”计划的自然保护区等旅游资源。这一级别的资源的历史价值、科学价值或艺术价值极高，具有享誉全球的知名度，是全人类共同的宝贵遗产。截至 2023 年 9 月 18 日，《世界遗产名录》中的遗产数量增至 1122 项。2023 年 9 月 17 日，中国“普洱景迈山古茶林文化景观”遗产被列入《世界遗产名录》，至此，中国世界遗产总数增至 57 处，自然遗产增至 14 处，自然遗产总数位列世界第一。

截至 2020 年 7 月，联合国教科文组织世界地质公园总数为 161 个，分布在全球 41 个国家和地区。中国拥有 42 个世界地质公园，分别为昆仑山、阿拉善沙漠、克什克腾、敦煌、五大连池、镜泊湖、房山、延庆、泰山、自贡（自贡世界地质公园）、云台山、嵩山、王屋山-黛眉山、伏牛山、天柱山、黄山、神农架、张家界、终南山、雁荡山、泰宁、宁德、龙虎山、三清山、庐山、兴文、苍山、石林、织金洞、乐业-凤山、香港、丹霞山、雷琼、可可托海、阿尔山、光雾山-诺水河、大别山、沂蒙山世界地质公园、九华山、湘西世界地质公园红石林、甘肃张掖世界地质公园、龙岩地质公园。

面对全球共同面临的日益严峻的人口、资源、环境危机，联合国教科文组织于 1971 年发起了一项政府间的科学计划——“人与生物圈计划”（Man and the Biosphere Programme MAB）。该计划的目的在于：为改善人类及其生存环境之间的相互关系打造一个科学基础。中国于 1973 年正式加入“人与生物圈计划”，并于 1978 年成立中华人民共和国人与生物圈国家委员会。截至 2023 年 5 月，中国已有 34 个自然保护地被联合国教科文组织评定为世界生物圈保护区，在亚洲位列第一。这些成员保护着中国大部分的生态和生物资源，是落实“人与生物圈计划”和践行“生态文明”“美丽中国”的典型代表和优良平台。

2. 国家级旅游资源

我国的国家级旅游资源主要包括由国务院审定公布的国家风景名胜区、国家历史文化名城、国家重点文物保护单位，以及国家级自然保护区和国家森林公园（见表 1-1）。这类旅游资源有着重要的艺术欣赏、历史文化或科学研究价值。我国的国家级旅游资源具有较高的知名度，吸引了无数的国内外游客。

表 1-1 国家级旅游资源数量统计

截止时间	资源类别	数量
2017 年 3 月 29 日	国家风景名胜区	244 处
2023 年 10 月 25 日	国家历史文化名城	142 座
2022 年	国家重点文物保护单位	5 058 处
2021 年年末	国家级自然保护区	474 个
2019 年 2 月	国家森林公园	897 处（中国大陆）

3. 省级旅游资源

省级旅游资源主要包含省级风景名胜区、省级历史文化名城或名镇、省级文物保护单位、省级自然保护区、省级森林公园等。省级旅游资源一般在本省内有较大的影响力，有较明显的地方特色，所吸引的旅游者多为本省、直辖市或自治区内及周边地区的居民。

4. 市（县）级旅游资源

市（县）级旅游资源主要为各地的市（县）级风景名胜区以及市（县）级文物保护单位。这类资源主要对邻近地区或本地游客具有吸引力。

（三）按旅游资源的功能进行分类

将旅游资源按功能进行分类，有利于认识和充分发挥各种旅游资源的独特作用，为开展丰富多彩的旅游活动服务。根据旅游资源的旅游功能，可将其分为以下类型。

（1）观光游览型旅游资源。以各种优美的自然风光、著名的古建筑、城镇风貌、园林建筑为主，供旅游者观光游览和鉴赏，旅游者从中获得各种美感享受，借以陶冶情操。

（2）参与型旅游资源。即体验型旅游资源，包括冲浪、漂流、赛马、渔猎、龙舟竞渡、游泳、制作、品味、访问、节庆活动、集市贸易等。旅游者可以亲自参与活动，获得切身的体验。

（3）购物型旅游资源。如各种土特产、工艺品、艺术品、文物商品及仿制品等旅游商品。

（4）保健休疗型旅游资源。包括各种康复保健、度假疗养设施与活动，如疗养院、度假村、温泉浴、沙浴、森林浴、健身房等。这类旅游资源或有利于对某种慢性疾病的治疗，或者能使旅游者从中得到体质的恢复与提高。

（5）文化型旅游资源。包括各类博物展览、科学技术活动、文化教育设施等。这类旅游资源可以使旅游者从中获得一定的文化科学知识，开阔眼界，增长阅历。

（6）感情型旅游资源。主要包括名人故居、名人古墓、各类纪念地等。可开展祭祖、探亲访友、怀古等多种旅游活动，以表达旅游者的思古、怀念、敬仰等感情。

（四）按旅游资源的开发状况分类

按旅游资源的开发状况可将旅游资源划分为潜在的旅游资源和现实的旅游资源。

1. 潜在的旅游资源

潜在的旅游资源（potential tour resources）是指在目前尚不具备开发条件或不被确认为旅游资源的事物，但将来很有可能被开发成为旅游资源。人类对客观世界的认识是随着社会经济发展和社会意识的发展而不断加深的，一处景观能否成为有价值的旅游资源，和人们的认识水平、感观需求、发现时机、开发能力、宣传条件等众多因素的变化密切相关。

2. 现实的旅游资源

现实的旅游资源是指那些具有某种令旅游者感兴趣的潜质，而且已经有条件并且事实上正在接待大批游客前来访问的各种事物。需要注意的是，现实的旅游资源不一定全都是那些目前已在为旅游业所利用的吸引性事物，而是说这些事物目前已经成为吸引旅游者来访的诱因，且不论其是否已经被旅游业做商业性的利用。

（五）按《旅游资源分类、调查与评价》标准分类

我国旅游资源非常丰富，具有广阔的开发前景，在旅游研究、区域开发、资源保护等各方面应用广泛。本分类为 2017 年 12 月 29 日发布的国家标准（GB/T 18972—2017），根据旅游资源的性状，即现存状况、形态、特性、特征等，对稳定的、客观存在的实体旅游资源和不稳定的、客观存在的事物和现象进行分类。该标准将旅游分为“主类”“亚类”“基本类型”3 个层次。其中“主类”包含 8 项，“亚类”包含 23 项，“基本类型”包含 110 项（见表 1-2）。

表 1-2　旅游资源分类表

主类（8）	亚类（23）	基本类型（110）
A 地文景观	AA 自然景观综合体	AAA 山丘型景观、AAB 台地型景观、AAC 沟谷型景观、AAD 滩地型景观
	AB 地质与构造形迹	ABA 断裂景观、ABB 褶曲景观、ABC 地层剖面、ABD 生物化石点
	AC 地表形态	ACA 台丘状地景、ACB 峰柱状地景、ACC 垄岗状地景、ACD 沟壑与洞穴、ACE 奇特与象形山石、ACF 岩土圈灾变遗迹
	AD 自然标记与自然现象	ADA 奇异自然现象、ADB 自然标志地、ADC 垂直自然带
B 水域景观	BA 河系	BAA 游憩河段、BAB 瀑布、BAC 古河道段落
	BB 湖沼	BBA 游憩湖区、BBB 潭池、BBC 湿地
	BC 地下水	BCA 泉、BCB 埋藏水体
	BD 冰雪地	BDA 积雪地、BDB 现代冰川
	BE 海面	BEA 游憩海域、BEB 涌潮与击浪现象、BEC 小型岛礁
C 生物景观	CA 植被景观	CAA 林地、CAB 独树与丛树、CAC 草地、CAD 花卉地
	CB 野生动物栖息地	CBA 水生动物栖息地、CBB 陆地动物栖息地、CBC 鸟类栖息地、CBD 蝶类栖息地
D 天象与气候景观	DA 天象景观	DAA 太空景象观赏地、DAB 地表光现象
	DB 天象与气候现象	DBA 云雾多发区、DBB 极端与特殊气候显示地、DBC 物候景象
E 建筑与设施	EA 人文景观综合体	EAA 社会与商贸活动场所、EAB 军事遗址与古战场、EAC 教学科研实验场所、EAD 建设工程与生产地、EAE 文化活动场所、EAF 康体游乐休闲度假地、EAG 宗教与祭祀活动场所、EAH 交通运输场站、EAI 纪念地与纪念活动场所
	EB 实用建筑与核心设施	EBA 特色街区；EBB 特性屋舍；EBC 独立厅、室、馆；EBD 独立场、所；EBE 桥梁；EBF 渠道、运河段落；EBG 堤坝段落；EBH 港口、渡口与码头；EBI 洞窟；EBJ 陵墓；EBK 景观农田；EBL 景观牧场；EBM 景观林场；EBN 景观养殖场；EBO 特色店铺；EBP 特色市场

续表

主类（8）	亚类（23）	基本类型（110）
E 建筑与设施	EC 景观与小品建筑	ECA 形象标志物；ECB 观景点；ECC 亭、台、楼、阁；ECD 书作画；ECE 雕塑；ECF 碑碣、碑林、经幢；ECG 牌坊牌楼、影壁；ECH 门廓、廊道；ECI 塔形建筑；ECJ 景观步道、甬路；ECK 花草坪；ECL 水井；ECM 喷泉；ECN 堆石
F 历史遗迹	FA 物质类文化遗存	FAA 建筑遗迹、FAB 可移动文物
	FB 非物质类文化遗存	FBA 民间文学艺术、FBB 地方习俗、FBC 传统服饰装饰、FBD 传统演艺、FBE 传统医药、FBF 传统体育赛事
G 旅游购品	GA 农业产品	GAA 种植业产品及制品、GAB 林业产品与制品、GAC 畜牧业产品与制品、GAD 水产品及制品、GAE 养殖业产品与制品
	GB 工业产品	GBA 日用工业品、GBB 旅游装备产品
	GC 手工工艺品	GCA 文房用品；GCB 织品、染织；GCC 家具；GCD 陶瓷；GCE 金石雕刻、雕塑制品；GCF 金石器；GCG 纸艺与灯艺；GCH 画作
H 人文活动	HA 人文活动记录	HAA 地方人物、HAB 地方事件
	HB 岁月节令	HBA 宗教活动与庙会、HBB 农时节日、HBC 现代节庆

该标准结合了 2003 年以来旅游界对旅游资源的含义、价值、应用等多个方面的研究和实践成果，重点对旅游资源的类型划分进行了修订，使标准更加突出实际操作、突出资源与市场的有机对接以及对旅游资源及其开发利用的综合评价，更加适用于旅游资源开发与保护、旅游规划与项目建设、旅游行业管理与旅游法规建设、旅游资源信息管理与开发利用等方面的工作。

四、旅游资源的价值

价值是指客体的属性和功能能够满足主体需要的一种功能或效用。客体的功能是多方面的，主体的需要也是多方面的，而只有适合主体需要的那些特性和功能，才会与主体构成价值关系。由于客体的多种功能可以同时存在，从不同的角度来评价某一客体的价值就会得到不同的结果。旅游资源的价值，可以从以下四个方面来进行衡量。

（一）美学价值

无论是自然旅游资源，还是人文旅游资源，都会给旅游者带来独特的美感享受，包括形象美、色彩美、动态美、听觉美，等等。如桂林象鼻山，在大自然的雕琢下，形成了一道别致的地理景观。又如大家耳熟能详的香山红叶，其艳丽的色彩是由香山独特的地理位置和环境所造成的，“霜叶红于二月花”便是对它的一种高度评价。在秋风的吹拂中，欣赏香山独特的红叶，便能真正地体会到色彩美。人文旅游资源也常有让人流连忘返的美，如精致的园林、宏伟的宫殿、精致的手工艺品等。

（二）科学价值

在对旅游资源进行评价时，科学价值是不可忽略的一个重要方面。科学家可以在一些名山大川进行高山气候、云雾成因、山地垂直地带等科学研究。我国的许多名山都是地质作用的杰作，如我国的泰山、庐山都是高大的断块山，黄山是典型的高山花岗岩地貌；庐山上有丰富的第四纪冰川的遗迹，堪称地质博物馆；桂林山水、云南石林都是典型的喀斯特地貌；广东仁化丹霞山是典型的丹霞地貌；新疆罗布泊有着典型的雅丹地貌……此外，我国众多的国家公园、自然保护区有着丰富的动植物物种。这些旅游资源不仅有美学价值，还有科学价值，既可普及科学常识，也可进行科学研究。

（三）历史文化价值

人类社会中通过历史过程而形成的人文旅游资源具有历史文化价值。如一些遗址、古建筑、宗教文物等对于研究历史上的政治、经济、建筑等具有重要的价值。作为四大文明古国的中国，我国有无数历史上遗留下来的古建筑、书画题记、摩崖石刻等，这些文物古迹不仅是我国旅游资源的重要组成部分，也是全世界人类共同的宝贵财富。

（四）经济价值

旅游资源的经济价值是指旅游资源能够满足旅游者旅游需求效用的货币衡量。按照是否被旅游者使用，可以把旅游资源经济价值划分为利用价值（Use Value）和非利用价值（Non-Use Value）两大类（见表1-3）。

表1-3 旅游资源的经济价值

总价值	类	亚类	说明
旅游资源经济价值	利用价值	直接利用价值	直接满足旅游者旅游需求的价值
		间接利用价值	间接满足旅游者旅游需求的价值，为直接利用价值的实现提供必要的支持条件
	非利用价值	选择价值	将来的直接和间接使用价值的现实估计
		存在价值	继续客观存在的价值，仅仅是为了物体的存在的付出
		遗赠价值	为后代遗留下的利用价值和非利用价值

第二节 旅游资源学的学科研究

案例导入

旅游资源整合 有景还要有诗意

“旅游+”“全域旅游”“全季旅游”“旅游资源整合”……这些和旅游相关的新词汇，无疑是近年来最火的词。然而，旅游资源怎么整合才有看点？才更加耐看？似乎是值得好好思考的问题。

新疆自然景观奇丽、文化资源丰厚，是国内旅游最热门的地区之一，无数游客过去跋山涉水前往新疆欣赏“无限风光在险峰”，2018 年起新疆通过“旅游+”与公路、铁路、航空、农林、体育、文化等部门“携手”整合旅游资源，改变了新疆旅游“走大于游、点不成线”的状态，让远方有景更要有诗意。

比如阿勒泰，素有“千里画廊”之称。1000 多千米的阿尔泰山沿线分布着冰川河流、森林草原、湖泊湿地、地质奇观、大漠戈壁等高品质的旅游资源 200 多处，其中，A 级景区 24 家，5A 级景区 3 家，世界地质公园 1 个。然而，旅游景点相对分散、产品单一、基础设施薄弱制约了旅游业发展。如今，这一现象被彻底改变。据报道，目前游客可乘坐“大棕熊 100”飞机，完成从阿勒泰可可托海景区到喀纳斯景区的低空飞行。“空中走廊”的架设，标志着两个 5A 级景区间单程交通时间从原来的 6 个小时缩短为 1 个小时。目前，新疆通航企业在新疆低空游业务已突破 40 千米限制，飞行范围延伸至 300 千米，游客可在空中俯瞰山川美景。

除此以外，新疆还借人文体育推动旅游差异化发展，观光休闲并重，丰富旅游产品，如阿勒泰哈巴河县依托全国最大白桦林资源，重点打造“桦林绿城”；吉木乃县通过神石城、通天洞考古遗址等，挖掘人文历史宝库；喀什老城借百年民居里的制陶、烤馕、品茶打造体验旅游；伊犁新源县围绕那拉提草原及哈萨克族民俗，主推草原游牧文化……眼下，新疆还启动布尔津、福海等地打造特色民宿集群，健全优质服务体系，为新疆旅游新业态发展打下基础。

青海和新疆有许多相似之处，东西横跨 1200 千米，南北宽 800 千米，区域内景区景点遍布，东有喇家遗址，西有水上雅丹，南北都有壮美草原，并且就特色文化来说，青海文化资源更加丰富，除了多民族民俗文化，还有河湟文化、草原文化、饮食文化等，这也为青海景区景点赋予了打造诗意的空间。因此，青海旅游资源无论怎么整合，都应该有诗意地存在。

资料来源：张扬．旅游资源整合 有景还要有诗意［N］．海东时报，2018-07-11（A02）．（稍有改动）

一、旅游资源学的研究对象和内容

旅游资源学是专门研究旅游资源的形成、特点、分类、开发利用和保护的一门综合性学科。旅游资源学的内容涉及地理学、地质学、气候学、水文学、生物学、历史学、社会学、民俗学、考古学、建筑学、环境学、生态学、文学、美学等学科。其研究内容可以概括如下：

（一）研究旅游资源形成的自然环境、社会条件与历史背景

各类旅游资源都各有其形成的渊源，自然旅游资源是各种自然因素相互作用、长期演化的结果；人文旅游资源是特定社会环境与历史条件下的产物，也具有自然形成的属性。旅游资源的开发，必须从研究旅游资源的形成机制入手。只有这样，才能充分展现旅游资源的科学价值，深入挖掘旅游资源的文化内涵，深刻认识旅游资源的文化属性，提高旅游资源的艺术与观赏品位，从而最大限度地发挥出旅游资源的效益功能。

（二）研究旅游资源的特点与分类

在认识各类旅游资源形成机制普遍规律的基础上，要寻找各类旅游资源之间的差异，找出不同旅游资源的特点，注意不同特性资源的互相转化。差异越大，特点越明显，开发价值就越高。所谓旅游资源特点，系指旅游资源的鲜明个性、旅游资源的“特殊本质”。对旅游资源特点的认识，要做深入的考察、科学的分析、广泛的横向对比才能实现。随着科技的进步、社会的发展、旅游资源内涵的延伸，旅游资源的种类与数量越来越多。对旅游资源做出合理的科学分类，是认识与研究旅游资源的前提与条件。

（三）研究旅游资源的开发功能

旅游资源是能够激发旅游者旅游动机并进行旅游活动，能够为旅游业所利用的客体。一方面，由于各类旅游者精神需求的差异，同一客体，对于不同旅游者的吸引力是因人而异的。秀丽的山川田野，能够满足城市居民寻求返璞归真、回归大自然的精神需求，对城市居民有强烈的吸引力；而现代化的都市建筑能够满足乡镇居民对现代化追求的精神需求，对乡镇居民有强烈的吸引力。另一方面，同一客体，因包装、开发深度的差异，对旅游者的吸引力也会不同。如苏州虎丘，原名海涌山，高仅数十米，相传春秋时吴王夫差将其父阖闾埋葬在此，并有建于宋代的八面七层砖身木檐的仿楼阁形塔而吸引着海内外众多游客。该丘虽较矮小，但从成因考察，它是地质时期火山喷发堆积而成，由下而上，层次清晰，有一定典型性。因此从科普的角度，开发虎丘的科学考察旅游功能，也定将能吸引更多的游客。总之，对不同属性的资源，应采取不同的开发利用对策。

（四）研究旅游资源的合理保护对策

保护旅游资源，是维系人类生存环境条件，继承和延续人类文明成果的重要方面，也

是衡量一个国家和民族是否具有远见卓识和文明觉悟程度的重要标志。要从可持续旅游发展的高度，切实保护好旅游资源。1995 年由“可持续旅游发展世界会议”通过的《旅游可持续发展宪章》指出：旅游可持续发展的实质是要求旅游与自然、文化和人类的生存环境成为一个整体，以协调和平衡彼此间的关系，在全球范围内实现经济发展目标与社会发展目标的统一。应当承认，经济开发与资源保护是有一定矛盾的，但如果能正确规划、科学安排，两者是有可能得到完美统一的。一般来说，对资源的合理开发是一种最好的保护。我们既不能脱离国家和地方现有条件、水平和需要，离开经济建设和旅游业发展，单纯强调旅游资源的保护；又不能片面追求经济利益，忽视对旅游资源的保护；更不能以牺牲旅游资源和环境为代价，去换取一时的经济效益。

二、旅游资源学的研究目的与意义

（一）旅游资源学是旅游学科的基石

旅游资源学的研究内容与旅游学科的大多数分支学科都有联系，特别是与支持这些分支学科的基础学科，如地理学、生物学、历史学、文学、美学、建筑科学、环境科学、技术科学、信息科学等，都是旅游资源学研究的核心内容。所以旅游资源被普遍认为是旅游业的基础，旅游资源学可以被看作旅游学的基石。

（二）旅游资源研究对区域旅游开发的作用

旅游资源研究的直接目的，是促进旅游区域的旅游开发。区域旅游开发实际上就是一个旅游产品的形成过程。其开发内容包括对旅游地地域组合及其技术评价、建立旅游区域与旅游地域组织体系、编制旅游区及旅游项目建设规划、组织旅游路线等。在这个过程中，旅游资源研究将起到关键的作用。

（三）旅游资源研究是实施旅游环境保护的核心内容

旅游景观是旅游资源的外在表现，旅游环境是旅游资源的赋存空间，景观的完整程度、赋存空间的环境质量，决定了旅游地的吸引力程度，所以针对旅游资源的研究是景观环境保护的中心议题，此类研究可以确定景观环境保护的类型、保护的力度、保护的方式、保护的结果。在研究旅游资源的同时，还要对旅游资源的赋存环境开展相关研究。

三、旅游资源学的研究方法

（一）传统的旅游资源学研究方法

研究方法是解决研究问题所遵循的基本途径，也是构成一门学科重要的科学要素。旅游资源学作为一门具有跨学科性质的新兴学科，其学科方法的形成还要通过相邻或相关学科研究方法的移植、渗透和融合来实现。具体的研究方法包含三种。

1. 实地调查法

实地调查法是一种最基本的旅游资源学研究方法。因为旅游资源总是分布在一定的地域范围内，对具体旅游资源的了解和认识，需要通过调查获得第一手资料，并对其加以全面系统的分析才能得到。调查人员通过观察、踏勘、测量、填绘、摄像等形式直接接触旅游资源，并通过对所获取一手资料的认识和分析，了解旅游资源形成的背景条件、整体特色及其内在联系，并对旅游资源的特征及开发条件进行合理评价。

2. 社会调查法

社会调查法是有目的、有计划、有系统地搜集有关研究对象社会现实状况或历史状况材料的方法。社会调查法是研究性学习专题研究中常用的基本研究方法，它综合运用历史研究法、观察研究法等方法以及谈话、问卷、个案研究、测验或实验等科学方式，对有关社会现象进行有计划的、周密的、系统的了解，并对调查收集到的大量资料进行分析、综合、比较、归纳，借以发现存在的社会问题，探索有关规律的研究方法。一般而言，对于人文旅游资源应进行广泛深入的社会调查。通常可以采用观察、座谈、访问、社会测量、随机抽样问卷调查等手段，直接从现实社会中系统地收集旅游资源的第一手资料，在此基础上进行分析对比，总结出文物古迹、建筑园林、文学艺术、宗教文化、民俗风情、城乡风貌、娱乐、购物等旅游资源的分布、特点、形成与发展规律，有利于对人文旅游资源的合理利用和保护。

3. 现代科技分析法

旅游资源具有地域分布广、随时间变化快（特别是自然旅游资源）、信息量大等特点，将“3S”技术应用于旅游业中能够大大推动旅游信息资源的现代化管理。“3S”是遥感技术（Remote Sensing）、地理信息系统（Geographic Information System）、全球卫星定位系统（Global Positioning System）的简称。目前，“3S”技术主要应用在旅游资源调查评价与开发、旅游规划、旅游资源动态监测和保护、遥感影像旅游地图制作、旅游信息系统设计与开发和虚拟旅游等方面。此外，将“3S”技术与虚拟技术、多媒体技术和动画技术相结合，在旅游业和旅游资源的创新发展方面都有着巨大的发展潜力和发展前景。实践证明，“3S”技术在旅游资源调查与研究方面具有巨大的优势，产生了良好的社会效益和经济效益。

（二）新旅游资源观视角下旅游资源学研究方法创新

伴随着新环境、新问题、新数据的不断涌现，旅游资源研究领域不断拓宽，传统的研究方法已难以胜任，经济学、管理学、社会学等相关学科理论与方法借鉴力度不够。推动旅游资源合理开发利用、促进旅游业高质量发展是一个复杂的系统工程，已有研究方法难以满足旅游资源理论研究和实践发展的需要，亟须加强对研究方法的创新研究，形成系统的研究方法理论。

因此，基于新旅游资源观视角下旅游资源研究的重点领域，结合新时代中国旅游发展的理论与实践，借助于地理学、旅游学、管理学、经济学、环境学、社会学等多学科的理论、研究范式和研究方法，加强综合性与系统分析方法、区域性与区域分析方法等运用，推动多学科、多主体、多要素、多过程、多尺度的旅游资源调查、评价、开发和利用的综合交叉集成研究，为解决日益复杂的旅游资源开发利用问题探索新的理论、方法和模型。在未来研究中，应加强深度访谈、扎根理论、参与式观察等方法的运用，探讨旅游资源与经济资源、社会资源相互作用机理转变，揭示旅游地空间的形成机制及演化特征。加强人本主义和结构主义方法的应用，为旅游资源公平利用、旅游生态系统服务研究提供有力支撑。加强尺度重组、尺度转换等思想的融入，揭示国家尺度—区域尺度—城市尺度—县域尺度—乡村尺度等多级尺度下的旅游资源开发利用的格局及其规律，探索旅游资源开发利用的理想模式。此外，随着大数据、遥感和地理信息系统等的普及，应引入人工智能、机器学习等数据挖掘新技术，加强旅游资源调查、评价、保护和利用的时空统计模型、大数据分析模型、动力机制模型、仿真模拟模型的开发和应用。

四、中国旅游资源学的发展

从我国的旅游资源研究现状来看，构建中国旅游资源学的学科体系是一项长期而繁重的研究工作，不仅要吸收国外研究的成果，而且更需要在对我国研究成果总结的基础上进行全新的探索，至少在下列问题上可深入探索。

（1）旅游资源学的理论支撑。旅游是人的一种综合性活动，旅游资源学必然是综合性的边缘学科。因此，构建其学科体系除以旅游学、资源学一般理论支撑外，还需要其他学科的专业理论做支撑。主要有地理学理论、文化学理论和社会经济学理论等。

（2）旅游资源学的认识原理。对旅游资源的开发、利用和保护是建立在对其认识的基础上的。对旅游资源学的认识因素至少包括客体认识、价值认识、生成认识、审美认识和可持续发展认识等。

（3）旅游资源开发与规划。以往的研究中比较注重定量的分析，这是旅游资源开发与规划的必要环节。但客源有不同层面需求，并且旅游目的地的资源层面不同，因此，旅游资源开发与规划也应该分层面进行，从国家的宏观战略开发与规划，直到企业的微观开发与规划。

（4）旅游资源资产化管理。从我国旅游资源开发和利用的现状来看，旅游资源资产化管理的机制尚未形成。在旅游资源学研究中，要根据可持续旅游发展战略，对自然旅游资源和人文旅游资源进行资产化管理。

（5）旅游可持续发展。如何将可持续发展理论、战略运用到旅游业中，是一项全新的工作，有待深入研究。

第三节　新旅游资源观

案例导入

文化和旅游资源将借助数字技术“活起来”

2022年1月20日发布的《“十四五”旅游业发展规划》提出，到2025年，旅游业发展水平不断提升，现代旅游业体系更加健全，旅游有效供给更为丰富。同时，旅游创新能力显著提升，智慧旅游特征明显。引导开发数字化体验产品，推动文化和旅游资源借助数字技术“活起来”。

在智慧旅游方面，规划提出，加快推进以数字化、网络化、智能化为特征的智慧旅游，深化“互联网+旅游”，扩大新技术场景应用。

创新智慧旅游公共服务模式，有效整合旅游、交通、气象、测绘等信息，综合应用5G、大数据、云计算等技术，加强旅游预约平台建设，推进分时段预约游览、流量监测监控、科学引导分流等服务。建设旅游监测设施和大数据平台，建立大数据精准监管机制。

推进以“互联网+”为代表的旅游场景化建设，打造一批智慧旅游城市、旅游景区、度假区、旅游街区，培育一批智慧旅游创新企业和重点项目，发展沉浸式互动体验、虚拟展示、智慧导览等新型旅游服务。

丰富智慧旅游产品供给。鼓励旅游消费新模式发展，打造沉浸式博物馆、主题公园、旅游演艺等旅游体验新场景。引导开发数字化体验产品，推动文化和旅游资源借助数字技术“活起来”。

同时，加快推动大数据、云计算、物联网、区块链及5G、北斗系统、虚拟现实、增强现实等新技术在旅游领域的应用普及。推进全息展示、可穿戴设备、服务机器人、智能终端、无人机等技术的综合集成应用。

资料来源：李媛媛．文化和旅游资源将借助数字技术“活起来”[N]．中国证券报，2022-01-21（A07）．（节选）

一、新旅游资源观的内涵

传统旅游资源观视角下旅游产业发展存在着路径依赖性效应，忽视了至关重要的市场意识，不利于旅游业可持续发展。新时代，中国旅游业发展已经进入提升发展质量、转换增长动力的关键时期。随着经济全球化进程的加快，以信息技术为代表的科学技术在旅游业可持续发展中的内生促进作用日益显现，人们的价值观、审美观不尽相同，越来越多的资源要素注入旅游系统中。旅游需求的日益多元化发展，使人们对旅游资源本质的认识不断拓展和深化，旅游资源逐渐完成从原始的自然资源到社会资源、经济资源，再到知识资源、管理资源等范畴的变化，已经被抽象为一种要素和价值。

因此，从资源角度来看，必须突破传统旅游资源观的束缚，重新认识旅游资源的价值和作用，重构新发展理念下的新旅游资源观。新旅游资源观是指在科学技术进步、价值观念变革、旅游需求提升、人均收入提高等背景下，人们对不同来源、不同结构、不同层次的旅游资源进行整合、配置、重组和优化的动态过程，表现为人们的思维认知对旅游资源性状改变的一种能动响应。在传统旅游资源观时代，有形资源对旅游业发展起着决定作用；而在新旅游资源观时代，社会网络、制度、知识、智力、信息等无形资源在资源配置中起着主导作用，改变着旅游资源的数量结构、存在形式及空间形态。当然，新旅游资源观的提出并不是要否定传统旅游资源观，虽然传统旅游资源观有其局限性，但不能忽视其在旅游业中的重要作用。

二、新旅游资源观的特征

新旅游资源观是对传统旅游资源观的根本突破，除了保留传统旅游资源的一般性之外，也呈现出新旅游资源价值观、新旅游资源利用观、新旅游资源发展观、新旅游资源效益观和新旅游资源空间观等新的时代特征。

（一）新旅游资源价值观

当今，旅游消费方式由观光向观光、休闲、度假、康乐等并重发展，旅游业对资源配置的合理性、产业结构的转型升级、文化价值的实现以及生态环境的保护作用日益凸显，已经成为国民经济战略性支柱产业。与其他单一形式的自然资源相比，旅游资源是一个内涵复杂的概念。旅游资源系统内部各要素之间相互依存、相互影响，共同构成了一个具有复杂结构、综合价值的有机整体。新时代背景下，不同的时空结构、不同的要素组合都会产生不同的经济价值、社会价值和生态价值等，致使沉睡的旅游资源逐渐转化为旅游资产，旅游资产逐渐转化为旅游资本，旅游资源的综合价值日益凸显。

（二）新旅游资源利用观

旅游资源具有生命周期，不同经济社会发展阶段对旅游资源的需求不同，致使旅游资源的开发、配置、利用和价值受时间限制，只有适时开发才能挖掘旅游资源的最大效用。随着外界环境、旅游者需求特点以及市场竞争的变化，旅游资源在“创新、革新、更新”中嬗变新生，不断发展变化，具有可创造、可转化、可拓展的开放属性。另外，人们的旅游需求日益多样化、个性化，对旅游资源的认识也在发生变化，旅游资源开发利用的同时也在不断被创造。旅游资源只有经过合理的开发利用和保护，才能提高资源利用效率，发挥更大的综合效益。各级政府应坚持旅游资源的开发利用与保护并重，通过理念创新、制度创新、技术创新，推进旅游资源的集约、高效、合理利用和有效整合，实现旅游业可持续发展。

（三）新旅游资源发展观

任何经济资源、社会资源与旅游资源的结合、融合、整合，都有可能孕育成新的旅游产品、旅游业态、经营模式和生活方式，并以旅游业带动区域经济社会全面发展。文化资源、科技资源、农业资源、生态资源等与旅游资源之间均存在共生性现象，不同形式的资源优势逐渐转化为产业优势。利用新一代信息技术深度开发旅游资源，深化“旅游+”跨界融合，培育旅游新业态、新动能，是旅游产业转型升级、旅游产品提档迭代、旅游服务品质提升的必然要求，也是实现旅游业高质量发展的内在要求。随着旅游业的纵深发展，虚拟旅游、小说旅游、暴走旅游等新型旅游方式不断涌现，旅游与文化、体育、交通、工业、农业、医药等融合发展已经成为必然趋势。

（四）新旅游资源效益观

消费需求是中国经济增长的重要引擎，释放居民消费潜力、扩大居民消费需求是推动经济高质量发展的重要手段。在构建双循环新发展格局背景下，促进消费、扩大内需的重要性进一步提升，迫切需要培育新的经济增长点。旅游业兼具经济、社会和生态功能属性，具有带动作用大、产业关联度高、投入产出比低等特点。伴随着中国旅游业的快速发展，旅游业对经济发展的拉动作用不断提升，成为稳增长、促消费、扩内需、惠民生的重要产业。发展旅游业能够改变人们的消费观念、消费习惯和消费结构，促进社会就业持续增加，推动产业结构优化升级，改善生态环境。总之，提高旅游资源可持续开发利用的能力，加快旅游产业发展步伐，能够获取更大的经济效益、社会效益和生态效益。

（五）新旅游资源空间观

旅游资源具有地域性和空间上的不可移动性，很多地方的自然旅游和传统旅游景点并不受欢迎，各地旅游资源在一定区域范围内并没有产生互补效应。旅游资源流动是实现旅游资源时空配置的过程，既包括旅游资源在资源势能作用下的地理空间位移，也包括旅游资源形态、功能和价值的转换过程。飞机、高铁、高速公路等现代化交通工具的快速发展，加速了旅游资源的跨区域流动，缩短了旅游景区之间的距离，加速了人口、物资和信息的合理流动。另外，新一代信息技术的快速发展突破了传统时空的限制，降低了对传统旅游资源的依赖，加快了旅游资源信息的可视化表达，打破了传统的旅游要素空间组织模式，形成了新的区域空间组织形式，最终实现了流动空间取代固定场所空间。

三、新旅游资源观在旅游开发中的应用

在新的发展形势下，要重新认识旅游产业发展的客观规律，对传统旅游业再认识、再挖掘，并对未来发展进行新判断、新探索，形成新的发展理念、适应新的发展要求、指导新的发展实践。

党的二十大报告指出，要坚持高质量发展，推进旅游为民、发挥旅游带动作用，大力发展大众旅游、智慧旅游、绿色旅游、文明旅游。要坚持以文塑旅、以旅彰文，推动文化和旅游在更广范围、更深层次、更高水平上深度融合。因此，新旅游资源观，要从传统的以景区观光为主的有形资源开发，向休闲度假、文化体验、消费娱乐等全类型、全域化的

有形与无形资源相结合的开发转变；更新产品观，从传统的投入高、周期长、见效慢的重资产型产品体系中跳出来，向科技类、体验式、沉浸式等低投入、见效快的轻资产型业态转变；更新营销观，从过去的以客源地为主的地域化、拉网式营销，向更为精准的圈层化、全媒化、分众化的营销模式转变；更新人才观，从传统的粗放式、单一化的服务型人才，向专业化、品质化、管家化的管理型人才培养模式转变；更新组织方式，改变过去以旅行社组团游、省外游、跨境游为主的模式，更多地利用网络平台推出自助游、定制游、周边游、自驾游等个性化产品和服务。

本章小结

本章共包含三节学习任务，分别围绕旅游资源的概念及分类、旅游资源学的学科研究和新旅游资源观等内容展开讲解。具体讲述了旅游资源的概念、特点及分类；旅游资源学的研究对象和内容、目的及意义、研究方法及研究进展；新旅游资源观的内涵、特征及在旅游资源开发中的应用等内容。通过有针对性的案例导入，有助于学生学习、领悟和牢固掌握旅游资源的基础知识，并把所学知识灵活应用到将来的实际工作中，达到提升职业素养和增强岗位胜任能力的目的。

思考题

1. 什么是旅游资源？
2. 旅游资源有哪些特征？
3. 旅游资源的分类标准有哪些？试从一个角度举例说明。
4. 旅游资源的价值有哪些？
5. 旅游资源学的主要研究内容是什么？
6. 旅游资源学的主要研究方法有哪些？
7. 什么是新旅游资源观？
8. 新旅游资源观的特征是什么？
9. 如何应用新旅游资源观指导旅游开发？

本章实训

一、实训目的

1. 了解旅游资源的概念及特征；了解我国旅游资源学研究的现状及方法。

2. 学会用新旅游资源观分析旅游资源开发的问题。

3. 锻炼团队成员收集与分析材料、团队合作、个人表达等能力。

4. 通过该实训，使学生了解我国旅游资源的基本状况。激发学生的爱国主义情怀和民族责任意识。

二、实训内容

根据实训目的将学生分组，每组选择一个主题，结合自己家乡（或老师指定某个城市/地区）旅游资源情况，通过书刊、报纸、网络等渠道收集信息，结合视频、文字、图片等方式进行材料整合。小组成员选择代表在全班进行案例讲解，其他小组匿名打分，最后评选出表现最优的小组。具体要求见表 1–4。

表 1–4　实训作业

团队名称：　　　　　　　　组长：　　　　　　　　团队成员：

小组选择项目		各小组总结研究发现
旅游资源	地文景观	
	水域景观	
	生物景观	
	天象与气候景观	
	建筑与设施	
	历史遗迹	
	旅游购品	
	人文活动	

三、实训组织

1. 指导教师讲解实训要求，提示重点、难点及注意事项。

2. 将班级学生分成不同小组，并选出小组长一名。

3. 各小组分工协作，通过书籍、网络等渠道收集相关案例若干。然后在小组内先展开讨论，选择最能反映所选行业的案例作为参考，并能够最终提出小组的集体观点（如存在问题、发展建议等）。

4. 各小组在班级进行宣讲，每组宣讲时间以不超过 15 分钟为宜。

四、实训步骤

1. 指导教师布置任务，讲解实训重点、难点和注意事项。

2. 结合教师的讲解，学生从给定的任务中选取一项，并从网上查找资料，选取典型图片，制作 PPT，撰写讲解词，练习后进行当众讲解。

3. 各组汇报，由学生和老师共同组成现场评议小组进行点评。

4. 对于表现优异的团队，适当进行鼓励和奖励。

第二章
鬼斧神工
——地文景观资源

知识目标

1. 了解中国地文旅游景观的概念、成因、特点及旅游价值。
2. 掌握中国地质类旅游景观的概念、特点及类型。
3. 掌握中国各类地貌旅游景观的类别。

技能目标

1. 能够运用相关知识去准确识别各类旅游景观及其特征。
2. 能够凭借已获得知识进行地文景观资源的基本讲解。

思政目标

1. 通过讲解我国丰富的地文景观旅游资源，激发学生的爱国热情与民族自豪感、自信心。

2. 通过撰写讲解词，培养学生自主收集信息、查阅资料，对已有知识进行重构和创新的能力。

3. 通过小组研讨，培养学生的独立思考能力，沟通表达能力。

4. 通过考核评价，培养学生实事求是地进行自我评价和评价他人的能力，体现客观公正的评价原则。

第一节　地文景观概述

案例　导入

中国最美的冰川之一——海螺沟冰川

海螺沟国家森林公园的冰川生成于大约 1 600 年前，地质学称其为现代海洋性冰川。它是位于中国著名山峰贡嘎山东坡的一条长 30.7 千米的冰川峡谷。盆的边缘是中国已知最大的冰瀑布：高 1 080 米，宽 500~1 100 米。末端落入森林带内 6 千米，又形成冰川与原始森林共生的绝景。冰面河、冰面湖、冰下河、冰川城门洞、冰裂隙、冰阶梯、冰石蘑菇、巨大的冰川漂砾、冰川弧拱和极其宽阔的 U 形冰川峡谷，两侧高逾数百米的留有冰川擦痕的绝壁。海螺沟冰川最下端的海拔高度仅为 2 850 米，低于贡嘎山雪线 1 850 米，冰体厚度达 100~300 米。

海螺沟冰川发生在距今 24 930~19 700 年前的末次冰期，在海螺沟中上游形成长 10 千米，厚约 200 米的侧碛堤。之后，冰川进一步萎缩，于 1560 年、940 年发育两次冰进，在海拔 2 750 米现代冰川前端，形成切割末次冰川冰碛物的厚达 20~60 米的两道终碛堤。这两次冰进的年代正好相当于中国 5 000 年气候变化的第二和第三次冷期，称之为新冰期。

海螺沟融原始森林、珍稀动植物、温泉、瀑布于一体，构成壮丽奇特的景观，具有知识性、趣味性、惊险性、娱乐性等特色而有别于我国和世界各国其他著名风景区。

资料来源：http：//www.360doc.com/content/18/1213/10/6657566_801469540.shtml

一、地文景观旅游资源的概念

地文景观是指地球内、外营力综合作用于地球岩石圈而形成的各种现象与事物的总称。地文景观旅游资源则是指对旅游者产生吸引力，可以为旅游业所开发利用，并产生经济效益、社会效益和环境效益的地文景观现象。地文景观旅游资源可以分为地质旅游资源和地貌旅游资源。二者虽然有较大区别，但在物质组成、营力过程、形态表现上又密不可分。

二、地文景观的形成

地文景观旅游资源是大自然的杰作。它们的形成是地球内、外营力地质作用的综合产物，其产生、发展都有一定的科学原理，并呈现出一定的规律性。

（一）外营力作用

太阳能是外营力作用的主要能源。地壳表面直接与大气圈、水圈、生物圈接触，它们之间发生复杂的相互影响和相互作用，从而使地表形态不断发生变化。外营力作用总的趋势是通过剥蚀、堆积（搬运作用则是将二者联系成一个整体）使地面逐渐被夷平。外营力作用的形式很多，如流水、地下水、重力、波浪、冰川、风沙等。各种作用对地貌形态的改造方式虽不相同，但是从过程实质来看，都经历了风化、剥蚀、搬运和堆积（沉积）几个环节。

1. 风化

风化是指暴露在地面的岩石、矿物在各种因素的作用下，形状、结构、成分等发生改变的现象。风化主要分为物理风化和化学风化。物理风化是指岩石、矿物只发生形态的变化而没有化学成分的改变，又称为机械风化。化学风化是指大气、水等对岩石的破坏，使岩石的化学成分和结构发生改变的现象。风化作用为地表物质发生移动创造了条件，并为其他外营力作用提供了前提。

2. 剥蚀

剥蚀是指岩石外层和内部发生脱离，一层层的岩屑从岩体上剥离的现象。剥蚀主要是在外营力的作用下发生的。

3. 搬运

在各种外营力作用下，风化和剥蚀作用所产生的松散物质，由原来的地方搬运到其他地方的过程叫作搬运。根据外营力作用的性质不同，可分为流水搬运、冰川搬运、风力搬运等。

4. 沉积

沉积是指被搬运的物质经过一段时间的搬运之后，因搬运能力减小不能负荷而在一定环境中堆积下来的过程。沉积作用在地球表面进行得非常普遍，每次降雨过后，产生的地表径流携带的泥沙就会在低洼地带沉积下来。

（二）内营力作用

内营力作用是指由地球内部能量（如放射性元素）产生的热能、地球自转产生的旋转能和重力作用形成的重力能等所产生的作用，主要表现为地壳运动、岩浆活动和地震。

1. 地壳运动

地壳运动又称为构造运动。地壳运动能改变地壳构造形态，或者使地壳发生变形和变位。根据地壳运动的方向和性质，可分为垂直运动和水平运动两类。这两类运动在时间上和空间上可能交替出现，也可能同时出现。

垂直运动的运动方向垂直于地表，即沿地球半径方向运动，又被称为升降运动或振荡运动。这种运动表现为地壳大范围地缓慢抬高和沉降，造成地表的巨大起伏。垂直运动的一个显著特点是作用时间长，影响范围广。

水平运动的运动方向平行于地表，即沿地球切线方向运动，又称板块运动。水平运动是形成巨大、复杂的褶皱构造和断裂构造，造成地表剧烈起伏的原因。

2. 岩浆活动

岩浆活动又被称地幔物质运动，是地球内部的物质运动。岩浆活动是指地球内部的熔融物质在压力、温度改变的条件下，沿地壳裂隙或脆弱带侵入或喷出的现象。其中，岩浆侵入地壳形成各种侵入体，喷出地表则形成火山，改变原来形态，造成新的起伏。

3. 地震

地震也是内营力作用的一种表现方式。地幔物质的对流作用使地壳及上地幔的岩层遭受破坏，把所积蓄的应变能转化为波动能，引起地表剧烈运动。地震往往和断裂、火山现象相联系，世界主要火山带、地震带与断裂带分布的一致性就是这种联系的反映。

总之，外营力对地表进行夷平，而内营力形成地表的起伏。外营力将隆起的部分剥蚀、搬运到地势低洼的地方堆积，而内营力则产生隆起和沉降。内、外营力相互作用、相互影响的过程，实际上就是地表形态与土壤侵蚀发生、发展和演化的过程。伴随着地貌起伏形态的形成，地文景观现象也随之出现。如隆起的山脉地区往往出现断裂、节理、褶曲等地质构造形迹，并有岩浆活动和变质作用发生；而相对沉陷地区堆积深厚的地层，富含动植物化石。沉陷作用甚至可以导致海侵现象，使原来的沿海丘陵变为岸外岛屿。风、水流等外营力的侵蚀、堆积作用可形成独特的蚀余地貌（残留下的地貌）、沙石堆积地貌，在一定岩石岩性的配合下可形成独特的象形山石地形，具有很强的观赏性。在岩溶作用、重力崩塌以及地面塌陷作用下，可发育成各种洞穴、天坑等自然奇观。

三、地文景观旅游资源的特点

（一）地文景观是自然旅游资源形成的基础和前提

除气象气候等自然旅游资源之外，绝大多数自然旅游资源总是孕育、诞生于特定的地质地貌条件下，均有赖于地质地貌条件与环境。旅游项目的兴建和选择在很大程度上依赖于地貌。地貌不同，适于开展的旅游项目也有所不同。例如，低山、丘陵、平原等地貌适宜开发观光游览型产品；高山地貌则适宜开发攀登探险、科学考察型旅游产品等。因此，在进行旅游规划时，首先应该考虑该区域的地貌特点，扬长避短，突出特色。例如，若没有构造节理强烈发育的花岗岩及其地貌，也就没有黄山的怪石和温泉；如没有地壳变动的断块隆起，就无法形成雄伟、奇险的泰山、华山、庐山等山地景观；假使没有地壳变动的构造断陷，也就不可能产生青海湖、鄱阳湖、贝加尔湖等断陷湖泊旅游区。桂林山水、路南石林、武陵峰林、长江三峡、天涯海角、黄果瀑布、钱塘涌潮、济南泉水、五大连池等我国誉满全球的旅游区，都与该地的地质地貌条件联系在一起。

（二）单独成景，直接构成旅游资源

随着时代的发展，旅游者已不满足于单纯的观赏与游览，以求知、科学考察等为目标的旅游活动日益增多。大量地质、地貌现象吸引着众多游客，为旅游业提供了种类繁多的旅游资源。如被誉为“天下第一奇观”的云南路南石林，西岳华山、周口店北京猿人遗址、四川自贡的恐龙博物馆、千沟万壑的黄土地貌等均是地文景观类旅游资源，它们都以地质、地貌特征闻名于世；长江三峡、巫山大宁河小三峡都是河流侵蚀形成的河谷类地貌景观；由火山喷发形成的吉林长白山天池、古代生物掩埋形成的山东临朐山旺化石、与岩

浆活动有关的云南腾冲温泉等都已成为著名的旅游胜地。地貌不仅是风景的基础和骨架，而且在一定程度上也起到了主景的作用。另外，在一些景区内，作为主景的并不是地质地貌的物质形象和造型，但由于有了这些地文景观的映衬，强化了主景的美学特征，使林更秀、水更美、园林更自然和谐。

（三）属于不可再生资源

地质地貌类旅游资源是地球内、外营力亿万年长期作用的结果，经历了漫长的地质历史时期。地文景观一旦遭到破坏，将永远在地球上消失，人工复原的可能性几乎为零。例如，广东丹霞山是从中生代后期到新生代初期将近数百万年才形成；河南嵩山的地质变动经历了 30 多亿年的演化，经历了从太古时代一直到新生代的四个地质变动时期，因而是弥足珍贵、不可再生的地质自然遗产。如果开发不合理，将使其失去原有的魅力，丧失原有的科学研究价值、历史价值和观赏价值。

四、地文景观资源的旅游价值

（一）美学价值

地文景观以其雄、奇、险、幽、旷等形态美和多样的色彩美而展示其特有的美感，可供游人欣赏，使游人在观赏中获得多层次的审美感受。

（二）探险和健身价值

“无限风光在险峰”，人世间许多奇伟瑰丽的美景，尤其是比较险峻的高山成了现代人登山健身、攀岩探险、挑战极限的场所。目前，许多专门从事探险项目的旅行社，可以在保障游客安全的前提下，带领游客亲身体验高原、冰川、沙漠、戈壁等野外探险活动。地文景观旅游资源的健身功能主要包括体育锻炼和疗养两方面。具有攀爬健身功能的地文景观旅游资源主要分布在山地和丘陵地区。而疗养则主要利用山地和气候、水域、森林等要素的组合，向旅游者提供避暑、休憩等服务。

（三）文化价值

除了美学价值、探险和健身价值外，地文景观还具有深厚的历史文化内涵。我国古代文人墨客多有寄情自然、借助书画来抒发自己情怀、志向的传统。此外，许多风景优美的山岳都是宗教修行的地方，泰山更是历代帝王祭天封禅之处。这些诗词歌赋、奇闻逸事、诗词碑刻等，为自然旅游资源增加了深刻的文化内涵，为此类旅游资源的深度开发提供了条件。

随着旅游业的快速发展，游客越来越追求旅游的高层次性、高知识性、高质量性。地文旅游景观作为一种集观赏性、知识性、娱乐性、科普性和体验性于一体的旅游资源，能更好地满足游客求新求异的需要，同时有利于科学知识的普及，促进地质遗迹的保护及环境的改善。

五、地文景观旅游资源的分类

根据《旅游资源分类、调查与评价》（GB/T18972—2017），地文景观旅游资源可以分为自然景观综合体、地质与构造形迹、地表形态、自然标记与自然现象4个亚类、17个基本类型（见表2-1）。

表2-1 地文景观旅游资源分类表

主类	亚类	基本类型
A 地文景观	AA 自然景观综合体	AAA 山丘型景观、AAB 台地型景观、AAC 沟谷型景观、AAD 滩地型景观
	AB 地质与构造形迹	ABA 断裂景观、ABB 褶曲景观、ABC 地层剖面、ABD 生物化石点
	AC 地表形态	ACA 台丘状地景、ACB 峰柱状地景、ACC 垄岗状地景、ACD 沟壑与洞穴、ACE 奇特与象形山石、ACF 岩土圈灾变遗迹
	AD 自然标记与自然现象	ADA 奇异自然现象、ADB 自然标志地、ADC 垂直自然带

第二节　自然景观综合体

一、山丘型景观

山丘型景观是山地丘陵内可供观光游览的整体景观或个别景观。山地属地质学范畴，地表形态按高程和起伏特征定义为海拔500米以上，相对高差200米以上。山地的表面形态奇特多样，有的彼此平行，绵延数千公里；有的相互重叠，犬牙交错，山里套山，山外有山，连绵不断。而丘陵一般海拔在200米以上、500米以下，相对高度一般不超过200米，是山地久经侵蚀的产物。

山地的规模大小也不同，按山的高度分，可分为极高山、高山、中山和低山。“极高山”是指海拔在5 000米以上的山脉。喜马拉雅山脉是世界上平均海拔最高的山脉，平均海拔高达6 000米以上；除此之外，我国的天山山脉、昆仑山脉、巴颜喀拉山脉、唐古拉山脉、冈底斯山脉、喀喇昆仑山脉等山脉都属于极高山。“高山”是指海拔在3 500米至5 000米之间的山脉，高山海拔高且相对高度极大，山势陡峭，山顶可能有冰川的分布。台湾山脉的平均海拔在3 000米至3 500米之间，属于中山范畴，但是主峰玉山海拔为3 997米，属于高山；除此之外，我国的祁连山、横断山脉、阿尔金山都属于高山。“中山”是指海拔在1 000米至3 500米之间的山脉，和地势起伏相对缓和的低山不同，中山的海拔高度相对较高，而且相对高度较大，山势相对陡峭。在我国的地形单元中，太行山、大兴安岭、长白山、阴山、巫山、雪峰山等山脉，海拔多在1 000米至2 000米之间，属于中山中相对较矮的山脉；秦岭、大巴山、贺兰山、阿尔泰山等山脉，海拔多在2 000米至3 500米之间，属于中山中相对较高的山脉。“低山”是指海拔在500米至1 000米之间的山地。

山地约占全球陆地面积的1/4，世界上75%的国家拥有山地，中国的山地、丘陵和高原的面积更是占到了国土面积的69%。中国山地形态多样、山地景观丰富、山地文化丰富、山地民俗多样，山地旅游是我国旅游业中的重要组成部分。在山地旅游开发中，观光需求目前依然是我国山地旅游的基础需求。游客到山岳型景区游玩，大部分仍是以观山、看水、看风景为主。

（一）五岳

五岳是中国汉文化中五大名山的总称，是远古山神崇拜、五行观念和帝王封禅相结合的产物，它们以象征中华民族的高大形象而名闻天下。以中原为中心，按东、西、南、北、中方位命名。五岳被称为华夏名山之首，有景观和文化双重意义。五岳各具特色，东岳泰山之雄，西岳华山之险，南岳衡山之秀，北岳恒山之奇，中岳嵩山之峻，早已闻名于世界（见表2-2）。

表2-2 中国五岳简介

名称	所在地	海拔	特点
东岳泰山	山东省东部	主峰海拔1 545米	1987年被列入世界自然文化遗产名录，中国首例自然文化双重遗产项目。雄伟壮观，巍峨陡峻，气势磅礴。被尊为五岳之首
西岳华山	陕西省渭南市的华阴市境内	2 154.9米	国家级风景名胜区，国家5A级旅游景区。以险著称，资源丰富，景观独特
南岳衡山	湖南省衡阳市南岳区	1 300.2米	国家5A级旅游景区、国家级自然保护区。气候条件好，处处是茂林修竹，终年翠绿；奇花异草，四时飘香，自然景色十分秀丽，因而又有“南岳独秀”的美称
北岳恒山	山西省大同市	2 017米	国家级重点风景名胜区。山势陡峭，沟谷深邃。深山藏宝，如著名的悬空寺便隐匿其中
中岳嵩山	河南省郑州市登封市	1 512米	国家5A级景区，世界地质公园。以峻闻名，由太室山与少室山组成，人文景观丰富

（二）中国四大佛教名山

中国四大佛教名山分别是山西五台山、浙江普陀山、四川峨眉山、安徽九华山，分别是佛教人物文殊菩萨、观世音菩萨、普贤菩萨、地藏菩萨的道场（见表2-3）。

（三）中国四大道教名山

道教源于古代的巫术、方士、神仙，是我国本土宗教。四大道教名山为中国四处最主要的道教圣地，分别是：湖北十堰的武当山、江西鹰潭的龙虎山、安徽黄山的齐云山和四川都江堰的青城山（见表 2-4）。

表 2-3　中国四大佛教名山

名称	所在地	特点
五台山	山西省五台县	文殊菩萨道场，五台山保存下了世界上鲜有的古建筑群、罕见的佛教造像群、独特的佛教音乐，被誉为“文殊信仰中心”“中国古代建筑艺术宝库”“中国佛教造像艺术展览馆”“中国佛教音乐奇葩”，积淀了非常丰厚的历史文化遗产
峨眉山	四川省西南部	普贤菩萨的道场，地势陡峭，风景秀丽，素有“峨眉天下秀”之称。有丰富的佛教文化遗产，国家 5A 级景区
普陀山	浙江舟山市普陀区	观音菩萨道场，素有“海天佛国”“南海圣境”之称。国家重点风景名胜区、国家 5A 级旅游风景区
九华山	安徽省池州市青阳县	地藏菩萨道场，素有“东南第一山”之称。国家重点风景名胜区、国家 5A 级旅游景区、世界地质公园

表 2-4　中国四大道教名山

名称	所在地	海拔	特点
武当山	湖北省十堰市	1 621 米	“全国重点文物保护单位”、国家 5A 级旅游风景区、国家森林公园。武当山是道教名山和武当武术的发源地，被称为“亘古无双胜境，天下第一仙山”
龙虎山	江西省鹰潭市贵溪县	1 300 米	中国第八处世界自然遗产，世界地质公园、国家自然文化双遗产地、国家 5A 级旅游景区、全国重点文物保护单位。龙虎山是中国典型的丹霞地貌风景，是中国道教发祥地
青城山	四川省都江堰市	主峰 1 260 米	世界文化遗产青城山-都江堰的主体景区、全国重点文物保护单位、国家重点风景名胜区、国家 5A 级旅游景区。全山林木青翠，四季常青，诸峰环峙，状若城郭，自古就有“青城天下幽”的美誉
齐云山	安徽省黄山市休宁县	1 000 余米	国家森林公园、国家级重点景区、国家自然遗产、中国生态自然景区、中国风景名胜区自驾游示范基地、中国青少年户外体育运动营地等。齐云山以幽深奇险著称。与黄山、九华山合称“皖南三秀”，素有“天下无双胜境，江南第一名山”之誉

二、台地型景观

台地型景观是指山地边缘或山间台状可供观光游览的整体景观或个别景观。台地指的是沿河谷两岸或海岸隆起的呈带状分布的阶梯状地貌。台地是指四周有陡崖的、直立于邻近低地、顶面基本平坦似台状的地貌。一般处于山前地带，因河流下切较深而形成。地势较平坦，边缘带有陡坡、陡坎，相对高度一般小于 50 米，完全不受地下水影响，土壤植被均有地带性特征。台地像桌子一般，四周有坡有麓。顶上每每呈高平原地形或和缓起伏丘陵状。雷州半岛就是一个高平原状的台地，它是在第四纪才升出海面的，因此地形平坦，未受暴流沟谷的切割。多级台地一起分布时，呈阶梯状台地，可称为“阶地”或“梯地”。一般在大河河谷里和海岸上都可见到。

三、沟谷型景观

沟谷型景观是指沟谷内可供观光游览的整体景观或个别景观。沟谷的发育是流水下切、溯源侵蚀和谷坡块体运动共同作用的结果。小的仅长 10 余米，大的可达数 10 千米。沟谷型旅游地主要包括山谷、溪谷、峡谷、冰蚀谷和冰斗等。山谷是指两山间低凹而狭窄处，其间多有涧溪流过。溪谷是指被溪流侵蚀的狭陡的凹谷，是指通常有小溪或河流的低地或低洼地带。峡谷是指谷坡陡峻、深度大于宽度的山谷，它通常发育在构造运动抬升和谷坡由坚硬岩石组成的地段，当地面抬升速度与下切作用协调时，最易形成峡谷。雅鲁藏布大峡谷是地球上最深的峡谷，峡谷全长 504.6 千米，最深处 6009 米，平均深度 2268 米。冰蚀谷是由山谷冰川剥蚀而形成的宽阔、平直、横剖面呈“U”字形的谷地。冰蚀谷一般起于冰期前的河谷或山谷，由于冰川的挖掘和锉磨作用，谷地变直并加深、加宽，谷壁变陡，谷底变平，横剖面变为“U”字形。冰斗是一种三面环以峭壁、呈半圆形剧场形状或圆椅状的洼地。

河谷由沟谷发育而来，是河流流经的介于山丘间的长条状倾斜凹地。多位于丘陵、山区。河谷地形构成“河谷平原”，河谷平原的地势较平坦，中间的河道水流平缓。

（一）九寨沟

九寨沟是世界自然遗产、国家重点风景名胜区、国家 5A 级旅游景区、国家地质公园、世界生物圈保护区网络，也是中国第一个以保护自然风景为主要目的的自然保护区。

九寨沟风景区位于四川省阿坝藏族自治州九寨沟县漳扎镇境内，以翠海、叠瀑、彩林（秋季）、雪峰、藏情、蓝冰（冬季）“六绝”著称。九寨沟国家级自然保护区内有树正沟、则查洼沟、日则沟、扎如沟四个景点。目前，九寨沟县正在沿沟、沿谷、沿江因地制宜地发展资源环境可承载的特色产业带，打造高原生态沟谷经济，变地理“沟谷”为产业“硅谷”“绿谷”。把有形资源变为有价资本，把无形资产变为文化产品，把游客变为业主，把景区变为宝地，把旅游变成投资，真正实现“绿水青山就是金山银山”的愿景。

（二）长江三峡

长江三峡是瞿塘峡、巫峡和西陵峡三段峡谷的总称。西起重庆市奉节县的白帝城，东迄湖北宜昌市的南津关，跨重庆奉节县、重庆巫山县、湖北巴东县、湖北秭归县、湖北宜昌市，长 193 千米。三峡两岸高山对峙，崖壁陡峭，山峰一般高出江面 1000~1500 米，最窄处不足百米。三峡是由于这一地区地壳不断上升，长江水强烈下切而形成的。长江三峡沿途两岸的峡谷奇峰陡立、雄伟险峻。三峡旅游区景区众多，其中著名的有丰都鬼城、忠县石宝寨、云阳张飞庙、瞿塘峡、巫峡、西陵峡、宏伟的三峡工程、大宁河小三峡等。

四、滩地型景观

滩地型景观是可供观光游览的缓平滩地内的整体景观或个别景观。滩地型旅游地大部分位于海滨或大河之滨，平缓细腻的沙滩与周围壮阔的水景、奇特的滨海地貌、河谷地貌结合在一起，既可赏景，又可开展沙滩体验旅游项目，构成迷人的综合景观地。

（一）三亚亚龙湾海滩

海南三亚被誉为中国海景最美的地方，三亚海滩较多，有崖州湾、三亚湾、大东海、亚龙湾和海棠湾，其中亚龙湾一直享有较高的声誉。亚龙湾不仅有蔚蓝的天空、明媚温暖的阳光、清新湿润的空气，还有原始幽静的红树林、清澈透明的海水、洁白细腻的沙滩以及五彩缤纷的海底景观。

（二）北海银滩

广西北海银滩具有“滩长平、沙细白、水温净、浪柔软、无鲨鱼”等特点，素有“中国第一滩”的美誉。北海银滩面积超过大连、烟台、青岛、厦门和北戴河海滨浴场沙滩的总和，这里的海水水质清洁，透明度在 2 米以上。北海银滩的沙滩由高品位的石英砂堆积而成，在阳光的照射下，洁白、细腻的沙滩会泛出银光，故称银滩。

（三）大连金石滩

大连金石滩位于辽宁省大连市的金州区，是国家 5A 级旅游景区，国家级地质公园，也是国家级风景名胜区。金石滩三面环海，四季分明，气候适宜，是大连人的“后花园”，也是大连滨海国家地质公园的重要组成部分。金石滩的陆地面积 62 平方千米，海域面积 58 平方千米，凝聚了 3 亿~9 亿年地质奇观，有“神力雕塑公园”“天然地质博物馆”“北部小江南”之美誉。金石滩的主要景点有黄金海岸、金石园、滨海地质公园、金石蜡像馆、恐龙园、“发现王国”主题乐园等。

第三节　地质与构造形迹

案例导入

张家界国家森林公园

张家界国家森林公园位于湖南省西北部张家界市境内。1982 年 9 月 25 日，经中华人民共和国国务院批准，将原来的张家界林场正式命名为“张家界国家森林公园”，它也是中国第一个国家森林公园。

张家界的砂岩峰林地貌是一种独特的地貌形态和自然地理特征，发育于泥盆系云台观组和黄家磴组，峰林集中分布区面积 86 平方千米。它是在特定的地质构造部位、特定的新构造运动和外力作用条件下形成的一种举世罕见的独特地貌。在园内有 3000 多座拔地而起的石崖，其中高度超过 200 米的有 1000 多座，金鞭岩竟高达 350 米，个体形态有方山、台地、峰墙、峰丛、峰林、石门、天生桥及峡谷、嶂谷等。公园以世界上独一无二的砂岩峰林地貌景观为核心、以岩溶地貌景观为衬托，兼有成形地质剖面、特殊化石产地等大量地质遗迹，构成独具特色的砂岩峰林地貌组合景观。主要景点有金鞭溪、袁家界、杨家界等。

1992 年 12 月，因奇特的石英砂岩大峰林被联合国列入《世界自然遗产名录》，2004 年 2 月公园被列入“世界地质公园”。

资料来源：百度百科 https：//baike. baidu. com

地球在漫长的地质历史演变过程中，由于内外力的地质作用，形成了千姿百态的地貌景观、地层剖面、地质构造、古人类遗址、古生物化石、矿物、岩石、水体和地质灾害遗迹等，其中具有独特性和典型价值的，便成为人类所关注的地质遗迹。我国地域辽阔，地理条件复杂，地质与构造形式多样，地质遗迹丰富多彩，是世界上地质种类齐全的少数国家之一，有的在世界上独一无二。地质旅游资源通常是构成一个地区山水风貌的基础，具有重要的学术研究价值；作为旅游资源，具有重大的观赏价值及重要的科普社会效益。

一、地质与构造形迹的形成过程

地质旅游资源的基础是自然界中由地质体所构成的千奇百怪的自然景观。地球从形成原始地壳和圈层结构，迄今已有 40 多亿年。45 亿年前，银河系中一颗新星的爆发诞生了太阳系和地球。在经历了漫长的太古宙（35 亿—25 亿年前）时期后，地球进入了元古宙（25 亿—6 亿年前），在其初期，地球上出现了一场广泛的构造运动，在我国称为吕梁运动。通过这次构造运动和岩浆活动，陆核进一步扩大，形成了规模较大的、稳定的陆地，称为原地台。中元古宙时原地台进一步扩大，形成古地台。同时，海洋中许多活动性较大的地方，在构造运动中被挤压隆起，形成褶皱山系并与古地台连在一起，使古地台面积增大。现今亚洲大陆上最大的一块古陆即华北古陆，就是这样形成的（见表 2-5）。

元古宙后，地球进入显生宙（6 亿年至今）。显生宙的第一个时代叫早古生代（6 亿—4 亿年前）。古生代中的寒武纪、奥陶纪、志留纪又合称早古生代，早古生代的构造运动称为加里东运动。这时候，介于地台之间的是剧烈坳陷的地槽，其中沉积了上万米厚的下古生界。同时，地台不断受到海浸，变成浅海，许多地台上也沉积了几百米到几千米里的海相地层，成为地台的盖层。当时我国的西部主要为地槽区，包括阿尔泰、天山、昆仑、祁连、秦岭等地槽。到了早古生代末期，由于加里东运动的影响，在不同的地区发生了强烈的褶皱运动，有些地槽先后褶皱隆起，使地槽范围缩小和消失，陆地面积增大，这引起了地理环境和生物界的重大变革。古生代的泥盆纪、石炭纪、二叠纪合称晚古生代，晚古生代（4 亿—2.3 亿年前）的构造运动称为海西运动，海西运动的影响远比加里东运动的影响显著而广泛，许多山槽先后褶皱隆起成山。在我国，西北和北部地槽都褶皱隆起，形成了兴安岭、阿尔泰山、天山、昆仑山、祁连山、秦岭等褶皱山脉。同时，海水也大规模撤退。东北、华北、华南的一部分，已连接成广阔的大陆。石炭纪—二叠纪时位于太湖之滨的部分石灰岩，由于地下水的溶解和湖水的冲击，形成了玲珑剔透的太湖石，成为园林珍品。

中生代（2.3 亿—0.7 亿年前）。中生代的构造运动分为两个阶段：一是发生在三叠纪的印支运动；二是发生于侏罗纪和白垩纪的燕山运动。印支运动使我国西部和西南部的地槽全部褶皱隆起，华南地盘上升，海水退出。燕山运动期间，我国西部出现了大型坳陷盆地，如陕甘宁盆地等。岩浆运动和构造运动比较微弱；相反，东部地形复杂，火山活动、岩浆侵入和构造运动都十分剧烈，形成安山岩、流纹岩及火山岩，如长白山上部即为火山岩，雁荡山的山体则由流纹岩构成。

表 2-5　地质年代及地质构造简表

<table>
<tr><th colspan="4">地质年代及代号</th><th rowspan="2">距今约（百万年）</th><th colspan="2">生物界演化</th><th rowspan="2">构造阶段</th></tr>
<tr><th>宙（宇）</th><th>代（界）</th><th>纪（系）</th><th>代号</th><th>植物</th><th>动物</th></tr>
<tr><td rowspan="12">显生宙</td><td rowspan="3">新生代</td><td>第四纪</td><td>Q</td><td rowspan="3">2.0</td><td rowspan="3">被子植物繁盛</td><td rowspan="3">哺乳动物与鸟类繁盛</td><td rowspan="3">喜马拉雅期构造阶段</td></tr>
<tr><td>新近纪</td><td>N</td></tr>
<tr><td>古近纪</td><td>E</td></tr>
<tr><td rowspan="3">中生代</td><td>白垩纪</td><td>K</td><td>65</td><td rowspan="3">裸子植物繁盛</td><td rowspan="3">爬行动物繁盛</td><td rowspan="2">燕山期构造阶段</td></tr>
<tr><td>侏罗纪</td><td>J</td><td>137</td></tr>
<tr><td>三叠纪</td><td>P</td><td>203</td><td>印支期构造阶段</td></tr>
<tr><td rowspan="6">古生代</td><td>二叠纪</td><td>P</td><td>251</td><td rowspan="2">蕨类及原始裸子植物繁盛</td><td rowspan="2">两栖动物繁盛</td><td rowspan="3">海西期构造阶段</td></tr>
<tr><td>石炭纪</td><td>C</td><td>295</td></tr>
<tr><td>泥盆纪</td><td>D</td><td>355</td><td>裸蕨植物繁盛</td><td>鱼类繁盛</td></tr>
<tr><td>志留纪</td><td>S</td><td>408</td><td rowspan="5">藻类及菌类植物繁盛</td><td rowspan="5">海生无脊椎动物繁盛</td><td rowspan="5">加里东期构造阶段</td></tr>
<tr><td>奥陶纪</td><td>O</td><td>435</td></tr>
<tr><td>寒武纪</td><td>∈</td><td>495</td></tr>
<tr><td rowspan="2">远古宙</td><td></td><td>震旦纪</td><td>Z</td><td>540</td></tr>
<tr><td></td><td></td><td></td><td>2500</td></tr>
<tr><td>太古宙</td><td rowspan="2"></td><td></td><td>AR</td><td>3600</td><td colspan="2">原核生物出现（原始生命蛋白质）</td><td></td></tr>
<tr><td>冥古宙</td><td></td><td>HD</td><td>4600</td><td></td><td></td><td></td></tr>
</table>

新生代是地质史上最近的一代，历经约 7000 万年。其构造运动是喜马拉雅运动。喜马拉雅运动时整个地中海先后发生强烈的褶皱，地球上出现了横亘东西的山脉，包括北非

的阿特拉斯山，欧洲的比利牛斯山、阿尔卑斯山以及向东延伸的高加索山和喜马拉雅山。它们是世界上最年轻的褶皱山脉。

第四纪开始，我国的地形已与现代相似。但是，新构造运动还很强烈，山脉隆起，盆地沉降，青藏高原跃居为世界屋脊。地壳升降运动和断裂运动常常联系在一起，断裂造成差异性升降，上升部分形成高山，下降部分形成谷地和湖泊。长江上游的庐山和九华山都是第四纪以来强烈上升的断块山，泰山和昆明的西山也是断块山，而西山脚下的滇池则是相对下降形成的断陷湖。第四纪地层中还含有人类化石。地球发展的历史为我们展示了地质旅游（科普、动漫旅游）的前景。

二、地质与构造形迹的类型

我国地质与构造旅游资源十分丰富，千姿百态且分布非常广泛，这些资源在形成过程中经历了复杂的地质变化，具有独特的魅力。按照我国《旅游资源分类、调查与评价》（GB/T 18972—2017）中的分类标准，我国地质与构造形迹类资源可划分为：断裂景观、褶曲景观、地层剖面和古生物化石点四类。

（一）断裂景观

断裂构造是岩层受地应力作用后，当力超过岩石本身强度使其连续性和完整性遭受破坏而发生破裂的地质构造。断裂景观是地壳上分布最普遍的地质构造形迹之一，分为节理和断层两种基本类型。

1. 节理

节理是岩体受力断裂后两侧岩块没有显著位移的小型断裂构造，也称为裂隙。节理是很常见的一种构造地质现象，例如，岩石露头上所见的裂缝，就是节理作用的结果。除了构造作用之外，岩浆或熔岩冷凝收缩、沉积作用、风化作用、块体运动都能产生节理。

节理对岩石的风化及剥蚀有重要的控制作用，节理密集的岩石易于风化，在适宜的条件下可形成奇特的地形，造就优美的风景。如我国著名风景区黄山，不少奇观丽景就是通过花岗岩中密集且多方向的节理构造演化而来的。密集的节理加速了花岗岩的风化、剥蚀、崩落进程，形成了千姿百态的地貌景观。湖南张家界英砂岩峰林、云南路南石林等是沿垂直节理发育的产物。

2. 断层

断层是地壳受力发生断裂，沿断裂面两侧岩块发生的显著相对位移的构造。断层规模大小不等，大的断层可以延伸几千千米，如郯庐走滑断层。浅的断层可能只有几十米；深的断层可能为地壳断裂，岩石圈断裂，可以达地壳底层或更深，延伸数万米以上。位移小的断层一般只有数米；位移最大的可大于数十万米，如美国西部圣安德烈斯断层，它也是地球表面最长和最活跃的断层之一。中国台湾地区花莲县的清水断崖，是我国目前最大、最险，也是唯一的海岸断崖。

（二）褶曲景观

岩层在构造作用下，或者说是在地应力作用下改变了岩层的原始产状，不仅使岩层发生倾斜，而且形成各种各样的弯曲。单个的弯曲也称褶曲。如果发生的是一系列波状的弯曲变形，就叫褶皱。褶皱构造是岩层产生塑性变形的表现，是地壳表层广泛发育的基本构造。

（三）地层剖面

地质剖面是地球历史各个阶段留下的记录，不仅具有一定的科学考察价值，对研究某个特定时期的地质发展史、探索生命的起源以及与生物有关的矿产形成有重要意义，而且是构成各种地质公园和各种自然公园的物质基础。几乎每个地质公园、自然风景区都有不同时代的地层剖面，有的具全球代表性，有的具全国代表性，有的为地方代表性，它们都成为游客的考察或观赏对象，是一种具有科学意义的旅游资源。如蓟县地质公园是以中新元古代连续地质剖面（18 亿—5 亿年前）为主所构成，嵩山地质公园是由太古宙、元古宙、古生代、中生代、新生代 5 个地层时代构成的地质公园，被称为“五代同堂”。山东省张夏地区的寒武系地层发育较全，是我国华北地区寒武系地层划分和对比的标准，具有较大的科学意义和旅游开发价值。再如河南省西峡地区的白垩系地层剖面，因其中含有大量的恐龙蛋化石及其他生物化石，对于揭开恐龙绝灭之谜和地质时期生物演化进程具有重大意义。随着旅游业的深入发展，这些具有世界性科研价值的旅游资源，将吸引越来越多的旅游者。

（四）古生物化石点

古生物化石点是保存在地层中的地质时期的生物遗体、遗骸及活动遗迹的发掘地点。按其保存特点，可分为未变实体化石、变化实体化石、模铸化石、遗迹化石和化学化石五类。这些化石都具有指示古代生物存在的功能，是古生物学研究的基本对象。其中变化实体化石和遗迹化石，还可作为旅游吸引物，吸引人们观赏。

中国古生物化石资源十分丰富。从老到新的地层中，古生物化石资源比较集中的几个化石群有云南澄江生物群、贵州关岭生物群、热河动物群、山旺生物群以及分布广泛的恐龙化石群、古象化石等。

1. 云南澄江生物群

云南澄江生物群位于云南省南部。赋存距今大约 5.3 亿年前的寒武纪地层中，以多门类海生软躯体和保存有软体部分的古无脊椎动物化石为代表。包括海绵、腔肠动物、蠕虫、腕足类、软舌螺、内肛虫、节肢动物和一些分类位置不明的化石。化石丰富，其软体组织、器官保存完美，是迄今世界上已知少数几个早期珍贵无脊椎动物化石产地之一。

科学家认为，中国云南澄江动物化石群与澳大利亚埃迪卡拉动物群、加拿大布尔吉斯动物群并列为地球早期生命起源和演化事例的“世界三大奇迹”，它生动地再现了寒武纪之初的生物世界，不仅包含了许多早已灭绝的奇异生物类型，还将现在生物几乎所有门类的祖先追溯至寒武纪初期，从而构建了以蘑菇云式多分支为底座的爆炸式多细胞动物演化模式。

2. 贵州关岭生物群

贵州关岭生物群主要位于黔西南。主要赋存距今 2.27 亿年前中三叠世晚期地层中，包括大量完整、精美的珍稀海生爬行动物和海百合化石，并伴有鱼类、菊石类、双壳类和腕足类等多类古生物化石。

关岭古生物化石群在探讨中生代海生爬行动物演化方面具有重要意义。海生爬行动物在三叠纪时期开始早期的演化和对水生生活的真正适应，在侏罗纪和白垩纪时期成为海洋中的霸主。发现于晚三叠纪早期的关岭古生物群，恰好在时间上连接了这两个阶段，为研究海生爬行动物早期起源、演化和辐射提供了宝贵素材。

3. 热河动物群

热河动物群主要位于辽宁西部、河北北部和内蒙古东部，主要赋存距今 1.3 亿—1.2 亿年的晚中生界早白垩统义县组火山喷发间歇期的湖相沉积夹层与九佛堂组河湖相的沉积中。发现的化石有鸟类、鱼类、龟类、鹦鹉嘴龙、翼龙等。

热河生物群以世界上独一无二的身披羽毛的恐龙化石、原始的早期鸟类、早期哺乳动物以及原始的被子植物等而著名，这些对于研究古生物和进化生物学中许多有争议的问题如鸟类的起源、羽毛和鸟类飞行的起源、中生代哺乳动物的演化及被子植物的起源，具有十分重要的意义。除了具有重大的科学意义外，其化石种类的极其丰富和超常的保存状态，共同构成了辽西热河生物群地质遗迹的稀有性和化石本身的优美特征。

恐龙化石群主要分布在黑龙江嘉荫、四川自贡及四川盆地其他地区、山东诸城、内蒙古二连浩特盐池和查干诺尔、广东南雄、山西天镇、河南西峡及内乡、新疆准噶尔盆地以及广西扶绥、浙江永康和贵州等地。古象化石主要产地有内蒙古扎赉诺尔松花江猛犸象、甘肃合水县板桥“黄河剑齿象”，另外还有鸵鸟、三趾马、羚羊等化石。

我国具有观赏价值的化石大多收藏在自然博物馆、地质博物馆、古生物博物馆中。较为著名的有北京地质及自然博物馆、四川自贡恐龙博物馆、山东山旺古生物化石博物馆等，其中山东山旺已建立了我国第一个化石保护区，被人们称为“天然化石博物馆”。

第四节　地表形态

一、台丘状地景

台丘状地景是台地和丘陵形状的地貌景观。

（一）台地

台地是一种海拔较低且凸起面积较大的平面地形。台地中央的坡度平缓，四周较陡，直立于周围的低地丘陵。一般而言，海拔较低的大片平地称为平原，海拔很高的山地上有大片平地，称为高原，如青藏高原。台地则介于两者之间，海拔在一百米至几百米之间。简言之，台地就是被推平的丘陵，是由平原向丘陵、低山过渡的一种地貌形态。由于构造的间歇性抬升，使其多分布于山地边缘或山间。有人认为台地是高原的一种。根据成因可分为构造台地、剥蚀台地、冻融台地等。根据物质组成又可分为基岩台地、黄土台地、红土台地等。

构造台地：沉积岩在地壳稳定时期的产状是接近水平的，构造上升后，由基本上保持近水平状态的岩层所造成的地貌就是水平构造地貌，此时岩层层面称为构造台面。

剥蚀台地：由剥蚀、侵蚀堆积形成的台地，一般地面水、地下水缺乏，灌溉条件差。

冻融台地：一般为冰缘气候的产物。冰缘气候为一特殊的气候类型，有其独特的地貌塑造作用，产生一系列的特殊地貌组合。它在总的平缓起伏的地影上，叠以阶梯状的冻融台地或寒冻夷平面。在冻融台地或寒冻夷平面中进一步发育一些冰缘地貌的微地貌类型，如雪融凹地、雪崩崖或雪崩岩屑等。

我国青海台地分布较广，东部的海东、黄南、海南以及环青海湖直到柴达木盆地东部，分布有干草原栗钙土台地、草甸草原黑钙土台地、荒漠草原棕钙土台地。柴达木盆地西部、青南高原和祁连山地分布有荒漠灰棕漠土台地、高寒荒漠草原台地、高寒草原台地、高寒草甸台地等。海南台地是青海较大的台地之一，境内的一、二、三塔拉地势低平，发展农牧业潜力很大。

（二）丘陵

丘陵是指地球岩石圈表面形态起伏和缓，绝对高度在500米以内，相对高度不超过200米，由各种岩类组成的坡面组合体，起伏不大，坡度较缓，地面崎岖不平，由连绵不断的低矮山丘组成的地形。丘陵坡度一般较低缓、切割破碎、无一定方向，没有明显的脉络，顶部浑圆。丘陵形成的原因有很多，大部分是由于山脉受长期风化侵蚀而成，一部分来自不稳定的山坡滑动和下沉风造成的堆积，有的是冰川造成的堆积，还有河流造成的侵蚀，少部分来自火山爆发和地震活动所致。

中国的丘陵约有100万平方千米，占全国总面积的十分之一。自北至南主要有辽东丘陵、山东丘陵、江淮丘陵、江南丘陵、浙闽丘陵、两广丘陵等。黄土高原上有黄土丘陵；长江与淮河分界线有江淮丘陵，长江中下游河段以南有江南丘陵；辽宁东部，山东两个半岛上，有辽东丘陵、山东丘陵。

一般来说，低山和有一定起伏的“丘陵”地形很难区分开，所以我们在生活当中也往往不会说丘陵这个词，一般都称为山，比如周末登高爬山，可能只是爬一座丘陵而已。在地形分布上，丘陵和低山往往是结合在一起的，所以在我国的地形单元中，如长白山、山东丘陵、辽东丘陵、江南丘陵、两广丘陵和浙闽丘陵等，多是由丘陵地形和低山地形组成的。

二、峰柱状地景

峰柱状地景是在山地、丘陵或平地上突起的峰状石体。包括凸峰、独峰、峰丛、峰林等类型。

（一）凸峰和独峰

凸峰是在山地或丘陵地区突出的山峰或丘峰。独峰是指平地或平缓地面上突起的独立山丘或个体。独峰是岩溶平原和溶蚀谷地中常见的地貌形态之一，相对高度 100 米左右。

（二）峰丛和峰林

峰丛和峰林是不同阶段的地貌形态。峰丛是峰林地形的早期发育阶段。峰丛是一种连座峰林，基部完全相连，顶部为圆锥状或尖锥状的山峰，峰与峰之间常形成“U”形的马鞍地形。峰丛主要分布在桂西、桂西北与云贵高原的边缘部分，相对高度一般为 200~300 米，而高的可达 600 米以上。峰丛之间岩溶洼地、漏斗、落水洞很发育。峰丛多分布于碳酸盐岩山区的中部，或靠近高原、山地的边缘部分。经过强烈和长期的岩溶发育，特别是在潮湿的热带条件下，只有石灰岩残留物矗立在下面的不溶岩石之上。这些遗迹通常呈小而陡峭、洞窟形式的喀斯特丘陵，称为峰丛。峰丛地貌地表没有明显的水系，多为地下暗河，形成巨大的厅洞，峰丛底部相连，如广西乐业峰丛。

峰林是基部断续相连，群峰林立的石灰岩区地貌形态。峰林是由峰丛进一步溶蚀发展而来的，它主要分布于岩溶盆地的边缘。其相对高度为 100~200 米，高者达 300 米，坡度大于 45°，通常是峰丛进一步发展的结果。峰林地区多为山水环绕，地表水系发达，并且底部不相连，如桂林山水。

三、垄岗状地景

“垄岗状地景”的解释为“由大致平行排列的多条垄岗和垄岗低地构成的地貌景观，按其成因可分为溶蚀垄岗、风蚀垄岗、冰川垄岗等”。

（一）溶蚀垄岗

溶蚀地貌，又称喀斯特地貌。该地貌由奥地利地理学家格鲁伯（Th. Gruber）于 1781 年首先在南斯拉夫斯洛文尼亚地区发现。溶蚀地貌是指具有溶蚀力的水对可溶性岩石进行溶蚀等作用所形成的地表和地下形态的总称。它以溶蚀作用为主，还包括流水的冲蚀、潜蚀，以及坍陷等机械侵蚀过程。岩溶地貌是以碳酸盐类岩石（主要是石灰岩）为主的可溶性岩石在以水为主的内外营力作用下形成的地貌。喀斯特地貌分地表和地下两大类，地表分为“碧莲玉笋”式的岩溶孤峰和峰林、“刀丛剑树”式的石林岩溶洼地、岩溶漏斗、岩溶残丘等，地下则为“无洞不奇”的溶洞与地下河等。

1. 岩溶地貌在我国的分布

中国是世界上喀斯特地貌分布最广泛、发育最充分、类型最齐全的国家，以广西、云贵高原最为集中。代表性景观有广西桂林山水、云南石林、贵州织金洞、贵州荔波喀斯特、重庆武隆喀斯特、重庆金佛山、重庆奉节天坑-地缝景观、四川九寨沟和黄龙、湖南张家界黄龙洞、北京石花洞等。此外，喀斯特地貌有丰富的地下水资源，埋藏着大量的古生物和古人类化石，或成为储存铝土矿、砂矿及油气的良好场所，因此喀斯特地貌具有重大的科研意义与生产价值。

2. 岩溶地貌的发育条件

岩石的可溶性、透水性和水的溶蚀力、流动性以及合适的温度条件，决定了喀斯特地貌的发育。其发育条件，如表 2-6 所示。

表 2-6　喀斯特地貌的发育条件

<table>
<tr><th colspan="3">因素</th><th>影响</th></tr>
<tr><td rowspan="2">岩石</td><td>岩石的可溶性</td><td>可溶性岩石，如石灰岩等</td><td rowspan="2">岩石的可溶性是喀斯特地貌发育的最基本条件。岩石的可溶性越强，喀斯特作用越强，反之越弱</td></tr>
<tr><td>岩石的透水性</td><td>岩石孔隙、裂隙大，透水性强</td></tr>
<tr><td rowspan="4">水</td><td>水的溶蚀力</td><td>有机酸、无机酸等酸性物质含量多，溶蚀力强</td><td>水中所含的酸性物质越多，水的溶蚀力越强，反之越弱</td></tr>
<tr><td rowspan="3">水的流动性</td><td>大气降水多，流动性强</td><td rowspan="3">水的流动性越强，溶蚀力越强，反之则越弱</td></tr>
<tr><td>地面坡度大，流动性强</td></tr>
<tr><td>岩石裂隙大，流动性强</td></tr>
<tr><td>温度</td><td colspan="2">合适的气候条件</td><td>温度越高，植物分泌的有机酸越多，喀斯特作用越强</td></tr>
</table>

拓展阅读

喀斯特的前世今生

中国喀斯特总面积 344 万平方千米，是全球喀斯特面积最大的国家。其中，“中国南方喀斯特”55 万平方千米，喀斯特地貌是地球上的水对可溶性岩石不断溶蚀形成的独特地貌奇观，这个溶蚀过程已历经亿万年之久。

2007 年和 2014 年“中国南方喀斯特”被联合国教科文组织分批列入世界自然遗产，这鬼斧神工般的地貌和生态奇观是如何构建出来的呢？同石林一样，世界各地的喀斯特发育的物质基础无一例外，是在海底形成的碳酸盐岩，经历板块运动，地壳隆升，露出地表。

2.6 亿年前，峨眉山地区发生大规模火山喷发，岩浆覆盖了今天的四川、云南、贵州等地，面积达 50 万平方千米，史称“峨眉山玄武岩喷发”。在这之后，全球开始了长达百万年之久的火山大爆发。眼前这片石林，不仅揭示了这里亿万年前的样貌，印证了两亿年前的火山大爆发事件，也是“中国南方喀斯特”起源的重要佐证。

5000 万年前，印度板块与欧亚板块碰撞，青藏高原巍然隆起，塑造了我国三级阶梯的地理形态。从云贵高原西部到广西盆地东部，距离板块撞击中心位置越近，受抬升力越大，抬升越高，由西向东一路跨越 700 余千米，海拔下降约 2000 米。重庆金佛山，距石林 200 千米，海拔 2238 米，是中国南方喀斯特的一部分。但金佛山喀斯特地貌却呈现出与云南石林截然不同的形态。金佛山位于云贵高原向四川盆地过渡的斜坡地带，巨大的垂直落差，使得地壳被抬升的同时，河流快速下切，金佛山四周被剥离，形成了现在的陡峭悬崖。抬升过程进行了两次，因此如今可以清晰看到金佛山的两级陡崖。

独特的地形造就了无与伦比的自然景观，四五月，雨水增多，一场视觉盛宴即将上演。陡峭崖壁，巨大垂直落差，云雾于此形成瀑布一般流淌的云海，这是中国南方喀斯特超乎寻常的自然之美。

中国南方喀斯特，在不同地理位置、不同气候环境和水文条件下，水与岩石发生着奇妙的融合，曾经的一片汪洋大海，在时光迁徙中，造就出形态各异的喀斯特地貌。大地默默改变了模样，这是没有终点的旅程，河流一路向东、海拔不断下降，在中国南方喀斯特地貌上，还有更多神秘的地球演化故事等待讲述。

资料来源：https：//new.qq.com/rain/a/20240221A03EH200 更新：2024-02-21 创建者：CCTV4 官方账号

（二）风蚀垄岗

“雅丹地貌”是风蚀作用为主形成的垄岗状地貌。1899 年至 1902 年，瑞典科学探险家斯文·赫定对中亚地区进行第二次科学考察期间，在中国的罗布荒漠中发现大面积河湖沉积物暴露地表，并被强风吹蚀形成独特的垄岗状残丘（图 2-1），当地的维吾尔人称之为“Yardang”（雅尔当）。1903 年，赫定在其出版的考察游记《中亚与西藏》一书中首次使用了 Yardang 一词，专指这种特殊的“垄岗状风蚀地貌”。从此，Yardang 在英文地理学文献中开始流行。

雅丹地貌是新疆罗布泊地区的一种特殊的地貌形态，是一种典型的风蚀性地貌。“雅丹”源于维吾尔语，意为“有陡壁的小丘”。雅丹地貌的形成有两个关键因素：一是发育这种地貌的地质基础，即湖相沉积地层；二是外力侵蚀，即荒漠中强大的定向风的吹蚀和流水的侵蚀。

图 2-1 雅丹地貌

干旱区的湖泊，在形成历史中往往包括反反复复的水进水退，因而发育了上下叠加的泥岩层和沙土层。风和流水可以带走疏松的沙土层，对坚硬的泥岩层和石膏胶结层却作用有限。不过致密的泥岩层也并非坚不可摧，荒漠区剧烈变化的温差产生的胀缩效应将导致泥岩层最终发生崩裂，暴露出来的沙土层被风和流水带走，演变为凹槽状；依然有泥岩层覆盖的部分相对稳固，形成或大或小的长条形土墩，雅丹地貌的形态逐渐凸显出来。

一般认为强大的盛行风是形成雅丹的外力因素，但这并不是单一的主导因素。比如，在阿奇克谷地东段的三陇沙雅丹，其走向是南偏东，与盛行的西北风向垂直，而与山地洪水流的方向一致，这就说明在这一片雅丹中，洪水起了主导作用；另外有的雅丹，是风和流水共同作用形成的，如龙城雅丹。

中国新疆的罗布泊、乌尔禾与将军崖为此种地貌的典型。每当大风狂吼时，卷起漫天沙尘，日月无光，不辨方向，风声有如鬼哭狼嚎，完全是一个恐怖世界。大风停息之后，风蚀垄脊、土墩、沟槽、洼地犹如城堡、街巷及各种其他形象。而当再一场大风之后，会一切都变了模样。故乌尔禾的雅丹地貌地区被称为“魔鬼城”。

拓展阅读

敦煌“魔鬼城”

雅丹的名字源于维吾尔语 Yardang（原意是“具有陡壁的小丘”）——是瑞典探险家斯文赫定在 1903 年提出的。所谓“雅丹”，指的是一种风蚀性地貌，东汉史学家班固所著的《汉书·地理志》中将之称为龙城、白龙堆和龙堆。

从敦煌市区向西北方向行驶 150 千米左右，砂石岩层逐渐裸露出地表，替代了原本空无一物的荒滩，继续向前，不时有阵风突起，飞沙走石，狼嚎虎啸，让人心惊，这便是雅丹国家地质公园的地界，也就是我们熟知的雅丹“魔鬼城”。敦煌雅丹的“雅丹体”，属于世界上延伸最长的雅丹地貌群。其中大部分都是远古时期遗留下来的湖盆或河床上的沉积层，因与岩层平行的定向风强烈地吹蚀着岩层裂隙，所以形成了我们今日看到的鬼斧神工的残丘。

2015 年，敦煌成功入选联合国教科文组织世界地质公园网络名录，被授予“敦煌世界地质公园”称号，成为甘肃省首家、全国第 32 家、世界第 113 家世界地质公园，雅丹“魔鬼城”便是其中最重要的组成部分。

资料来源：腾讯网［雅丹“魔鬼城”，敦煌最让人欲罢不能的自然景观_ 腾讯新闻（qq. com）］

（三）冰川垄岗

冰川垄岗是一种冰川堆积地貌，主要由冰碛物组成，包括冰碛丘陵、侧碛堤、终碛垄和鼓丘等。冰碛丘陵一般形成原因为：冰块融化后，原来位于冰川上部、内部以及冰川底部的全部物质都汇合为底碛；因为冰碛物在冰层内通常分布不均匀，所以在融化时就形成了厚度不同并且有波动起伏的冰碛盖层，即冰碛丘陵。侧碛堤由山坡崩落和侧向侵蚀的岩石碎屑组成，堆积在冰川两侧。由于堆积作用在冰川两侧一定位置连续进行，逐步加厚增高，常形成侧碛堤，沿冰川两侧呈堤状向冰川末端延伸，与终碛垄相连接。同一冰川，如有过数次进退，且前进规模逐次缩小，可在谷地两侧留下数道侧碛。在冰川的终端位置暂时稳定时，终碛物会随冰川的移动而不断垒积增高，于是在前缘形成弧形垄岗。正由于此，终碛垄常是古冰川停滞位置的一个重要标志。

有时，冰川前进也可将冰碛物向前推挤形成垄岗，这种垄岗中的冰碛物会有明显的挤压变形构造。终碛垄高达数十米甚至百余米，通常迎冰侧较缓，背冰侧较陡。大陆冰川边缘的终碛垄延伸可达数百千米，山岳冰川的终碛垄一般较短。鼓丘是一种主要由冰碛物组成的流线型丘陵，平面上呈蛋形，长轴与冰流方向一致。一般高度数米至数十米，长度多为数百米。鼓丘内有时含有基岩核心，形如羊背石，它局部露于迎冰坡，或完全被冰碛物所埋葬。鼓丘在山岳冰川作用区中很少见，但在大陆冰川区则往往成群地分布于终碛堤内不远的地方。

四、沟壑与洞穴

沟壑与洞穴是由内营力塑造或外营力侵蚀形成的沟谷、劣地，以及位于基岩内和岩石表面的天然洞穴。主要包括峡谷段落、沟壑地、堆石洞、岩石洞与岩穴等。

峡谷段落是指两坡陡峭、中间深峻的 V 字形谷、嶂谷、幽谷等段落。它通常发育在构造运动抬升和谷坡由坚硬岩石组成的地段，当地面抬升速度与下切作用协调时，最易形成峡谷。我国长江流域的三峡，是世界闻名的大峡谷。它由一系列峡谷组成一个长达 788 千米的峡谷段。在黄河干流上也分布着许多巨大的峡谷，如刘家峡、黑山峡、青铜峡等。此外，雅鲁藏布江大峡谷、澜沧江梅里大峡谷、金沙江虎跳峡、天山库车大峡谷等也享誉国内外。

沟壑地由密集的沟谷及其间的丘陵、台地、坡地等正向地形组成的崎岖地形景观。主要指黄土高原上的丘陵地貌，根据地形破碎程度可分为三大区域：塬区、梁峁沟壑区和丘陵沟壑区。堆石洞是指岩石块体塌落堆砌成的石洞，其典型代表是浙江江山浮盖堆石洞群。岩石洞与岩穴是位于基岩内和岩石表面的天然洞穴。如溶洞、落水洞与竖井、穿洞与天生桥、火山洞、地表坑穴等。

目前我国开发的洞穴有 300 余处，一部分是在原来洞穴基础上进行整修，开发较早的是桂林七星岩、芦笛岩等。20 世纪 70 年代和 80 年代洞穴开发较多，如辽宁本溪水洞、贵州安顺龙宫、浙江桐庐瑶琳仙境、北京房山石花洞等，每年都接待大批国内外游客。20 世纪 90 年代开发的广西荔浦丰鱼岩、桂林冠岩、四川武隆芙蓉洞等，也已产生巨大的经济效益。

五、奇特与象形山石

象形山石指由自然形成的形状奇异特殊、似人似物的山体或石体的地方。经过亿万年沧海桑田的变迁，在大自然的雕刻下，成就了我们今天所看到的、形态各异的、有趣的象形山石。象形山石是自然天成和人类想象力的完美结合，其独一无二的造型，或生动有趣，或引人遐想，或意境深远。象形山石多分布在喀斯特山区。这些山区分布着大量的可溶性岩石，水与岩石的碰撞造就了形态万千的奇山异石景观。

（一）神女峰

神女天下峰，巫山十二峰之最。在巫峡长江北岸，一根巨石突兀于青峰云霞之中，宛若一位亭亭玉立、美丽动人的少女，故名神女峰。巫山神女峰因其宛若绰约多姿的少女萦绕着缥缈云烟及其神秘浪漫的神话传说，吸引了历代无数文人墨客为其留下了灿若繁星的诗篇。

（二）象鼻山

象鼻山原名漓山，位于桂林市内桃花江与漓江汇流处，山形因酷似一头站在江边伸鼻豪饮漓江甘泉的巨象而得名。象鼻山形神毕现，鼻腿之间造就一轮临水明月，构成“象山水月”奇景，被人们称为桂林山水的象征。

（三）黄山“猴子观海”

“猴子观海”是黄山风景区北海景区的一处奇石景观，位于黄山风景区北海景区黄山狮子峰，石猴独踞峰顶，仿佛极目远望，又似纵身跳跃静观云海。当云雾消散后，石猴又如在远眺太平县境（即今黄山市所属黄山区）的绿野平畴，故亦名“猴子望太平”。

六、岩土圈灾变遗迹

岩土圈灾变遗迹是指岩石圈自然灾害变动所留下的表面痕迹，包括火山遗迹、地震遗迹等。

（一）火山遗迹旅游资源

火山景观是由喷出熔岩的形状、喷发强度、喷发次数以及原始地貌所决定的。火山遗迹是由火山喷发留下的各种遗迹，如火口湖、堰塞湖、火山锥、温泉、熔岩洞穴等组成，是吸引旅游者的重要旅游资源。合理地保护与开发火山地质遗迹旅游资源，能够产生巨大的经济效益、社会效益，实现景观区的可持续发展。我国最著名的火山遗迹奇观是黑龙江的五大连池，由 14 座互不相连的火山锥形成绵延 1200 平方千米的熔岩台地，是我国著名的火山游览胜地，素有“火山博物馆”之称。

（二）地震遗迹旅游资源

地震是从地球内部传播出来的地震波所造成的地面震动。地震所产生的灾害性旅游资源属于特种旅游资源，可以分为震迹和震记两种。震迹是破坏性地震，以突然爆发的形式，造成的具有旅游功能的自然遗存景观，可将其分为五种类型，即陷落型、古建筑遗址型、现代建筑遗址型、山地构造断裂型和河流堰塞型。震记是为记载、纪念地震而保存下来的人文类碑记、石刻、纪念建筑物及展览实物等，可分为三种类型，即碑刻型、纪念型、展览型。需要指出的是，地震灾害旅游资源不是人们乐意形成的一种旅游资源，而且也不能人工塑造，但是它的效应却是任何其他旅游资源无法替代的。

我国地震活动具有频度高、强度大、震源浅、分布广的特点，是一个震灾严重的国家。地震旅游资源是人类的宝贵财富，具有深远的纪念意义和科考价值，社会效益显著。1976 年 7 月 28 日，唐山市发生里氏 7.8 级地震是 20 世纪十大灾害之一。目前唐山市拥有陷落型、古建筑遗址型、现代建筑遗址型三类震迹型旅游资源；拥有碑记型、纪念型、展览型三类震记型旅游资源。唐山现存的地震遗址共有七处，其中三处被国务院批准为国家重点文物保护单位。唐山震后的建设与成就同样具有较大的吸引力。2010 年电影《唐山大地震》的热映也为唐山市开发地震旅游提供了契机。

汶川大地震后，为了纪念汶川特大地震而建设的纪念馆——5・12 汶川特大地震纪念馆，占地 14.23 万平方米，建筑面积 14280 平方米，陈展面积 10748 平方米。主体建筑名为“裂缝”，寓意“将灾难时刻闪电般定格在大地之间，留给后人永恒的记忆”。纪念馆包括“三遗址两馆一中心”，即北川老县城地震遗址、沙坝地震断层遗址、唐家山堰塞湖地震遗迹、主馆、副馆和防灾减灾宣传教育中心。2020 年 11 月 18 日，当选“巴蜀文化旅游走廊新地标”。2020 年 12 月 21 日，5・12 汶川特大地震纪念馆被评为国家一级博物馆。

第五节　自然标记与自然现象

一、奇异自然现象

春华秋实，风霜雨雪，大自然的奇妙之处在于地球上还有许多奇特的自然现象，科学家也无法准确解释其中的原理。这些奇特的自然现象显示出大自然所独有的魅力。随着科学技术的进步，人们逐渐探索出造成部分奇特自然现象的原因，并给予了科学合理的解释。像“怪坡”这类自然现象虽然已经得到科学的解释与论证，但它异于常理，十分罕见，超出了大众的认知范畴，仍然能体现较强的奇特属性。因此，奇异自然现象包括一般还没有合理解释的自然界奇特现象和有合理解释但异于常理的自然界奇特现象。

（一）咸潮

咸潮是由太阳和月球对地表海水的吸引力引起的，是一种天然水文现象，又称咸潮上溯、盐水入侵。当淡水河流量不足令海水倒灌时，咸淡水混合造成上游河道水体变咸，形成咸潮。咸潮一般发生于冬季或干旱的季节，即每年十月至翌年三月之间出现于河海交汇处，如长三角、珠三角周边地区。影响咸潮的主要因素有天气变化及潮汐涨退，尤其在天文大潮时，咸潮上溯的情况更为严重。另外，全球气候变化导致海平面上升也是形成咸潮的一个因素。

（二）尘卷风

尘卷风是指地面受局部强烈增温，在近地面气层中产生的一种尺度很小的旋风。“尘卷风”一般出现在陆地，多见于草地、沙漠等地方，范围通常很小，破坏力有限。通常尘卷风的直径在几米左右，持续时间只有几分钟。出现尘卷风时，一些尘土和细小物体可能会被卷扬到空中，形成一个小尘柱。

（三）极光

极光是指由于太阳带电粒子流进入地球磁场，在地球南北两极附近地区的高空，夜间出现的灿烂美丽的光辉。北极村是中国黑龙江省漠河市最北的村镇，位于北纬 53°33′30″，东经 122°20′27. 14″，是中国纬度最高、距离北极最近的地方，也是中国唯一观测北极光的最佳地点。虽然北极光一年四季都可能出现，但在夏至前后最容易看到。

（四）死亡冰柱

又叫死神之指，这是发生在南寒带与北寒带海域的一种自然现象。当南寒带或北寒带内海水的水温降低到一定程度后，海水开始结冰时，由于盐分析出，导致冰块周围的海水盐度增加。这些高盐度的海水，不但冰点更低，而且密度更大，在冰块周围温度降到普通海水的冰点以下时仍不结冰，又因为密度大的关系不断下沉，使下方的海水温度降到冰点以下，从而凝固。这一过程不断发生，从而形成了快速向下生长的冰柱。冰柱向海底延伸的过程中，所到之处，海洋生物被冻死，这一现象被称为死亡冰柱。

（五）怪坡

怪坡是一种自然现象，通常指的是一种违反常规重力原则的坡面。在这种坡面上，车辆或物体在没有外力作用下会表现出与常规重力方向相反的运动趋势，即在下坡路段物体可能会自动向上滑动，而在上坡路段则可能表现出自动向下滑动的现象。这种现象在全球多地都有发现，但最著名的怪坡之一位于中国沈阳市沈北新区清水街道帽山西麓，这是一条长约 80 米，宽约 25 米的斜坡，呈西高东低的走势。沈阳怪坡自 1990 年被发现后，吸引了众多专家和游客前去探秘。

二、自然标志地

自然标志地是指标志特殊地理、自然区域的地点。

（一）亚洲大陆地理中心

1992 年，亚洲大陆地理中心（简称“亚心”）由中国科学院新疆地理研究所会同中国科学院院士、欧亚科学院院士、地图学家、遥感学家、地理信息学家，依据彭纳投影技术的亚洲地图为基础，采用现代科技手段与设备，测定而出。亚洲大陆地理中心位于中华人民共和国新疆维吾尔自治区乌鲁木齐市乌鲁木齐县永丰乡包家槽子村，东经 87°19′52”、北纬 43°40′37”。“亚心”北大门是以雄鹰展翅的网架结构展现亚洲的腾飞。主干道两旁陈列着亚洲各国特定形象的玻璃钢立体雕塑群像。通过主干道，首先看到的是高度为 22 米的亚心塔。塔顶地球仪直径 4 米，塔体造型为亚洲（ASIA）这个英文单词的第一个字母“A”，体现了“天圆地方、天人合一”的人文思想。

（二）大地原点

大地原点是人为界定的一个点，亦称大地基准点，是国家地理坐标——经纬度的起算点和基准点。是利用高斯平面直角坐标的方法建立全国统一坐标系，使用的“1980 国家大地坐标系”，简称“80 系”，也称为“1980 西安坐标系”。20 世纪 70 年代，中国决定建立自己独立的大地坐标系统。通过实地考察、综合分析，最后将中国的大地原点确定在陕西省泾阳县永乐镇北流村，具体位置在北纬 34°32′27. 00″，东经 108°55′25. 00″。

大地原点的整个设施由中心标志、仪器台、主体建筑、投影台等四大部分组成。高出地面 25 米多的立体建筑共七层，顶层为观察室，内设仪器台；建筑的顶部是玻璃钢制成的整体半圆形屋顶，可用电控翻开以便观测天体；中心标志埋设于主体建筑的地下室中央。大地原点在中国经济建设、国防建设和社会发展等方面发挥着重要作用。

（三）海平面纪念碑

新疆吐鲁番盆地的艾丁湖是世界上第二低地。从吐鲁番市去艾丁湖，途中经过海拔正好等于 0 米的地方。那里立有一碑，上面写着“海拔 0 米”。在新疆托克逊县城内，建有一亚心海平面公园，公园内有“亚心”标志塔，在塔上写着“亚心海平面纪念塔”八个大字。公园内有水渠、瀑布、人造水库，其水面正好与海平面一样。

（四）北回归线

北回归线（Tropic of Cancer），是太阳光线能够直射在地球上最北的界线，大约在北纬 23°26′（一般可估算为 23. 5°）的地方。北回归线是一条重要纬线，其自西向东穿过中国云南、广西、广东、福建（海域）、台湾五省区。北回归线标志塔，是标志地理学上北回归线经过地方的建筑物。北回归线是地球上北温带与热带的分界线，也就是北纬 23°26′（一般可估算为 23. 5°）的纬线圈。

截至 2019 年 11 月 13 日，我国已建有 11 座北回归线标志塔，由东向西分别是台湾花莲（2 座）、嘉义，广东汕头（2 座）、封开、从化，广西桂平、武鸣，云南墨江、西畴。截至 2019 年 11 月 13 日，我国是世界上北回归线标志塔最多的国家。

三、垂直自然带

垂直自然地带指山地自然景观及其自然要素（主要是地貌、气候、植被、土壤）随海拔高度变化而呈现递变规律的现象。山地自然环境比低平地区复杂，所以山地垂直自然带比水平自然带复杂得多。例如，北半球北回归线以北地区的山地，南坡（阳坡）比北坡（阴坡）要获得更多的热量，因此，尽管南北坡海拔高度大致相同，但南坡气温高于北坡；潮湿气流如果与山地延伸方向相垂直或斜交，那么，迎风坡多雨，背风坡少雨。例如，我国东部山地，夏季因气流来自东南方向，所以南坡降水量多于北坡，以致南北坡相同海拔水热状况不一，所以南北坡垂直自然带有明显差异。同是一个山地，南北坡坡麓可以分属不同的气候带和自然带，例如，我国秦岭南坡坡麓属于亚热带常绿阔叶林带，北坡坡麓则属于暖温带落叶阔叶林带。

任何一个山地垂直自然带，总是在相应的水平自然带基础上形成和发展起来的。与水平自然带相一致的山麓自然带，称为垂直自然带基带。一般说来，山地所处地理纬度越低、气候越湿润、相对高度越大，垂直自然带表现越完整。南极大陆气候严寒，呈现茫茫一片冰原景观，就谈不上真正的垂直自然带。

（1）山地垂直自然带从山麓到山顶的变化、更替规律与从赤道向两极的地域分异规律有些相似。

（2）同一自然带，随着纬度的增加，其分布的海拔高度降低；山麓的自然带基本上与当地水平自然带相一致。

（3）影响山体垂直自然带谱复杂程度的因素有：山体所在纬度——相同高度的山体，纬度越低越复杂，纬度越高越简单；山体海拔——纬度相当的山体，海拔愈高愈复杂（有极限），海拔越低越简单；山顶、山麓之间相对高度——相对高度大则复杂，相对高度小则简单。

（4）影响山体垂直自然带分布海拔高度的因素有：山体所在纬度——同类自然带的分布，纬度低，海拔高，纬度高，海拔低；坡向——同一山体，同类自然带分布阳坡低，阴坡高，迎风坡（降水量多）低，背风坡（降水量少）高。

在垂直自然带丰富的地方，游客在攀登过程中，可以在短时间内欣赏到“一山有四季”的奇特自然现象，是一种令人难忘的旅游体验。

本章小结

本章包含五个学习任务，分别是地文景观概述、自然景观综合体、地质与构造形迹、地表形态、自然标记与自然现象。具体讲述了地文景观的概念、形成、特点及旅游价值；自然景观综合体中的山丘型、台地型、沟谷型和滩地型景观；地质与构造形迹中的断裂景观、褶曲景观、地层剖面、生物化石点；地表形态中的台丘状地景、峰柱状地景、垄岗状地景、沟壑与洞穴、奇特与象形山石、岩土圈灾变遗迹；自然标记与自然现象中的奇异自然现象、自然标志地、垂直自然带。本章中案例导入、拓展阅读等内容的设置，有助于学生学习、领悟和牢固掌握中国地文景观资源的基础知识，并把所学知识灵活应用到将来的实际工作中，达到提升职业素养和增强岗位胜任能力的目的。

思考题

1. 什么是地文景观旅游资源？
2. 地文景观形成的原因是什么？
3. 地文景观旅游资源有哪些特点？
4. 地文景观资源的旅游价值有哪些？
5. 请列举我国知名的山丘型景观资源。
6. 请简述地质与构造形迹的形成过程。
7. 地质与构造形迹包含哪些类型？试举例说明。
8. 你还能列举出哪些自然标记与自然现象吗？

本章实训

一、实训目的

1. 了解地文景观资源的概念。
2. 熟悉自然景观综合体的类型及典型代表。
3. 锻炼团队成员收集与分析材料能力、团队合作能力、个人表达能力等。
4. 通过该实训，使学生了解我国地文景观资源的基本状况，激发学生的爱国主义情怀和民族责任意识。

二、实训内容

根据实训目的将学生分组，每组选择一个主题，结合自己家乡（或老师指定某个城市/地区）地文景观资源情况，通过书刊、报纸、网络等渠道收集信息，结合视频、文字、图片等方式进行材料整合。小组成员选择代表在全班进行案例讲解，其他小组匿名打分，最后评选出表现最优的小组。

具体要求见表 2-7。

表 2-7 实训作业表

团队名称： 组长： 团队成员：

小组选择项目		各小组总结研究发现
地文景观资源	自然景观综合体	
	地质与构造形迹	
	天象与气候景观	
	自然标记与自然现象	

三、实训组织

1. 指导教师讲解实训要求，提示重点、难点及注意事项。

2. 将班级学生分成不同小组，并选举小组长一名。

3. 各小组分工协作，通过书籍、网络等渠道收集相关案例若干。然后在小组内先展开讨论，选择最能反映所选行业的案例作为参考，并能够最终提出小组的集体观点（如存在问题、发展建议等）。

4. 各小组在班级进行宣讲，每组宣讲时间以不超过 15 分钟为宜。

四、实训步骤

1. 指导教师布置任务，讲解实训重点、难点和注意事项。

2. 结合教师的讲解，学生从给定的任务中选取一项，并从网上查找资料，选取典型图片，制作 PPT，撰写讲解词，练习后进行当众讲解。

3. 各组汇报，由学生和老师共同组成现场评议小组进行点评。

4. 对于表现优异的团队，适当进行鼓励和奖励。

第三章
烟波浩渺
——水域景观资源

知识目标

1. 了解中国水域旅游景观的概念、类别。
2. 熟悉各类水域景观旅游资源的形态特征。
3. 掌握中国水域旅游景观中的代表性景观。

技能目标

1. 能够运用所学知识去准确识别各类水域旅游景观及其特征。
2. 能够凭借已获得知识进行水域旅游景观导游词的简单组织及基本讲解。

思政目标

1. 通过讲解我国丰富的水域景观旅游资源，激发学生的爱国热情与民族自豪感、自信心。

2. 通过撰写讲解词，培养学生自主收集信息、查阅资料，对已有知识进行重构和创新的能力。

3. 通过小组研讨，培养学生的独立思考能力，沟通表达能力。

4. 通过考核评价，培养学生实事求是地进行自我评价和评价他人的能力，体现客观公正的评价原则。

第一节　水域景观资源概述

案例导入

打造世界级山水旅游名城，守护最美漓江

春日桂林，湛蓝的天空一碧如洗，青山环抱之下，清澈的漓江缓缓流淌，两岸的凤尾竹深青浅绿，摇曳出点点春光……“江作青罗带，山如碧玉篸”，唐代诗人韩愈对漓江的赞誉，1000多年后的人们依然可以身临其境地感受到。漓江——她所代表的意义和内涵早已超越了一条河流本身。她是桂林山水之魂，是国家重点保护的13条江河之一，也是全球最美的15条河流之一，更是一张世界瞩目的“中国名片”。

习近平总书记对漓江保护工作十分关心，先后6次作出重要指示批示。特别是2021年4月，习近平总书记视察广西，第一站就来到桂林，对桂林市全力以赴保护漓江、保护桂林山水等工作给予高度肯定，谆谆叮嘱要当好保护桂林山水的“二郎神”，赋予桂林市打造世界级旅游城市、保护好桂林山水等新使命、新要求，为桂林做好漓江生态保护，推动绿色发展进一步指明了前进方向，提供了根本遵循。

如今，桂林市正在全力建设“一城一都一地一中心”，打造世界级山水旅游名城，守护世界最美漓江，持续落实最严制度最严法治保护绿水青山，奋力推动漓江生态保护和绿色发展迈出新步伐，全力呵护好这个全中国、全世界的“宝贝”，让这“全人类共同拥有的自然遗产”以最干净美丽的容貌呈现在世界面前，让漓江这一人间美景永葆清澈，永续流淌。

资料来源：刘倩．打造世界级山水旅游名城，守护最美漓江［N］．桂林日报，2022-04-05（001）．（节选）

一、水域景观资源的概念

水是自然资源的重要组成部分，它既是保证人类生活和生产的重要物质条件，又是构成旅游景观的重要物质基础。地球上除了存在于各种矿物中的化合水、结合水以及为深部岩石所封存的水分以外，海洋、河流、湖泊、地下水、大气水和冰雪，共同构成了水体资源，其中海洋水占全球总水量的96.5%，淡水资源只占总水量的3.5%。而淡水资源中，与人类生活密切相关的河水、湖泊水和浅层地下水，仅占淡水资源总量的0.34%，那些深层地下水、极地与高山冰川、永冻层的冰等难以被利用的淡水资源却占了主体。此外，因受海陆位置、水汽来源、地形条件、季节变化等因素影响，水资源的时空分布很不均匀。如我国水资源的地区分布，总趋势是由东南沿海向西北内陆递减；季节变化是以夏季降水最多，冬季最少，春季和秋季居中。

自然界中，凡能吸引旅游者进行观光游览、度假健身、参与体验等活动的各种水体资源，都可视为水文景观旅游资源。各种形态的水体在地质地貌、气候、生物以及人类活动等因素的配合下，形成不同类型的水体景观，即水域风光。

二、水域景观资源的特点

水域景观旅游资源与其他旅游资源相比，其特点主要表现在五个方面。

（一）季节性明显

一方面，大气降水量具有明显的季节性变化，这一特点在中纬度地区和大陆性较强气候类型区尤为突出。另一方面，水体在时间上随季节变化具有固态、液态、气态三种物态的变化。而且，水资源季节性干湿变化的特点，也是影响其他旅游资源（如生物资源）季节性变化的重要原因。

（二）地域性更明显

包括旅游资源在内的自然资源都具有地域性差异。水体类旅游资源的地域性变化，是其他自然旅游资源如生物旅游资源、地貌旅游资源地域性变化的根源所在。水体类旅游资源的地域性差异，影响人文旅游资源的地域性，如民居建筑特色的区域差异等。

（三）整体性更强，且成为联系和沟通其他旅游资源的血脉

水体类旅游资源本身是一个整体，海洋、河流、泉水、瀑布、雪山、冰川是一脉相承，不可分割的。水体旅游资源是所有旅游资源的血脉、灵魂，往往成为联系其他旅游资源的纽带和桥梁，如长江、漓江像一条丝线，串联了沿途无数优美的风光景观；而西湖则孕育了无数自然和人文旅游资源。

（四）全方位源相比

全方位源相比，人对水体类旅游资源具有眼、耳、鼻、舌、身全方位感知的特点。眼观水色、水光、水势，耳听水声，鼻闻水汽，舌品水味，身体感知水温。

（五）脆弱性

水体类旅游资源与其他旅游资源一样，极易受到污染和破坏，十分脆弱，因此须加以精心呵护，才能实现可持续利用的目标。

三、水域景观资源的旅游功能

（一）具有审美功能，开展观赏旅游

哲学家泰勒斯曾提出“水是万物之源”。水孕育了世上一切美好的事物。

1. 水的壮阔之美

面对浩瀚无边的大海、飞流直下的瀑布、奔流不止的江河，人们往往会感到心胸豁然开朗，惊叹于大自然的波澜壮阔，产生仰慕或敬畏之情。我国贵州的黄果树大瀑布，山西的壶口瀑布，都是以雄壮著称；非洲的维多利亚瀑布、南美的安赫尔瀑布及伊瓜苏瀑布，也都以壮美闻名世界。

2. 水的秀丽之美

清澈的溪流、水山相映的湖泊、舒缓的江面，都会给人清丽柔和的美感，使游人感到轻松活泼，静雅舒适。如浙江富春江，“如情似梦”的漓江，“淡妆浓抹总相宜”的西湖，都给人以秀美之感。

3. 水的形态之美

水的奇特之美，源自于其形、色、声等方面的变化。说到水的形态，它是最直接、最外显的审美语言符号，是自然旅游景观的空间呈现形式，如线条、大小、高低、造型等要素。有“天下奇”之称的黄山，瀑布景观中的人字瀑、一字瀑、九龙瀑等都具有奇特的形状；位于呼伦贝尔的莫尔格勒河，号称“天下第一曲水”，它以“曲”的特点而闻名，充分地说明了在审美方面“曲水优于直水”。

4. 水的色彩美

我们在生活中有时会看到一些水体呈现出各种各样的颜色，其实水体本来是无色的，之所以会呈现出五颜六色，多数是由于水体所含的矿物质或受其他外在因素影响的原因。世界自然遗产九寨沟，共有 108 个彩色湖泊。其中的五彩池被誉为“人间瑶池”，由于水生群落所含叶绿素深浅不同，在富含碳酸钙质的湖水里，能呈现出不同的颜色，随着周围景色和阳光照射角度的变化呈现出五颜六色，是九寨沟湖泊的精粹。

5. 水的声音美

声响美更是赋予了水域景观灵动与生气。水在流动或冲击时会发出各种美妙的声音，同时水体在内营力、外营力的作用下，或受坡度影响而流动时，也可发出各种声音。推波助澜的急流，惊涛拍岸的潮流，空山雄浑的飞瀑，以至涓涓细流、泉水叮咚的恬静，各自弹出了不同声域的乐章，既给人以强烈的动感，又给人以悦耳动听的音乐美的享受。如位于张家界国家森林公园的金鞭溪，发出的潺潺的流水声可以给人安逸静美的听觉享受；而位于浙江的钱塘江潮水的声音，就像诗人罗隐所描述的一般：“怒声汹汹势悠悠，罗刹江边地欲浮”。每年农历八月许多游客都会来钱塘江观潮，欣赏它排山倒海的气势和雷鸣般的潮声。

（二）具有疗养功能，开展休闲健身旅游

温泉、矿泉、海水、湖泊等均具有疗养功能，对于人体的保健和医疗，有着重要的作用。这些水体中含有多种微量元素及其他化学成分，有一定的矿化度，通过对人体的药理和化学生物作用，而具有治病健身的功效。“深知海内长生药，不及崂山一清泉”，是人们对崂山温泉理疗价值的评价。我国大多数的温泉所在地，山川秀丽，风景如画，是人们疗

养和旅游的好去处。如北京闻名遐迩的小汤山温泉、辽宁鞍山汤岗子温泉、西安久负盛名的华清池温泉度假区等。

（三）具有品茗功能，开展茶文化旅游

茶，不仅促进人身体健康，还可以使人修身养性。中国是茶的故乡，茶文化作为中华传统文化的重要部分，据说始于神农时代，少说也有4700多年。茶叶已经成为人们非常喜爱的饮品，而茶文化也逐渐深入人们的生活中，能够满足人们对精神文化的追求。中国人饮茶，注重一个“品”字。“品茶”不但是鉴别茶的优劣，也带有神思遐想和领略饮茶情趣之意。茶与水的关系极为重要，好水冲好茶。唐代陆羽在《茶经》中有云“其水，用山水上，江水中，井水下”，通常所说的“水为茶之母”，讲的就是好水配好茶的沏茶之理。

（四）具有娱乐功能，开展水上游乐旅游

水域资源中的文体游乐在我国历史久远。屈原《九歌》中的《湘君》《河伯》等多篇都描述古代大型的水上祭祀和娱乐活动。唐宋以来，水戏、水傀儡盛行。龙舟竞赛、划船、滑水冲浪等水上竞技已成为世界体育运动项目。水域旅游资源的开发利用在当代取得了快速发展与进步。借助于水体资源，人们可以开展丰富多彩的娱乐活动，如游泳、垂钓、潜水、荡船、冲浪、漂流、滑水、海水浴等。我国大连的老虎滩和金石滩海滨游览区、河北的北戴河、山东的青岛、广东的汕头、海南的三亚等旅游胜地，都是借助于一定的水体资源、良好的气候条件、优美迷人的自然风景开展海水浴、驾船扬帆、潜水、观景等体验性的旅游活动，吸引大量的中外游客。

此外，水域文体游乐还向陆地延伸，如“拔河”虽系陆上运动，但其竞争冠名以河，含有居其险、背水一战之意；中国象棋中，中间明确标以“楚河”；滑冰、滑雪等运动也与水有不解之缘。

（五）含有文化内涵，开展水域文化旅游

水体资源不仅是旅游资源的重要部分，也是人们吟诗作赋的主要对象，古往今来，众多文人墨客以秀丽的江河湖泊、雄浑壮丽的瀑布、清澈甘醇的泉水为对象，写下了许多流传至今的著名诗句。如“一生好入名山游”的大诗人李白，曾写下“飞流直下三千尺，疑是银河落九天”的诗句来赞美庐山瀑布，他笔下的庐山瀑布，气势磅礴，神韵万千；唐代大诗人韩愈曾以“江作青罗带，山如碧玉簪”的诗句来赞美如诗似画的漓江；孟浩然用“气蒸云梦泽，波撼岳阳城”来描写洞庭湖的壮阔景象。除了这些流传下来的诗文以外，还有许多水体资源旁边的摩崖石刻、传说故事等，形成了丰厚的文化积淀和浓郁的文化氛围，从而提高了水体资源的观赏价值，也为开展水体文化旅游创造了有利条件。

四、水域景观与旅游

水是自然界最活跃的因素之一。“山无水不活，水无山不媚，因山而峻，因水而秀”

充分体现了水的魅力。

（一）水域景观与旅游的关系

1. 水域景观是旅游资源的重要组成部分

水是自然美景的重要构成要素，具有形、声、影、色、光、味等特点，能给人以形态美、声音美、色彩美、味道美、光泽美、倒影美、奇特美和意境美等多种美感。浩瀚无垠的大海、波光粼粼的湖面、奔流不息的江河、雄伟壮观的瀑布等，这些水域对游客都有着强大的吸引力，许多水体已经成为我国著名的旅游资源，如贵州黄果树瀑布、新疆喀纳斯湖、四川海螺沟冰川、黄河三角洲湿地等。

2. 水域景观是各类景区（点）的重要构景元素

水体景观的另一个作用是为其他景区（点）"锦上添花"。有水体的景区，才更有生机和活力。比如，水体常与山地巧妙结合在一起，或汹涌澎湃，或蜿蜒流淌，或烟波浩渺，或秀丽娇艳，从而构成了优美的山水风光，因此我国自古就把山水作为风景的代名词。又如，我国的园林景观历来就重视水的作用，有"名园依绿水"之说。古往今来，无论是皇家名苑，还是私家园林，都采用"引水注入""引泉凿池"的方法，以水景为中心进行布局。

3. 水体景观是最能满足游客参与要求的旅游资源

"亲水"在中国是永恒的主题，水体旅游资源既可观赏，又可体验，颇具优势。水体景观可以提供丰富多彩的游乐和运动项目，如游泳、潜水、划船、漂流、冲浪、垂钓、滑冰、滑雪等。可以说，在所有的旅游资源中，水体旅游资源的游客参与程度最高。

（二）水域景观与旅游资源的组合

水域旅游资源与其他旅游资源结合，则可产生更大的旅游吸引力并且组成有名的胜景。其中，山水的结合又是多种因素结合的基础。古人云"山得水而活，水得山而媚""因山而峻，因水而秀"。我国许多风景名胜都是水景与山景浑然一体的典范，如壮丽的长江三峡风光是江河奔腾和青山夹峙的山水组合，而杭州西湖是一湖碧水和周围的塔、寺、亭、廊等多类建筑以及花草树木构成的一个组合体。此外，水域旅游资源还可以和季节、时间、气象、天象、地形、建筑等形成不同类别的旅游景观。

1. 水域与季节、时间的组合

有关水域-季节类的景观中，春秋季节的数量较多。在春季，水域景观的类型主要有三类：一是以描写水域活动为主，将水域作为欣赏的主要景物，如春涨、春水、春浪、春涛、春流等；二是描写与水有关的自然风光为主，与水边植物相关的，如"南河春柳"(陕西·佳县)、"池塘春草"（浙江·温州）等；与气象有关的，如"西湖春雨"（江苏·泰州）等；三是与水域有关的人类活动，如"汴河春渔"（河南·杞县）、"颍水春耕"（河南·登封）等。在秋季中，描写与水有关的自然风光数量较多。这一类中水域景观不再是主要欣赏景物，而是作为配景出现，用来衬托主景，如"珠江秋月"（广东·广州）等；其次是描写秋季的水域现象，如“汾水秋波”（山西·太原）等。描写人类活动的较少。

水域–时间类景观中的时间可以分为四个时间段，分别是日出前后、正午时段、日落前后和夜晚时段。在日出前后，水域景观有三个时段：一是在日出之前时段，天已经亮了但太阳还未出现，如“盘江晓渡”“双河晓月”“东湖春晓”等；二是日出时段，描写太阳初升时的景象，如“海天旭日”“定水朝霞”“金湖朝晖”等；三是日出之后的时段，如“泗水晨钟”“康河晨雾”等。在日落前后，有两个时段，分别是：日落之前，多是描写日落及日落时的气象景观，如“桃溪夕照”“江天暮雪”等；日落之后，描写太阳西落夜幕初降之时的自然景象和人类活动，如“史河晚渡”“洋溪晚钓”“剑泉晚照”等。在夜晚时段，最为明亮的天体是月亮，水域景观在这段时间内绝大多数与其有关，如“西湖夜月”“西江夜月”“双溪夜月”等；其他的与气象、人类活动相关者数量较少，如“湘江夜雨”“杨溪夜读”等。

2. 水域与气象、天象的组合

水域类“八景”景观涉及的气象类型主要有风、云、雨、烟、雪、霞、虹、雾、霭、霁等。其中，雨是最主要的类型，如“�溪烟雨”“河头时雨”“龙江夜雨”等；其余类型数量较少，且在每个水域类中都有分布，如“虎溪积雪”“湖映飞虹”“月池秋风”。气象类型较多，分布分散。

天象景观中，由于太阳光照强烈，欣赏与“日”有关的景象的时间较少，多集中于光照较弱的早晨或傍晚时段，如“长河落日”“银江晚照”“宁海初日”等。夜间光线较暗，月亮是主要的欣赏景物，“夜月”出现的数量最多；湖、河等水面在夜晚如同镜面，“映月”景观较多；其余有“秋月”“晓月”“泛月”等，如“横江夜月”“南湖映月”“洞庭秋月”等。

3. 水域与地形、建筑的组合

水域景观中的地形类别主要有山、岩、洞、峡、岭、峰、崖、谷、峪等。

与水域有关的建筑可以分为三类，分别是：宗教建筑类，有寺庙、塔、庵、观等，如“河中仙寺”“鹤观灵泉”“长塘塔影”等；生活交通设施建筑类，如桥、楼、馆等，如“东桥水波”“江楼夜月”“西湖酒馆”等；休憩观赏建筑类，有亭、阁、园等，如“斐亭听涛”“霞园倒影”“东阁灵泉”等。

4. 水域与人类活动、生物的组合

与水域有关的人类活动包含人们生活的各个领域，如生产生活、商业、学习、游览观光等，其中最多的生产活动是“渔”，如“槎水渔归”“汴河春渔”“郁溪渔钓”等；其他场景，如“南溪聚浣”“西湖船市”“舟渡台江”等。

水域–植物景观中，出现较多的植物有柳、荷、莲等，如“南湖烟柳”“溶塘荷花”“泮池瑞莲”等；其他植物如芦苇、草、竹等数量较少，如“前河芦苇”“弹湖芳草”“澄潭竹树”等。动物类主要分为两类：一类是生活在水中的生物及水域附近的鸟类数量较多，如“洵河鱼跃”“茹湖落雁”“月池秋鹭”等；另一类是传说中的神兽及凶猛的野兽等石刻动物，如“泉源伏虎”“龙泉沁脾”“五马望湖”等。

五、水域景观旅游资源分类

根据《旅游资源分类、调查与评价》（GB/T18972—2017），水域景观旅游资源可以分为河系、湖沼、地下水、冰雪地、海面5个亚类、13个基本类型（见表3-1）。

表3-1　水域景观旅游资源分类

主类	亚类	基本类型
B水域景观	BA河系	BAA游憩河段、BAB瀑布、BAC古河道段落
	BB湖沼	BBA游憩湖区、BBB潭池、BBC湿地
	BC地下水	BCA泉、BCB埋藏水体
	BD冰雪地	BDA积雪地、BDB现代冰川
	BE海面	BEA游憩海域、BEB涌潮与击浪现象、BEC小型岛礁

第二节　水域景观资源的类型

案例导入

黄果树瀑布

黄果树瀑布，即黄果树大瀑布。古称白水河瀑布，亦名“黄葛墅”瀑布或“黄葛树”瀑布，贵州民间自古以来就流传有黄果树瀑布的神话故事，黄果树瀑布的名称来自这个神话故事中结“黄果”的树。黄果树瀑布位于中国贵州省安顺市镇宁布依族苗族自治县，属珠江水系西江干流南盘江支流北盘江支流打帮河的支流可布河下游白水河段水系，为黄果树瀑布群中规模最大的一级瀑布，是世界著名大瀑布之一，以水势浩大著称。瀑布高度为77.8米，其中主瀑高67米；瀑布宽101米，其中主瀑顶宽83.3米。黄果树瀑布属喀斯特地貌中的侵蚀裂典型瀑布。

黄果树瀑布的出名始于明代旅行家徐霞客，经过历代名人的游历、传播，成为知名景点。

资料来源：黄果树瀑布（中国贵州省瀑布）. 百度百科（baike.baidu.com）

水域景观是构景的基本元素，是大自然“灵气”之所在。各种形态的水体在地质地貌、气候、生物及人类活动等因素的配合下，形成不同类型的水域景观。我国水域面积广阔，构成水域旅游资源的海滨、河流、湖泊、瀑布、涌泉等水体，类型齐全、内涵丰富，是旅游资源中一道亮丽的风景。

一、河系

（一）游憩河段

河流是以一定区域的地表水、地下水或冰雪融水为补给来源，并沿着狭长的谷槽流动的水体。按注入地划分，河流可分为内流河和外流河；内流河注入内陆湖泊或沼泽，或因渗透、蒸发而消失于荒漠中；外流河则注入海洋。中国常以河流径流的年内动态差异进行河流分类，共划分为东北、华北、华南、西南、西北、内蒙古和青藏高原七种类型。我国长度在 1000 千米以上的河流有 20 条，包括：南方的长江及其支流汉水、嘉陵江、沅江、乌江；北方的黄河；东北的黑龙江及其支流松花江、额尔古纳河、嫩江；南部的珠江及其支流郁江等。

观光游憩河段，是可供观光游览的河流段落，以风景秀美为主要特征，河谷奇特，河水清澈。游憩河段往往是人类文明发展较早的地区，开发历史悠久，沿江河古遗址、建筑众多，历史文化名城密布。我国著名的游憩河段有长江（三峡段）、鸭绿江、漓江、楠溪江等。一般来说，水质越好，两岸景色越美丽奇特，其吸引力就越大。

（二）瀑布

瀑布（Waterfall），是指水流或冰流，从陡崖上倾泻而下，近似发生自由落体运动而形成的垂直或近乎垂直的水流或冰流的现象。瀑布具有声音美、色彩美、形态美的特点，是自然山水结合的产物。它常常形成千岩竞秀、万峰争流、飞泻千仞、银花四溅、蔚为壮观的旅游胜地，自古就为无数人所折服。瀑布一般都是坐落在依山傍水的地方，环境优美。阳光、蓝天、彩虹、绿树这些元素共同构成了瀑布无与伦比的漂亮景色。观瀑是一项诱人的观赏旅游活动，为利用这一特殊资源，许多瀑布对岸岩顶处常建观瀑亭，供游人观赏、休息。

我国国土辽阔，地质构造复杂，成瀑条件优越，南北各地有众多举世闻名的、不同类型的瀑布，最为著名的有黄果树瀑布、黄河壶口瀑布、黑龙江吊水楼瀑布，并称“中国三大瀑布景观”。

1. 瀑布成因

（1）山崩、断层等地壳运动。由于地壳运动，形成了很陡的岩壁，河流经过这里，自然就飞泻而下。瀑布在地质学上叫跌水，即河水在流经断层、凹陷等地区时垂直地从高空跌落。

（2）岩石因素。在石灰岩地区暗河流过的地方，地势高低陡然变化，或者暗河陡然变化，或者暗河从陡峻的山崖涌出。比如，尼亚加拉瀑布，它是尼亚加拉河水翻过白云石的岩壁，直接落入下面的一个大水池里，翻滚流飞的水流不休止地侵蚀页岩，淘空了白云岩的岩洞，一块块的白云岩崩落而下，使得悬崖永远陡峭。

（3）冰川因素。古代的冰川切入山谷之中，使两侧形成悬崖峭壁，形成“U”形谷，后来被河流占据，水流在深浅差异很大的谷地交接流过，瀑布由此产生。

2. 我国的瀑布景观介绍

在我国的瀑布景观中，较为著名的有贵阳的黄果树瀑布、庐山的三叠泉瀑布、雁荡山的大龙湫瀑布、九寨沟的树正瀑布、镜泊湖的吊水楼瀑布、黄河壶口瀑布、长白山瀑布等。

（1）黄果树瀑布。黄果树瀑布位于贵州省安顺市。景区内以黄果树大瀑布（高77.8米，宽101.0米）为中心，分布着雄、奇、险、秀风格各异的大小18个瀑布，形成一个庞大的瀑布“家族”，被大世界吉尼斯总部评为世界上最大的瀑布群，列入吉尼斯世界纪录，是国家5A级景区。黄果树大瀑布是黄果树瀑布群中最为壮观的瀑布，是世界上唯一可以从上、下、前、后、左、右六个方位观赏的瀑布，也是世界上有水帘洞自然贯通且能从洞内外听、观、摸的瀑布。黄果树大瀑布是贵州第一胜景，中国第一大瀑布，也是世界最阔大壮观的瀑布之一。

（2）壶口瀑布。壶口瀑布是我国水流量最大的瀑布，也是中国仅次于贵州省黄果树瀑布的第二大瀑布。它位于陕西省宜川县和山西省吉县之间的黄河之上，滚滚黄河水至此，300余米宽的洪流骤然被两岸所束缚，上宽下窄，在50米的落差中翻腾倾涌，河水似从巨大无比的壶中倾出，故名“壶口瀑布”。

（3）吊水楼瀑布。吊水楼瀑布位于黑龙江省牡丹江市宁安市西南部，镜泊湖之北端，又称镜泊湖瀑布。瀑布幅宽70余米，雨水量大时，幅宽达300余米，落差20米。它下边的水潭深60米，叫“黑龙潭”。每逢雨季或汛期，水声如雷，激流呼啸飞泻，水石相击，白浪滔滔，水雾蒸腾出缤纷的彩虹。

（三）古河道段落

古河道段落是指曾经存在但已经消失，一般仍保持着较好的河道形态的历史河道段落。古河道是河流他移后被废弃的河道。古河道的根本成因是河流改道。河流改道有由内因引起的，也有由外因引起的。外因包括构造运动使某一河段地面抬升或下沉，冰川、崩塌、滑坡将河道堰塞，人工另辟河道等。研究古河道不但可以了解一个地区的河流地貌演变历史，并且也是研究古地理环境的重要手段。一些古河道段落的产生，是当时先进生产水平的标志，其工程曾经甚至迄今仍发挥着作用，著名的有都江堰、京杭大运河、灵渠等。

二、湖沼

（一）游憩湖区

湖泊是在自然地理因素综合作用下形成的，地球的内力作用和外力作用都可以形成湖盆，湖盆积水形成湖泊。人们常用“湖光山色”来形容自然风光的幽美静谧，妩媚诱人。一个风景区有了秀丽的湖光，山色更加增辉，绿水环绕，湖光波影，岸边垂柳，自然风光才绚丽多姿，生机盎然。湖泊是水域旅游资源中一个重要的组成部分。它们有的身居高山，银峰环抱；有的静卧原野，烟波浩渺，像一颗颗光彩夺目的蓝色宝石，镶嵌在世界各地，给秀丽的大自然增添了无限的风采。作为旅游资源它具备了形、影、声、色、奇等吸引要素。我国湖泊分布广泛但又相对集中，主要集中在青藏高原、东部平原、东北平原、蒙新湖区、云贵高原等五大湖区。

1. 湖泊类型

按成因划分，湖泊主要有以下类型，见表 3-2。

表 3-2 湖泊的主要类型

类型	成因	典型代表
潟湖	泥沙沉积使得浅水海湾与海洋分割而成	杭州西湖、太湖
构造湖	地壳运动产生断裂凹陷经储水而成	滇池、洱海、日月潭
火山口湖	火山喷口休眠以后积水而成	长白山天池（我国第一深水湖泊）
堰塞湖	火山喷出的岩浆、地震引起的山崩或泥石流引起的滑坡体等壅塞河床，积水成湖	五大连池、镜泊湖等
岩溶湖	碳酸盐类地层经流水的长期溶蚀形成岩溶洼地，积水成湖	贵州省威宁县的草海
冰川湖	冰川刨蚀形成的凹地积水成湖	新疆喀纳斯湖
风成湖	沙漠中低于潜水面的丘间洼地，经其四周沙丘渗流汇集而成	敦煌月牙泉
河成湖	河流摆动而形成的湖泊	鄱阳湖、洞庭湖
人工湖	人工修筑的蓄水区域	千岛湖

2. 湖泊旅游资源的特点

湖泊旅游资源通过水体的形、影、声、色、奇等构景因素而具有强烈的美感和旅游观赏价值。

（1）湖泊是重要的构景元素。对绝大多数风景区来说，湖泊都是不可或缺的构景元素。秀丽的湖光可以为山色增辉，从而形成山清水秀、山水一体的整体效果，使得自然风光绚丽多姿，充满诗情画意。如中国的洱海与点苍山、天山天池与博格达峰、长白山天池与长白十六峰、肇庆星湖与七星岩等，都是山水交相辉映的优美风景旅游地。

（2）许多湖泊都具有较丰富的文化内涵。自古以来，不少文人墨客以秀丽的江河湖泊为对象，吟诗作赋，写下了许多优美诗篇，给湖泊旅游资源赋予了丰富的文化内涵。近代大文豪郭沫若畅游千岛湖时赋诗赞曰："西子三千个，群山已失高；峰峦成岛屿，平地卷波涛。"加上湖边的摩崖题刻、传说等，对提高千岛湖的旅游观赏价值起着重要作用。

（3）自然景观与人文景观相得益彰。世界各地的湖泊，尤其是淡水湖泊大都已被开发利用。人类的生产生活与湖泊联系紧密，加之湖泊多分布于盆地中、平原上，其周围常形成交通、人口的密集之地，相应地也形成了各具特色的人文景观，与自然景观一道，组成完美的风景画面。

（4）具有较完备的旅游功能。湖泊旅游资源因其清澈的水体、优美的自然风光和良好的自然生态环境，使得湖泊旅游资源具有良好的旅游开发功能。

第一，水上游览娱乐功能。湖泊拥有大面积的水体，给人以亲近之感，是人们开展乘游船、坐快艇、自驾摩托艇、手划船、脚蹬船和冲浪风帆等水上游览、娱乐活动的物质载体。

第二，游泳功能。湖泊以清凉的水体和清爽的环境，吸引人们在炎炎夏日开展游泳休闲活动。

第三，旅游度假休养功能。湖泊沿岸多环境优美、安详静谧，在湖边或水上可以进行垂钓、品尝水产品等，是开展度假休养的好地方。许多湖泊周围都建有度假休养设施，如无锡太湖和苏州太湖、昆明滇池等都已开发为国家旅游度假区。

第四，湖畔观光功能。许多湖泊沿岸都是一些自然的或人文的景观，具有较高的观赏价值。

3. 我国主要的湖泊景观

我国湖泊众多，共有大小湖泊两万多个，其中面积在 1 平方千米以上的有 2600 多个。除了天然湖泊外，还有人工湖（水库）86000 多个。湖泊不仅是重要的国土资源，在国民经济的发展中发挥着重要作用，同时，这些湖泊都富含有丰富的旅游资源，对旅游业的发展至关重要。我国的五大淡水湖是：鄱阳湖、洞庭湖、太湖、呼伦湖、洪泽湖；我国的五大咸水湖是：青海湖、纳木错湖、色林错湖、乌伦古湖、羊卓雍错湖。

拓展阅读

人间天堂——杭州西湖

杭州西湖位于浙江省杭州市西部，杭州市市中心。西湖是我国著名的旅游胜地，它以秀丽的湖光山色闻名中外。西湖有 100 多处公园景点，其中最著名的是“西湖十景”。“西湖十景”是指浙江省杭州市著名旅游景点西湖及其周边的十处特色风景。最著名的是南宋的苏堤春晓、断桥残雪、曲院风荷、花港观鱼、柳浪闻莺、雷峰夕照、三潭印月、平湖秋月、双峰插云、南屏晚钟。西湖十景，景名合一，令人如临其境，深受国内外广大游客欢迎，堪称景点命名的典范之作。

此外，杭州西湖还有 60 多处国家、省、市级重点文物保护单位和 20 多座博物馆，有断桥、雷峰塔、钱王祠、净慈寺、苏小小墓等景点。2007 年，杭州市西湖风景名胜区被评为“国家 AAAAA 级旅游景区”。2011 年 6 月 24 日，“杭州西湖文化景观”正式被列入《世界遗产名录》。

资料来源：https：//www.baidu.com（有改动）

（二）潭池

潭池是指四周有岸的小片水域。与“湖”不同，“潭”字形声，从水，从覃，覃亦声。“覃”本义为“深不可测”。“水”与“覃”联合起来表示“水体深不可测”。也就是说，潭水强调的是深度，一般而言，潭水小而深，有时深不见底。古诗“桃花潭水深千尺”，说的就是潭水的深度。此外还有《广雅·释水》注：“潭，渊也。”《楚辞·九章·抽思》注：“潭，渊也。楚人名渊曰潭。”

一般来说，潭池常常与其他景观相辅相成，产生独特的旅游吸引力。我国著名的潭有台湾日月潭、长春净月潭、安徽宣城桃花潭、江西井冈山龙潭、贵阳天河潭等。在我国古典园林的造景中，大多数以潭池为中心，因而成就了众多著名的潭池景观，如北京颐和园昆明湖、苏州拙政园荷花池等。

（三）湿地

湿地，是重要的生态系统，也是珍贵的自然资源，具有不可替代的综合功能，被称为“地球之肾”。

2021 年 3 月 11 日，全国绿化委员会办公室发布的《2020 年中国国土绿化状况公报》显示，2020 年我国湿地保护率达 50% 以上，湿地面积为 6600 万公顷，占世界湿地的 10%，位居亚洲第一位、世界第四位。湿地的功能是多方面的，它可作为直接利用的水源或补充地下水，又能有效控制洪水和防止土壤沙化，还能滞留沉积物、有毒物、营养物质，从而改善环境污染；它能以有机质的形式储存碳元素，减少温室效应，保护海岸不受风浪侵蚀，提供清洁方便的运输方式……它因有如此众多而有益的功能而被人们称为“地球之肾”。湿地还是众多植物、动物特别是水禽生长的乐园，同时又向人类提供食物（水产品、禽畜产品、谷物）、能源（水能、泥炭、薪柴）、原材料（芦苇、木材、药用植物）和旅游场所，是人类赖以生存和持续发展的重要基础。

中国湿地资源具有以下鲜明特征：

第一，面积大、类型多。中国湿地无论其面积还是类型均在世界上居于重要地位。中国的湿地除了拥有《湿地公约》分类系统的所有湿地类型外，还有独特的世界上海拔最高的青藏高原湿地，是亚洲湿地类型最齐全的国家之一。这些湿地分布着许多大江大河和跨国河流的源头，具有重要的地理意义。

第二，分布广、区域差异显著。中国湿地分布广泛，但由于自然环境的差异，湿地区域差异性也很显著，表现出集中分布与分散分布相结合的特点，以及同一地区多种类型和一种类型分布多个地区的特点。总体上看，东部地区以河流湿地、湖泊湿地、红树林湿地、热带亚热带人工湿地为主，东北地区则以沼泽湿地为主，西部地区湿地较少（主要有青藏高原的咸水湖湿地和高原沼泽以及西北干旱地区的盐湖湿地）。

第三，生物多样性丰富。中国湿地类型众多，复杂的自然地理环境致使湿地生境类型丰富，有利于各种湿地动植物生长发育，生物多样性十分丰富。

在中国境内，从温带到热带、从沿海到内陆、从平原到高原山区都有湿地分布。湿地通常分为自然和人工两大类。自然湿地包括沼泽地、泥炭地、湖泊、河流、海滩和盐沼等，人工湿地主要有水稻田、水库、池塘等。根据植被和地区差异，中国湿地可分为以下主要区域：东北湿地、黄河中下游湿地、长江中下游湿地、云贵高原湿地、西北干旱和半干旱湿地、青藏高原高寒湿地。

三、地下水

（一）泉

泉是地下水的天然露头，当含水层或含水通道出露于地表时，地下水便涌出成泉。其中，含有一定数量的多种矿物质、微量元素、有机体和气体，或具有较高水温，能影响人体生理作用的泉称为矿泉。我国已经发现矿泉 1700 多处，是世界上矿泉分布最多的国家。我国台湾、西藏、云南等火山、岩浆活动的地区及花岗岩分布区，矿泉广泛分布，它们均已成为重要的旅游资源。

1. 泉的分类

由于发育泉水的岩层的地层走向、地质构造、地貌状况和水域条件等因素复杂多样，泉水的种类也非常多。

（1）根据泉水的运动方向划分。泉水按承压和无压分为上升泉和下降泉两类。上升泉是承压水的天然露头，地下水受静水压力作用，上升并溢出地表所形成的泉，是由承压含水层补给的泉。泉口水流通常冒涌，但若通过松散覆盖物出露时，泉口附近的水流也可能呈下降运动。著名的上升泉有济南市内趵突泉等四大泉群、济南东郊白泉泉群、章丘百脉泉群等。济南南部山区大部分泉都是上升泉，如历城柳埠的突泉、四季村宾馆附近的涌泉。

下降泉是由无压含水层（包括潜水和上层滞水）补给的泉。其水流在重力作用下呈下降运动，泉水动态受气象、水域因素影响，有季节性变化。按下降泉出露的原因可分为：侵蚀泉、接触泉、溢流泉。

侵蚀（下降）泉：沟谷侵蚀无压含水层成泉。

接触泉：地形切割达到含水层隔水底板，地下水被迫从两层接触处出露成泉。

溢流泉：在地下水流前方透水性突变，或隔水底板隆起，水流受阻涌溢地表成泉。

（2）按泉水温度划分。按泉水温度可分为冷泉和温泉。不同地区、不同国家划分冷泉和温泉的临界温度标准不尽相同（见表 3-3）。我国一般以 25℃为界，泉水温度低于 25℃称冷泉，高于 25℃称温泉。温泉又分微温泉、温泉、热泉、高热泉和沸泉（水温高于当地沸点的泉）。我国温泉资源丰富，但存在集聚现象，据统计我国温泉资源有 3000 多个，主要分布在福建、云南、西藏和台湾等地，福州有“温泉城”之称。广东从化、内蒙古阿尔山、巢湖半汤温泉、南京汤山以及福州的温泉等，都是著名的天然浴池。

表 3-3 泉的分类（根据温度）

泉的类型	冷泉	温泉				
		微温泉	温泉	热泉	高热泉	沸泉
水温	<25℃	25～33℃	34～37℃	38～42℃	43～99℃	≥100℃

（3）根据泉水中含有的化学成分划分。根据泉水中含有的化学成分，泉又可分为淡水泉和矿泉两种。矿泉是在特殊的地质、水域地质环境下形成的。根据它所含有的化学成分和特点，矿泉一般可分为以下四种：

碳酸泉。它主要分布在地壳深部近代岩浆活动较多的地区，水中的碳酸气是变质作用产生的，水的化学成分可以是各种各样的。

含氮气泉。它是降雨将大气中的氮气携带到地下水中而形成的。水的化学成分比较复杂。

含硫化物泉。水中主要含有氡气、甲烷或甲烷水，气体来源于有机物质。它多分布在一些含有石油、天然气的地层，或含有机物质如沥青、泥炭等的地区。这种泉有臭味，被称为硫黄泉。

含放射性泉。泉水中主要含放射性氡和镭等元素。

2. 泉水的旅游价值

（1）观赏价值。观赏泉，是指作为景观而成名的泉。观赏泉可以是自身自然景观，也可以是与泉水相伴而生的奇特景致，还可以是历史文化名泉。泉水与奇特景致相伴而生的名泉有大理蝴蝶泉、敦煌月牙泉、台南水火泉、广元含羞泉等。历史文化名泉主要有庐山谷帘泉、北京玉泉、济南趵突泉、镇江中泠泉、杭州龙井泉和虎跑泉、无锡惠山泉、太原晋祠难老泉等。

（2）医疗保健价值。医疗保健价值是矿泉最重要的价值体现。矿泉水中含有的多种对人体有益的矿物质或微量元素，再加上一些泉水的温度较高，能起到很强的医疗功效。矿泉医疗作用按成分分为氡泉、碳酸泉、硫化氢泉、铁泉、碘泉、溴泉、砷泉、硅酸泉、重碳酸盐泉、硫酸盐泉、氯化物泉和淡泉 12 种类型，氡泉为 12 类之首，有“矿泉之精”的美称。此外，泉水的压力和浮力有利于肢体关节功能的恢复；较高的水温，能舒筋活血、化瘀消肿。中国利用温泉治病的历史悠久，疗养地遍及全国。其中著名的有西安市临潼华清池温泉、鞍山市的汤岗子温泉、福州市汤坑温泉、云南安宁温泉、江苏南京市汤山温泉、湖北应城汤池温泉、广东从化温泉、黑龙江五大连池药泉等。

（3）品茗酿酒。矿泉水在地下经过多次过滤，水质纯净、色清味纯，口感一般较好，用来泡茶效果更好。品茗泉是指与茶文化相关联的泉。世界茶文化之源在中国，伴随茶文化出现许多品茗泉，并成为以茶为中心的旅游热点。在中国的五大名泉，即镇江中泠泉、无锡惠山泉、苏州虎丘观音泉、杭州虎跑泉、济南趵突泉中，杭州的虎跑泉以质纯味甘著称，用虎跑泉水泡龙井茶被誉为“西湖双绝”。酿酒对水源的要求也特别高，纵观中国的名酒佳酿，如茅台、五粮液、莲花白、青岛啤酒等，多用泉水作为其水源。

3. 我国的泉水景观介绍

（1）趵突泉。趵突泉被列为全国第五泉，也是当地七十二泉之首。该泉位于济南市历下区。泉水自地下岩溶溶洞的裂缝中喷涌而出，三窟并发，浪花四溅，声若隐雷，势如鼎沸。宋代诗人称赞趵突泉“滋荣冬茹温常早，润泽春茶味至真”。

（2）虎跑泉。虎跑泉位于浙江杭州市西南大慈山白鹤峰下慧禅寺（俗称虎跑寺）侧院内，距市区约5千米。相传二虎刨地作穴，泉水涌出，故名，因“龙井茶叶虎跑水”号称“双绝”，被誉为“天下第三泉”（第一泉为镇江金山中泠泉，第二泉为无锡惠山的惠泉）。

（3）中泠泉。中泠泉位于江苏省镇江市金山寺外，也叫中濡泉、南泠泉。据记载，以前泉水在江中，江水来自西方，受到石牌山和鹘山的阻挡，水势曲折转流，分为三泠（三泠为南泠、中泠、北泠），而泉水就在中间一个水曲之下，故名“中泠泉”。唐代名士刘伯刍品尝了全国各地沏茶的水质后，将水分为七等，中泠泉依其水味和煮茶味佳为第一等，因此被誉为“天下第一泉”。中泠泉水绿如翡翠，浓似琼浆，盈杯不溢出。南宋名将文天祥畅饮后，豪情奔放赋诗一首：“扬子江心第一泉，南金来北铸文渊，男儿斩却楼兰诗，闲品茶经拜祠仙。”

（二）埋藏水体

埋藏水体是指埋藏于地下的温度适宜、具有矿物元素的地下热水、热汽。地下水在一定地质条件下，因受地球内部热能影响而形成温度不同的地下热水。其温度下限尚无统一标准，不同国家甚至在同一国家的不同地区都可不同。地下热水的温度从摄氏几十度到几百度不等。中国采用20~25℃作为热水下限，国外大多以20℃为冷热水温度界限，但一般都把高于当地年均气温的地下水称为热水。

按形成的地质作用和赋存特征，地下热水可以分为：

1. 与火山和岩浆活动有关的地下热水

与火山和岩浆活动有关的地下热水通常是高温热水或蒸汽，在地面上常出露有热泉、沸泉和喷气孔。这类地下热水酸度较大，常含有较多的硫酸、硅酸、偏硼酸，以及铵、铁、氟、砷、锂等元素，气体成分常有二氧化碳、二氧化硫、盐酸气、硫化氢气等。

2. 褶皱山地断裂带深循环型地下热水

多为低矿化碱性中、低温地下热水，在断裂和岩层裂隙带常以温泉的形式出露地表。在中国的一些主要褶皱山地或山间盆地有广泛分布，如东部的一些山地及秦岭、吕梁山、天山等；世界一些褶皱带，如阿尔卑斯山脉、比利牛斯山脉等均有分布。这一类地下热水多为低矿化的重碳酸型淡水。在中国东部地区，尤其是分布在燕山期花岗岩类岩石地区的地下热水中，常含有较高含量的硅酸、氟和放射性氡，气体成分以氮气为主。

3. 沉降盆地型地下热水

在中国许多大型自流盆地内，分布着不同矿化度和气体成分的中、低温地下热水。在东部的一些盆地，如华北盆地在1000米深度内可获得50~70℃的地下热水；而在西部的一些盆地内，一般在1000米深度内能得到40℃左右的地下热水。中国盆地地下热水的化学成分和矿化度有很大的差别。东部一些盆地，如松辽盆地、华北盆地地下热水的矿化度一般较低，通常都小于10克/升，而江汉盆地、四川盆地和柴达木盆地等分布着高矿化地下热水，矿化度最高可达360克/升，并富有碘、溴、硼、锶、锂、钡、铷等元素。气体以甲烷和硫化氢气为主，这种水常与油田共生。

四、冰雪地

冰雪地是可供游客进行参观、考察的雪线以上常年堆积不化的积雪和存留现代冰川的区域。

（一）积雪

积雪指覆盖在陆地和海冰表面的雪层，又称雪盖。按照积雪时间的持续长短，分为季节积雪（冬季积雪，夏季消失）、永久积雪（终年不消的积雪）两种类型。

季节积雪作为旅游观赏内容，很受游客的欢迎。在我国，有许多著名的雪景。如“关中八景”之一的“太白积雪”、长沙的“江天暮雪”、燕京八景之一的“西山晴雪”、“西湖十景”之一的“断桥残雪”、东北的“林海雪原”、吉林的雾凇岛等都是著名的雪景。积雪本身除了作为观赏旅游对象外，还可开发成各种体验、度假、休闲性质的景观，常用于发展冰雪体育运动和冰灯、冰雕节庆旅游活动。如冰城哈尔滨，自1985年以来，每年1月5日都要举行冰雪节，冰雪节已成为哈尔滨重要的旅游吸引物。冰雪节期间举办冬泳比赛、冰球赛、雪地足球赛、高山滑雪邀请赛、冰雕比赛、冰上速滑赛、冰雪节诗会、冰雪摄影展、冰上婚礼等。

永久积雪在雪平衡线以上，降雪积累量大于当年消融量，积雪终年不化。多存在常年温度在0℃以下的地区。永久积雪区约占地球陆地面积的11%。陆地上每年从降雪获得的淡水补给量约占陆地淡水补给量的5%。中国永久积雪区约5.65万平方千米，呈散点状分布于西部高山现代冰川作用区。

（二）现代冰川

冰川年代是通过放射性物质来定年的，主要是以冰川所带动的冰碛物为依据。由冰碛物中的放射性物质相比较来定出冰川活动的历史。古代冰川主要是指第四纪冰川以及之前形成并保留下来的冰川。现代冰川则是在第四纪以后形成的冰川。现代冰川有很多独特的景观，如冰蘑菇、冰塔林、冰桥、冰针、冰芽，还有迷人的冰川湖泊、阴森可怕的冰隧道，绚丽壮观的冰水喷泉和幽深迷人的冰洞。现代冰川覆盖总面积约为1630万平方千米，占地球陆地总面积的11%。我国是世界上山岳冰川最多的国家，青藏高原地区分布最为集中，面积达34 000多平方千米，约占全国冰川总面积的80%。青藏高原的冰川可分为两大类，以丁青—嘉黎—工布江达—措美为界，东侧属海洋性冰川，西侧属大陆性冰川。海洋性冰川靠丰富的降水而存在，冰川运动速度快，进退幅度大。而大陆性冰川主要依赖于低温而存在，冰川运动速度缓慢。高原地区的冰川主要分布于西昆仑和西喀喇昆仑山区、喜马拉雅山区、横断山区、祁连山区等地。其中以西昆仑、西喀喇昆仑山区的冰川最多，规模最大。我国目前已知的最大冰川是世界第二高峰乔戈里峰北侧的音苏盖堤冰川，其长约 42 千米。

五、海面

我国拥有绵长的海岸线，其总长度约 3.2 万千米，其中大陆海岸线全长 1.8 万千米；岛屿海岸线 1.4 万千米。蓝天、阳光、沙滩、海水（4S，即 Sky、Sun、Sand、Sea）被称为最具吸引力的旅游资源。其中，国家级风景名胜区中就有三亚热带海滨、胶东半岛海滨、兴城海滨、金石滩、大连海滨、秦皇岛北戴河等著名海滨胜地。此外，在普陀山、鼓浪屿、青岛崂山等风景名胜区中均有海滨景观部分。人类的亲水性使滨海旅游具有了独特吸引力，已成为现代旅游发展中的最大热点。

（一）游憩海域

我国海洋景观资源丰富，从类型上来说，有海滨景观、海岛景观、海滩景观和海潮景观等。

1. 海滨景观

海滨旅游自 20 世纪 50 年代以来成为世界旅游休闲度假的主导产品。蓝天、白云、碧海、细浪、沙滩、椰林构成了迷人的海滨风光，也成为传统“3S”（即 Sun、Sand、Sea）旅游的主要内容。良好的气候和海水条件，吸引了众多游客前往海滨胜地疗养度假。我国气候适宜、阳光充足的海南等地区，都成为世界著名的避暑、疗养、度假和水上活动胜地。

海滨也为人们提供了一个休闲娱乐的绝佳场所，海滨易于开展海浴、驾船、潜水等多种体育运动。当前，海滨风光与海滩浴场是最有吸引力的自然旅游资源之一。我国主要海滨胜地从北往南依次为大连海滨、北戴河海滨、青岛海滨和亚龙湾海滨。

2. 海岛景观

中国沿海分布着面积大于 500 平方米的大小岛屿 6 500 多个，总面积约为 8 万余平方千米。岛屿面积相差很大，其中台湾岛最大，海南岛次之。海岛景观拥有神秘、广阔、宁静、变幻的景观特质，同时海岛景观也是敏感脆弱的，因此针对海岛的开发，必须在充分了解现状的基础上慎重地实施对原有场地空间、地形、植被的改造。我国著名的海岛景观有浙江普陀岛的“海天佛国”、福建鼓浪屿的“海上花园”和东山岛的马銮湾海滨浴场。

3. 海滩景观

海滩景观是由波浪和海流作用在岸边形成的平缓堆积地貌景观，位于平均高潮线与平均低潮线之间，是波浪及其派生的沿岸水流综合作用的产物。我国最受游客欢迎的海滩有“三亚亚龙湾海滩”“北海银滩”“青岛金沙滩”“蜈支洲岛海滩”等。

4. 海潮景观

海潮景观是有旅游价值的潮汐景观。因为地球在自转和公转运行中受日、月引力作用，从而使海水每天反复涨退，白天涨为潮，夜晚涨为汐，故称海洋潮汐。在中国的古代就已将海滨观潮作为一种旅游资源，最著名的为浙江的钱塘江观潮。由于江口呈喇叭状，海水从100千米宽的江口涌入，至宁海缩为3千米，受狭窄江岸的约束，波涛前推后涌，形成了一道壁立高大的水墙，潮声如雷，颇似万马奔驰。最大潮差达8~9米。每年大潮期间，常有数十万的游客前来观潮。

（二）我国主要海滨景观介绍

1. 大连海滨—旅顺口海滨

大连海滨—旅顺口海滨位于辽东半岛南端，包括大连海滨与旅顺口风景区。大连依山濒海，景色秀丽，气候宜人，是著名的海滨疗养、旅游和避暑胜地，是一处以山、海、礁、岛自然景观为主的风景名胜区。旅顺口是我国历史上的海上门户，著名的军港，是进行爱国主义教育的课堂。旅顺口外礁岛棋布，其中以距离旅顺区20多海里、面积0.8平方千米的蛇岛最为著名。

2. 北戴河海滨

北戴河海滨地处河北省秦皇岛市中心的西部。这里气候宜人，10千米长、曲折平坦的沙质海滩，以滩缓、沙细、浪小、潮平著称。北戴河海滨海蚀地貌发育，各种形态的岩石栩栩如生，是著名的海滨避暑胜地。

3. 青岛海滨

青岛海滨位于山东半岛南部，城市依山就势，“青山、碧海、绿树、红瓦”，鳞次栉比的优美建筑成为青岛独占鳌头的风光特色，青岛海滨因此也成为享誉海内外的著名旅游胜地。作为第29届奥运会帆船比赛的举办地，更使青岛增添多彩魅力。

4. 厦门海滨

厦门位于福建东南沿岸，是一座风姿绰约的“海上花园”“城在海上，海在城中”。厦门空气清新，栖息着成千上万的白鹭，形成了厦门独特的自然景观，又因为厦门的地形像一只白鹭，所以它被称为“鹭岛”。岛、礁、岩、寺、花、木相互映衬，侨乡风情、闽台习俗与异国风情建筑融为一体，四季如春的气候更为厦门锦上添花。

（三）涌潮与击浪现象

1. 涌潮现象

涌潮是一种潮汐现象。上涨潮水的前端形成在河流或者狭窄的海湾上方逆方向运动的水浪，当涨潮时，潮波进入河口或海湾后，因水域骤然缩窄，底坡变陡，大量水体进入窄道，能量集中使振幅骤增，同时，潮波靠近底部的水体，受底部摩阻等影响，其运动速度较上部水体小，从而使潮波波峰的前坡面变陡，并随着水深的减小和河水径流的顶托而逐渐加剧；在传播一定距离后，潮峰壅高前倾，形成潮头，状如直立的水墙向前推进，来势极其迅猛，称为涌潮。世界最著名的涌潮之一是我国的钱塘江大潮。它是发生在杭州湾（钱塘江的河口段）的一种涌潮。钱塘江与亚马孙河、恒河并列为“世界三大强涌潮河流”。

拓展阅读

钱塘江涌潮

钱塘江，古称浙，全名“浙江”，又名“折江”“之江”“罗刹江”，一般浙江富阳段称为富春江，浙江下游杭州段称为钱塘江。钱塘江最早见名于《山海经》，因流经古钱塘县（今杭州）而得名，是吴越文化的主要发源地之一。

钱塘江是浙江省最大河流，是宋代两浙路的命名来源，也是明初浙江省成立时的省名来源。以北源新安江起算，河长588.73千米；以南源衢江上游马金溪起算，河长522.22千米。自源头起，流经今安徽省南部和浙江省，流域面积55 058平方千米，经杭州湾注入东海。

钱塘江潮被誉为“天下第一潮”，是世界一大自然奇观。每年农历八月十五，钱江涌潮最大，潮头可达数米。海潮来时，声如雷鸣，排山倒海，犹如万马奔腾，蔚为壮观。观赏钱塘秋潮，在汉、魏、六朝时已蔚成风气，至唐、宋时，此风更盛，历经2000余年，已成为当地的习俗。

钱江潮成因有三：

（1）钱江潮涌受月亮、太阳的引力影响。东汉思想家王充在《论衡》中曾言：“涛之起也，随月盛衰，小大满损不齐同。”在农历每月初一和十五前后，太阳、月亮和地球排列在一条线上，太阳和月亮的引力合在一起吸引着地球表面的海水，所以每月初一和十五的潮汐就特别大，而农历八月十八前后，是一年中地球离太阳最近、引力最大的时候，此时出现的涌潮，自然也就最猛烈。

（2）钱江潮的形成与钱塘江口状似喇叭形有关。钱塘江外杭州湾，外宽内窄，是一个非常典型的喇叭状海湾。出海口江面宽达100千米，往西到澉浦，江面骤缩到20千米。到海宁盐官镇一带时，江面只有3000米宽，酷似肚大口小的瓶子。起潮时，宽阔的湾口，一下子吞进大量海水，由于江面迅速收缩变窄，夺路上涌的潮水来不及均匀上升，就只好后浪推前浪，前浪跑不快，后浪追上，层层相叠，一浪更比一浪高。到大夹山附近，又遇水下巨大拦门沙坝，潮水一拥而上，掀起高耸惊人的巨涛，形成陡立的水墙，酿成初起的潮峰。

（3）钱江潮的形成还与水下沉沙及季风有一定关系。钱塘江水下多沉沙，这些沉沙对潮流起阻挡和摩擦作用，使潮水前坡变陡，速度减缓，从而形成后浪赶前浪，一浪叠一浪，一浪高一浪的涌潮。

此外，浙江沿海一带，夏秋之交，东南风盛行，风向与潮波涌进方向大体一致，风助潮势，推波助澜。这些特殊条件，使后浪很快赶上前浪，层层巨浪叠加，形成潮头。

资料来源：魏丽英，路科．中国旅游概论［M］．冶金工业出版社，2019（结合百度百科整理而成）

2. 击浪现象

海浪向岸边推进时，拍打海岸造成水花卷起的景象被称为击浪现象。海浪的形成因素主要有四种：季风作用、月球与地球的引力作用、大气压力变化和海水密度分布不均。我国诸多海岸地带都可以欣赏到不同特征的击浪现象。浩瀚无边的、湛蓝的海洋，一道道波浪不断涌来，撞击在岩石上，发出了天崩地裂的吼声，喷溅着雪白的泡沫。这种“惊涛拍岸、卷起千堆雪”的壮观场面，常使游客心旷神怡、流连忘返。

（四）小型岛礁

岛礁，从字面理解“岛”一般来讲是四面环水的陆地，有一定的面积，上面可能有各种地形；“礁”一般来说就是江海中的石头，在海面上能看到的叫明礁，海面上看不到的叫暗礁。岛礁是它们的合称。

1. 岛屿

海洋中的岛屿面积大小不一，大的达数百、数万平方千米，称为“岛”；小的不足1平方千米，称“屿”。岛屿是岛的总称，指四面环水并在涨潮时高于水面的自然形成的陆地区域且能维持人类居住或本身的经济生活（据《联合国海洋法公约》），客观来讲，可食用的食物、淡水和居住场所为可支持人类居住的岛的主要特征。岛拥有领海、毗连区和专属经济区。在狭小的地域集中2个以上的岛屿，即成“岛屿群”，大规模的岛屿群称作“群岛”或“诸岛”，列状排列的群岛即为“列岛”。而如果一个国家的整片国土都坐落在一个或数个岛上，则此国家可被称为岛屿国家，简称“岛国”。岛屿可分为大陆型和海洋型。大陆型岛是大陆棚上那些被水包围但未被淹没的部分，世界上比较大的岛很多属大陆型；海洋型岛是指那些从海洋盆地底部升高到海面的岛。

中国岛屿岸线长14 217.8千米，面积500平方米以上的岛屿为6536个，总面积72 800多平方千米。其中，有人居住的岛屿为450个，面积超过1000平方千米的大岛有3个，分别为台湾岛、海南岛、崇明岛。

2. 礁石

礁石是指高出海蚀平台的海蚀残留体。礁石通常分布在大陆沿岸和海岛周围的边缘地带，它隐伏于水下，分布宽度从十米到百米不等，分布范围与形态，与沿岸水下地形特征和水深情况密切相关。礁石可为生物礁体组成，也可为火山岩体或大陆岩体延伸于水下所组成。其中生物礁体主要是珊瑚礁，有暗礁、堡礁、环礁三种类型。

（1）暗礁。低潮时部分或全部出露的石礁岩组成的宽旷平地叫礁坪，礁坪的特点是有浅凹地、浅沟、锅穴和礁斑，这些都是由珊瑚碎屑和珊瑚砂及生物贝壳所组成。

（2）堡礁。堡礁生长在离岸较远的海上，像城堡一样围绕在陆地周围，所以被称为堡礁。世界上最大的堡礁在珊瑚海的西北部，也就是人们常说的澳大利亚东海岸外的大堡礁，它从澳大利亚东北海岸一直向南延伸，断断续续长达2010千米，离澳大利亚大陆的距离为16~240千米。大堡礁水下景色非常美丽，被国际组织评为世界水域七大奇观之一。澳大利亚已把它列为国家海洋公园和海上自然保护区，每年吸引无数的游客前去观光。

（3）环礁。环礁在分布形态上与堡礁相似，但它不是围着陆地或在接近陆地的海洋里生长，一般是大洋中形成一个珊瑚岛礁群的体系。发育完整的环礁，由四周的礁环、中间的浅水潟湖和潟湖里的几个珊瑚岛组成。像环形那样分布的礁群，周边的直径从几千米到几十千米不等。从高空向下看去，就像抛向碧海上的一束花环，又像撒向海面上的一串白玉珍珠项链，绚丽多彩。

拓展阅读

趵突泉

趵突泉，古称“泺”，《春秋》记载，鲁桓公十八年（公元前694年）“公会齐侯于泺”，宋代曾巩取其跳跃奔突的特点，定名为趵突泉。趵突泉公园位于山东省济南市中心的繁华地段，是国家AAAAA级旅游景区，南倚千佛山，北靠大明湖，东与泉城广场连接，是以泉水、人文景观为主的文化名园。趵突泉北临泺源堂，西傍观澜亭，东架来鹤桥，南有碑刻长廊围合。泉水有三个出水口，水质清冽甘美，水量巨大，最大涌水量为16.2万立方米/日。趵突泉三窟鼎立，“泉源上奋，水涌若轮”。“趵突腾空”被古人列为济南八景之一。池中还有众多小泉眼，水泡串串，飘飘悠悠，如泻珠玑。自古至今，趵突泉即是济南的象征，“济南七十泉流乳，趵突独称第一泉”，历来就有“不到趵突泉，空负济南游”之说。

资料来源：天下第一泉（txdyq.cn）

本章小结

本章包含两个学习任务，包括水域景观资源概述、水域景观资源的类型。具体讲述了水域景观的概念、特点及旅游功能；水域景观类型中的海滨、河流、湖泊、瀑布、泉水。通过针对性的案例导入和拓展阅读，使学生领悟和掌握中国水域旅游景观的系列基础知识，并把所学知识灵活应用到将来的实际工作中，达到提升职业素养和增强岗位胜任能力的目的。

思考题

1. 水域景观资源的特点有哪些？
2. 水域景观资源有哪些旅游功能？
3. 水域景观旅游资源如何分类？
4. 从地图上找出我国的一些著名河流，查阅资料，指出这些河流的成因。
5. 瀑布的主要成因是什么？

6. 泉水的价值有哪些?
7. 涌潮现象的成因是什么?
8. 湖泊的主要类型有哪些?
9. 中国湿地旅游资源有哪些特征?
10. 我国有哪些海滨景观?

本章实训

一、实训目的

1. 了解水域景观资源的概念。
2. 了解水域景观资源中的海滨、河流、湖泊、瀑布、泉水。
3. 锻炼团队成员的收集与分析材料能力、团队合作能力、个人表达能力等。
4. 通过该实训,使学生了解我国水域景观资源的基本状况。激发学生的爱国主义情怀和民族责任意识。

二、实训内容

根据实训目的将学生分组,每组选择一个主题,结合自己家乡(或老师指定某个城市/地区)地文景观资源情况,通过书刊、报纸、网络等渠道收集信息,结合视频、文字、图片等方式进行材料整合。小组成员选择代表在全班进行案例讲解,其他小组匿名打分,最后评选出表现最优的小组。

具体要求见表 3-4。

表 3-4　实训作业

团队名称:　　　　　　　　　组长:　　　　　　　　　团队成员:

小组选择项目		各小组总结研究发现
水域景观资源	河系	
	湖沼	
	地下水	
	冰雪地	
	海面	

三、实训组织

1. 指导教师讲解实训要求,提示重点、难点及注意事项。
2. 将班级成员分为七组,成员可自由组合。小组人数的划分视班级总人数而定。由教师给每组分配所要阐述的途径,每组选出组长一名。

3. 各小组分工协作，通过书籍、网络等渠道收集相关案例若干。然后在小组内先展开讨论，选择最能反映所选行业的案例作为参考，并能够最终提出小组的集体观点（如存在问题、发展建议等）。

4. 各小组在班级进行宣讲，每组宣讲时间以不超过15分钟为宜。

四、实训步骤

1. 指导教师布置任务，讲解实训重点、难点和注意事项。

2. 结合教师的讲解，学生从给定的任务中选取一项，并从网上查找资料，选取典型图片，制作PPT，撰写讲解词，练习后进行当众讲解。

3. 各组汇报，由学生和老师共同组成现场评议小组进行点评。

4. 对于表现优异的团队，适当进行鼓励和奖励。

第四章
天下奇观
——天象与气候旅游资源

知识目标

1. 了解天象与气候旅游资源的主要类型。
2. 掌握天象与气候旅游资源各类的基本类型划分。
3. 掌握各基本类型资源的含义、代表性景观及其分布状况。

技能目标

1. 具备天象与气候旅游资源的鉴赏能力和讲解能力。
2. 能说出我国著名的气候气象景观的成因。
3. 能根据天象与气象旅游资源的特点，选择最佳的游览线路和游览时机。

思政目标

1. 树立学生保护资源、环境的意识，增强学生传播文化的使命感和责任感；
2. 引导学生形成正确的服务意识，培养团队合作精神，养成良好的职业习惯。

天象，是指日月星辰在天幕中有规律运动的现象。天象是古代中国星占家对天空发生的各种自然现象的泛称。现代通常指发生在地球大气层外的现象。一个地方瞬时或短时间的气象状况，即为天气。一个地区多年天气的综合状况，即为气候。气象气候对自然环境与人类生活具有无所不在、无时不有的极其深刻的影响与制约作用，也是极为重要的旅游资源。

综上所述，天象与气候旅游资源是指那些有观赏功能或科考功能的大气物理现象和过程，如云、雾、虹、雨、雪、冰、凇、冷、暖等都是可供观赏和游乐的独特旅游资源，对旅游者有强烈的吸引力。

《旅游资源分类、调查与评价》（GB/T 18972—2017）中，天象与气候景观旅游资源的构景类型具体包括天象景观和天气与气候现象两个亚类、五个基本类型，见表 4-1。

表 4-1　天象与气候景观类旅游资源类型

主类	亚类	基本代码	基本类型	简要说明
D 天象与气候景观	DA 天象景观	DAA	太空景象观赏地	观察各种日、月、星辰、极光等太空现象的地方
		DAB	地表光现象	发生在地面上的天然或人工光现象
	DB 天气与气候现象	DBA	云雾多发区	云雾及雾凇、雨凇出现频率较高的地方
		DBB	极端与特殊气候显示地	易出现极端与特殊气候的地区或地点，如风区、雨区、热区、寒区、旱区等典型地点
		DBC	物候景象	各种植物的发芽、展叶、开花、结实、叶变色、落叶等季变现象

第一节　天象旅游资源

案例导入

峨眉山金顶之佛光

在峨眉山旅游，如果不看看佛光，那你就不能自豪地说你去过峨眉，因为峨眉山金顶的佛光可是金顶四大奇观之一呢。你知道什么是佛光吗？

峨眉佛光出现在金顶处，当阳光从观察者背后照射过来至浩荡无际的云海上面时，深层的云层就把阳光反射回来，经浅层云层的云滴或雾粒的衍射分化，形成了一个巨大的彩色光环，在金顶舍身岩上俯身下望，会看到五彩光环浮于云际，自己的身影置于光环之中，影随人移，绝不分离。无论多少人，人们所见的也始终是自己的身影，且“光环随人动，人影在环中”，这便是令人惊奇的峨眉佛光。

佛家认为佛光是普贤菩萨向凡夫俗子显露真容，随缘应化，故又称“光相”和“宝光”。佛光一般均为直径两米左右的红、橙、黄、绿、青、蓝、紫七彩光环，环中虚明如镜，有人形黑影，有时会突然发现光环中出现的就是自己的身影，犹如面对明镜，举手投足，影皆随形；即使千百人同时同地观看，观者也只能自见己影。佛光会随着太阳在云层中隐露，时隐时现。

案例来源：http：//www. ems517. com/article/23/172. html

一、太空景象观赏地

观察日月星辰是人们认识宇宙的重要方式，也是古代人们为出行、农耕等判定天气的依据来源。古时人们通过观察日月星辰的运行，感知四季的变化，创造天文历法。随着现代科学技术手段的进步，原本观察日月星辰活动的意义范畴有了更广的变化，它既可以是人类研究宇宙自然的科学活动，也可以是天文爱好者的一项兴趣活动，现在还发展成了旅游者了解自然的一项科普旅游活动。

观察日月星辰可以在天文台进行，如中国科学院国家天文台、南京紫金山天文台、河南登封观星台等。还有一些特殊的日月星辰运行现象对旅游者有极大的吸引力，如日出、日落、日食、月食、日月并升、流星雨等。

1. 日出、日落与月色景观

观赏日出、日落是人们旅游活动中极为吸引人的一个项目，但日出、日落景观只有在天地交界的地平线处才能看到，因此，海滨或山顶是最理想的观日出、日落的地方。中国著名的观景地有泰山日观峰、峨眉山金顶、北戴河鹰角亭等。日出、日落均有霞景相伴，霞景有朝霞和晚霞。“夕阳无限好”也是美好享受，如西湖“雷峰夕照”、泰山“晚霞夕照”，庐山天池亭都是夕阳景观最佳观赏之地。

在我国诗词歌赋中，对月亮的描写不胜枚举，无论中秋圆月还是弯弯残月，文人雅士都赋予它生命。如西湖十景中的“平湖秋月”“三潭印月”，岳阳的“洞庭秋月”，避暑山庄的“梨花伴月”，无锡的“二泉映月”，都以月亮为主题，除让游人欣赏月色迷人的自然美景外，还反映了造园者寄情山水、日月之情。

2. 日食、月食景观

日食和月食是自然界常见的天文现象，也是无数天文爱好者梦寐以求的现象，是月球遮掩太阳的一种天象。只有朔日，地球才可能位于月球的背日方向，因此日食只发生于朔。月食是地球遮掩太阳后，月球因没有可被反射的阳光，而失去光明的一种天象。只有望日，月球才可能位于地球的背日方向，因此月食只发生于望。在我国的浙江海盐县云岫山、杭州市葛岭初阳台、苏州天平山和洞庭西山山顶，每年农历十月初可以见到日月并升奇观，又称“日月和朔”。

在所有日食、月食现象中，最为壮观的就是日全食。当月轮即将完全遮掉日轮，日轮的东边缘仅剩一丝亮弧时，往往会在亮弧上出现几颗如珍珠般闪亮的光点，这是太阳光通过月亮边缘的一些环形山凹地射出的结果，英国天文学家贝利首先解释了这一现象，因而也称贝利珠。较大的亮点光芒四射，更像钻石，镶嵌在亮弧上，常称为钻石环。随即“黑夜”降临，天空中闪现出星星，而黑色的月轮周围显现出太阳的高层大气——红色的色球层和银白色的日冕，十分绚丽多彩。同时一些飞禽走兽也因黑夜的提前降临而惊恐不宁，形成了一幅奇特的大自然景观。人们可有短则几十秒长则几分钟的观赏时间。日环食时天空变暗不明显，但空中高悬着一个金色的圆环也是很奇特的罕见天象，同样也吸引许多人前往环食带地区观赏。

二、地表光现象

（一）光环现象观察地

光环现象观察地指观察极光、佛光、虹霓等光现象的地点。

1. 极光景观

极光是高纬度地区高空出现的一种发光现象，被视为自然界中最漂亮的奇观之一。极光产生的条件有三个：大气、磁场、高能带电粒子，这三者缺一不可。来自太阳的带电粒子到达地球附近，地球磁场迫使其中一部分沿着磁场线集中到南北两极。当他们进入极地的高层大气（>80km）时，与大气中的原子和分子碰撞并激发，能量释放产生的光芒形成围绕着磁极的大圆圈，即极光。极光经常出现的地方是在南北纬度67°附近的两个环带状区域内，阿拉斯加的费尔班（Fairbanks）一年之中有超过200天的极光现象，因此被称为“北极光首都”。极光只能在地球的南北极被看见。

极光多种多样，五彩缤纷，形状不一，绮丽无比，在自然界中还没有哪种现象能与之媲美。任何彩笔都很难绘出那在严寒的两极空气中嬉戏无常、变幻莫测的炫目之光。极光有时出现的时间极短，犹如节日的焰火在空中闪现一下就消失得无影无踪；有时却可以在苍穹之中辉映几个小时；有时像一条彩带，有时像一团火，有时像一张五光十色的巨大银幕在上映一场球幕电影，给人视觉上以美的享受。在我国的黑龙江漠河和新疆阿尔泰，每年都能看到极光。

黑龙江省漠河市地处大兴安岭山脉北麓，黑龙江上游南岸，位于北纬53.5°的高纬度地带，是国内观测北极光的最佳地点之一。除“北极光”外还有另一个天然奇景——极地“白夜”。“白夜”现象也以夏至前后半个月最甚，每晚只有子夜时分一两个小时，天色稍微昏暗一些，随后又是朝霞似锦，旭日高悬，黑夜变成了“白夜”。白夜的存在为看极光提供了有利条件。此时的漠河气候温和，天气晴朗，是人们最佳的旅游观光季节。每逢夏至，前来观赏“北极光”和“极昼”的游人络绎不绝。目前，每年6月18—22日，漠河市都要举办“大兴安岭漠河北极光旅游节”。

2. 佛光景观

佛光又称宝光，其景观为外红内紫排序的七色光环围绕着中心的人或物的影像，犹如传说中佛和菩萨“真相”的显露，又似西方人心目中宝石周围的光环。中国人称佛光，西方人称宝光。佛光是大气中光通过折射、衍射而形成的一种奇幻景观。

物理学里佛光是一种“日晕”。当阳光照在云雾表面，经过衍射和漫反射作用形成佛光的自然奇观。阳光将人影投射到云彩上，云彩中细小冰晶与水滴形成独特的圆圈形彩虹。“佛光”是阴沉天气时，强烈阳光照射云雾表面后形成的一种衍射现象。“佛光”奇观的出现需要有阳光、地形和云海等众多自然因素的结合，因此比较罕见。“佛光”由外到内，按红、橙、黄、绿、青、蓝、紫的次序排列，直径2米左右。有时阳光强烈，云雾浓且弥漫较广时，则会在小佛光外面形成一个同心大半圆佛光，直径达20~80米，虽然色彩不明显，但光环却分外明显。“佛光”中的人影，是太阳光照射人体在云层上的投影。观看“佛光”的人举手、挥手，人影也会举手、挥手，此即“云成五彩奇光，人人影在中藏”，神奇而瑰丽。

我国峨眉山佛光出现的次数最多，因峨眉山多云雾，且湿度大、风速小，故峨眉山佛光最精彩，有“峨眉宝光”“金顶祥光”之誉。著名佛光景观地还有庐山、泰山、黄山、五台山等。

3. 虹霓景观

虹霓是光线以一定角度照在空气中的小水滴上所发生的折射、分光、内反射、再折射等造成的大气光学现象。夏天雨后以及一些瀑布附近常可以看到这种现象，如江西井冈山水口彩虹瀑布、岳西大别山彩虹瀑布等。

（1）江西井冈山水口彩虹瀑布。井冈山水口彩虹瀑布是井冈山两大主瀑布之一，它由两块天然巨石合成一张大嘴的样子，把从双马石和八面山流下的两条山溪汇成一江清水全部吞没；然后把这一江清水从嘴角猛烈溢出，沿着悬崖峭壁喷薄而下，喷珠吐玉在空中翻滚，最终形成我们所观赏到的一个梯形大瀑布，十分壮观。水口也因此而得名。

每当夏季上午八时至十一时，阳光照射瀑布上，便会出现七色彩虹，叠现在瀑布中，五彩斑斓，瑰丽鲜艳，并随游人的上下移动而变换其位。当游人沿着石阶往上走时，彩虹叠现在瀑布之上首，往下走时，彩虹又叠现在瀑布之下首。因此又叫彩虹瀑。书法家李铎观景生情，曾写下了一首《五绝 · 游水口》：“水口凝春色，双溪落彩虹。石门关不住，猿鸟任西东。举目飞泉下，深潭碧玉流。闲云空自远，含笑乐悠悠。”

（2）岳西大别山彩虹瀑布。大别山彩虹瀑布风景区位于安徽省岳西县黄尾镇境内，距岳西县城和霍山县城均为 34 千米，离济广高速六潜段黄尾出口 1.5 千米。风景区方圆 40 平方千米，核心景区面积 3.2 平方千米。

景区特色景点有梦幻彩虹瀑布和原生态猴河峡谷，还有历经猴河与黄尾河交汇后洪水冲刷而形成的许多河心洲、小岛，从而组成了数千米的山水画廊，因此大别山彩虹瀑布风景区可谓集峡谷、瀑布、丽水、文化为一体的山水景区。

（二）海市蜃楼现象多发地

海市蜃楼奇景简称蜃景，是一种光学现象，是地球上物体反射的光经大气折射而形成的虚像。海市蜃楼一般出现在海滨与沙漠地区，是由于气温在垂直方向剧烈变化，使空气密度在垂向上出现显著差异，从而产生光线折射和全反射现象，导致远处景物在眼前呈现出奇幻景观。蜃景可分为上现蜃景和下现蜃景，上现蜃景一般发生在海面，幻景位于物体上面；下现蜃景主要发生在沙漠和干旱草原，出现的是前方物体的倒影。山东蓬莱蜃景出现次数最多，其他观景地还有浙江普陀山、连云港海州湾、北戴河联峰山、庐山五老峰、塔克拉玛干沙漠等。

海市蜃楼有两个特点，一是在同一地点重复出现，如美国的阿拉斯加上空经常会出现蜃景；二是出现的时间一致，如我国蓬莱的蜃景大多出现在每年的五六月，俄罗斯齐姆连斯克附近蜃景往往是在春天出现，而美国阿拉斯加的蜃景一般是在6月20日以后的20天内出现。因此，海市蜃楼可以作为一类极具新奇魔力的旅游资源吸引旅游者前往一睹风采。

在我国广东澳角、惠来，山东蓬莱、长岛，浙江普陀等地海面上常出现这种幻景。

1. 山东长岛

长岛史称庙岛群岛，又称长山列岛，是山东省唯一的海岛县，隶属烟台市，是中国海市蜃楼出现最频繁的地域，特别是七八月间的雨后，海市蜃楼出现频繁。

2. 广东惠来

惠来，古称葵阳，地处粤东沿海，背倚大南山，面濒南海，因海市蜃楼的频繁出现而广为人知。海市蜃楼常出现于神泉港西南海面，时间多在春夏之交，天将大雨前夕，所现蜃景内容缤纷多彩，既有古代的台榭、亭阁，又有现代的高楼大厦。

第二节　天气与气候旅游资源

案例　导入

中国自然奇观——吉林雾凇

雾凇是冬季北方的一大美景。是在潮湿、低温的气候条件下，雾气在低于0℃时附着在物体上面直接凝华生成的白色絮状凝结物。每年冬天，松花江畔都会被雾凇装点成一个玉树琼花的世界，有人将吉林雾凇与桂林山水、云南石林、长江三峡并称为中国四大自然奇观。吉林雾凇因为其厚度和风姿而独步天下，这完全得益于吉林以及松花江得天独厚的地理和气象条件，这些看似相互矛盾的条件造就了胜似繁花的雾凇，而雾凇，不但带来美丽，还造就出一个清新、宁静的人居环境。

“香清一榻氍毹暖，月淡千门雾凇寒。闻说丰年从此始，更回笼烛卷帘看。”宋代曾巩的《冬夜即事》想必已经成为描写雾凇的经典诗章。那样香暖的一夜过后推门向外望去，顿时讶异于满目梨花的景象，是何等的诗意浪漫，而雾凇带来的丰年吉兆，又是多么令人欢欣鼓舞。

中国是世界上最早记载雾凇的国家，早在《春秋》中就有关于“树稼”的记载，后来也有叫“树介”的。“雾凇”一词最早出现于晋朝的《字林》里：“寒气结木如珠，见（日光）乃消。齐鲁谓之雾凇。”根据它晶莹纯净的外形，文人骚客也纷纷给予它“琼花”“雪柳”等各种风雅的称呼，数“梦送”一词最妙，据说这是宋末民间的记载，意思是雾凇是夜间人们做梦时天公送来的瑰丽奇观。

吉林雾凇仪态万方，婀娜多姿，每当雾凇来临，吉林松花江岸十里长堤“忽如一夜春风来，千树万树梨花开”，柳树结银花，松树绽银菊，把人们带进如诗如画的仙境。江泽民同志1991年在吉林视察期间恰逢雾凇奇景，欣然秉笔，写下“寒江雪柳，玉树琼花，吉林树挂，名不虚传”之句。1998年他又赋诗曰：“寒江雪柳日新晴，玉树琼花满目春。历尽天华成此景，人间万事出艰辛。”每年的12月下旬到翌年2月底，都是在吉林市观赏雾凇的最佳时节，雾凇最多时一年可出现60余次。吉林雾凇独具风韵，让络绎不绝的中外游客赞不绝口，同时雾凇对自然环境、人类健康也作出了很大的贡献。

案例来源：http：//www.dili360.com/nh/article/p5350c3da0726b39.htm

天气是指一个地方或一定区域在某一瞬间或短时间内所观测到的各种气象，如风、云、降水、温度、气压等所综合的大气状况及其变化的总称，也指我们能够看到和感受到的对日常生产、生活产生影响的阴、晴、冷、暖、湿等大气现象。从时间尺度上讲，天气是指某一地区在某一瞬间或某一短时间内大气状态（如气温、湿度、压强等）和大气现象（如风、云、雾、降水）的综合。大气中的各种物理现象及其过程，如云海、雨景、雾凇等，当成为吸引旅游者的对象或条件时，我们便称其为气象旅游资源。

气候是指某一个地区多年间大气的一般状态及其变化特征。它既反映平均情况，也反映极端情况，是各种天气现象的多年综合，也就是地球表面或地球区域在太阳辐射、大气环流、下垫面性质和人类活动长时间相互作用下，在某一时间段内大量天气过程的综合，是对一个地方长期的、有规律性的天气特征加以概括总结，而得到的大气平均状况。气候与其他景物要素相配合，成为某一地区吸引游客的要素或条件时，我们便称其为气候旅游资源，如热带海岛风光、亚寒带北国风光等。

一、云雾多发区

（一）云雾、云海景观

云雾是大气中一种水汽凝结景象。由这类气象因素构成的景观，在湿润的南方及东部沿海地区较为普遍，尤以山区为佳。当气温下降时，空气中所含的水蒸气凝结成小水滴，浮在靠近地面的空气中称为雾。云雾在名山胜景中极为奇妙，当潮湿气流沿山坡上升到一定高度时，水汽冷却凝结形成坡地雾，形成云雾景观，它与山景相映成趣，使游人心潮起伏。新安江江面的雾景即被称为新安江的三绝之一，西安的“草堂烟雾”也被作为关中八景之一。

云海是指在一定条件下形成的云层，并且云顶高度低于山顶高度，当人们在山顶俯瞰漫无边际的云时，如临大海之滨，波起峰涌。黄山“四绝”之一即云海。观黄山云海以宿雨初晴时最好，这时地面水分丰富容易蒸发，云量最大；同时，雨后的山区处于高气压的控制下，受上空逆温层的影响，云块既不易消散也不能上升，一般稳定在几十米至1500米。登上天都峰、莲花峰和光明顶，可纵观黄山五海，神韵无限。此外，庐山的瀑布云、苍山的玉带云、三清山的响云以及泰山的云海玉盘都是云中奇景。

（二）雾凇、雨凇景观

雾凇、雪松奇景以冬季的北方，尤其东北较为普遍。四季分明的亚热带地区，在山区的冬季也都有这类美景。

雾凇俗称“树挂”，是在潮湿、低温的气候条件下，雾气在低于0℃时附着在物体上面直接凝华生成的白色絮状凝结物。它集聚包裹在附着物外围，漫挂于树枝、树丛等景物上。我国雾凇出现最多的是吉林省吉林市。

雨凇是在低温条件下，小雨滴附着于景物之上冻结的半透明、透明的冰层与冰块。雨凇的产生，必须是低层空气有逆温现象，小水滴从上层气温高于0℃的空气中下降至下层气温低于0℃的空气中，处于过冷却状态，过冷却水滴附着在寒冷的物体表面，立即冻结成雨凇。雨凇冬季常见于湿润的南方山区，峨眉山、九华山、衡山、庐山等都是雨凇的多发地。雨凇与云海、日出、夕阳、佛光、蜃景合称为“天象六景”。

（三）冰雪景观

冰雪是纬度较高地区的寒冷季节或海拔较高的高山地区才能见到的气象景观。我国江南在冬季寒潮来临之际才可能降雪。降雪往往使大自然形成银装素裹的冰雪世界，如果配以高山、森林等自然景观，可构成奇异的冰雪风光。

知识链接

哈尔滨冰雪大世界

中国哈尔滨冰雪大世界始创于1999年，是由黑龙江省哈尔滨市政府为迎接千年庆典神州世纪游活动，凭借哈尔滨的冰雪时节优势而推出的大型冰雪艺术精品工程，展示了北方名城哈尔滨冰雪文化和冰雪旅游魅力。

2022年第24届哈尔滨冰雪大世界以“冰雪之都，创意无限”为主题，在81万平方米的园区里，用15万立方米的冰和雪，建成上百个冰雪景观，运用冰雪语言展示哈尔滨的城市特质、资源优势、历史底蕴与激情活力。冰雪大世界的主塔“冰雪之冠”高41米，用冰量11 000立方米，设计及施工难度均超过往届。“冰雪之冠”的主体为冰雪丰碑，由24根冰柱向上集聚而成，象征着冰雪大世界迎来第24届；主塔布局以哈尔滨的市花“丁香花”为设计原型，花瓣簇拥组成王冠形状，象征着哈尔滨人奋勇前进、不甘人后的拼搏精神；主塔平台以八分音符为元素抽象设计，代表着哈尔滨是亚洲唯一获得联合国授予“音乐之都”的城市。中国哈尔滨冰雪大世界，是哈尔滨旅游业发展的一张闪亮的名片。它向世人展示了北方名城哈尔滨的冰雪文化和冰雪旅游独有的魅力。

第24届哈尔滨冰雪大世界展现了哈尔滨冰雪文化和冰雪经济60年的发展成就，运用冰雪语言展示哈尔滨的城市特质与资源优势、历史底蕴与激情活力，在弘扬冰雪文化、丰富时尚内涵的同时，体现哈尔滨冰雪大世界的亮点特色。

资料来源：http：//m. heb. bendibao. com/tour/75725. shtm 更新：2023-11-30 创建者：本地宝

（四）烟雨景观

烟雨是指像烟雾那样的细雨，在特定地理环境和人们的心境下，观赏和品味降雨过程也有无穷韵味，如诗如梦。欣赏雨景，首先是欣赏雨给整个风景带来的一种朦胧美，使人联想到“犹抱琵琶半遮面”的名句。其次，赏雨景，其色彩的单纯也常常使游赏者为之动容。雨幕笼罩下的山水风光，极其素净、淡雅，好像是传统绘画中的水墨画，完全靠墨色的浓淡、深浅、层次来表现景物的美。赏雨听声也是雨景的一大趣味。江南园林中，利用雨点敲打植物叶片（主要是芭蕉、荷叶等大叶植物）而发出轻重、缓急的声音之景非常之多，甚至在竹楼、竹亭这样的建筑之内，聆听屋面上多变的雨声也不失为一景。

我国著名雨景有江南烟雨、巴山夜雨等。“江南烟雨”是指江南地区春秋季降落的丝丝细雨，呈现细雨霏霏、烟雾缭绕的景象。“巴山夜雨”现象是指渝陕交界大巴山地的山间谷地，气温高、湿度大，谷地中湿热空气不易扩散，夜间降温后湿热的空气上升使水汽凝结而出现的细雨蒙蒙的景象。此外，峨眉山的“洪椿晓雨”、湖南的“潇湘烟雨”、蓬莱的“漏天银雨”等，都极具观赏价值。

二、极端与特殊气候显示地

（一）避暑和避寒气候地

在炎热的夏季，人们向往到中低山地、海滨地区或高纬度地区去避暑，而在寒冷的冬季，则趋向低纬度地区避寒。在我国，有许多著名的避暑避寒胜地。著名的避暑胜地有“一庄一河十四山”、“庄”指承德避暑山庄，“河”为“河北北戴河”，“十四山”则依次是河南鸡公山、江西庐山、浙江莫干山、普陀山、天目山、雁荡山、安徽黄山、九华山、山西五台山、四川峨眉山、新疆天山、山东崂山、福建武夷山、宁夏钟玲山，其中河北北戴河、河南鸡公山、浙江莫干山、江西庐山为我国四大避暑胜地。避寒胜地多分布在热带、亚热带等低纬度地区，如我国最南端的海南省三亚、海口，云南西双版纳，广西北海等。

（二）极端与特殊气候显示地

极端与特殊气候显示地，指易出现极端与特殊气候的地区或地点，如风区、雨区、热区、寒区、旱区等典型地点。这些地区的特殊气候条件本身具备新奇、独特的特点，往往对猎奇需求的旅游者产生吸引力。此外，在特殊的气候条件影响下常会形成独特的地质、地貌等自然景观和风俗人文景观，同样对旅游者具有极大的吸引力，因此成为一项独特的旅游资源。

我国地大物博、幅员辽阔，各种气候广泛分布，其中不乏具有极端与特殊气候之地。例如，黑龙江地区的冬季天寒地冻、冰天雪地，雪乡大海林积雪最长期可达 7 个月；西北大漠的气候更是善变难测，吐鲁番地区常被形容为“早穿皮袄午穿纱，围着火炉吃西瓜”。

（1）我国著名的风区有新疆维吾尔自治区的达坂城、小草湖以及内蒙古自治区的辉腾锡勒、克什克腾等地。

（2）我国年降雨量最大的地方是中国台湾地区的基隆火烧寮；内地大陆年降雨量最多的地方是西藏自治区东南部雅鲁藏布下游河谷中的巴昔卡；四川雅安（古称雅州）则有“雅州天漏”之称。

（3）我国干旱的地区多在西部，尤其西北地区，因深居内陆，四周远离海洋，湿润的海洋气流难以到达，自古就有“春风不度玉门关”之说，成为中国最干旱的地区。其中，吐鲁番盆地的托克逊，年均降水量仅为6.3毫米，1968年全年降水量仅为0.5毫米，成为全国最少降水的纪录。

（4）我国最热的地方是新疆维吾尔自治区的吐鲁番盆地，那里最高气温曾达到48.9℃；最热月份7月的平均气温为33℃；最高气温在35℃以上的天数，年平均100天，而且有40天达到40℃以上，属全国之最。那里地面的气温更高，经常达到75℃以上，素有“火州”之称。

（5）我国最冷的地方是中国最北部的黑龙江漠河。此地毗邻俄罗斯西伯利亚地区，天气严寒而且常年温度较低。冬季气温一般在零下40℃以下，最低气温可达零下52.3℃。

知识链接

雅安为何“天漏”

在四川西部，有一座城市一年四季淫雨霏霏、云遮雾绕，它就是“雨城”雅安。近年来，受全球气候变暖影响，全球很多地方生态环境恶化，雨越来越少。但雅安却云丰雨盈，365天里下雨的日子多达280天。“雨城”雅安何以“天漏”不休呢?

雅安雨多，可追溯到远古。自古以来，雅安便有“华西雨屏”“雅州天漏”之称。据史载，公元561年，北周武帝收复青衣、邛、徙地区推进汉民郡县，隋时立雅州，那时雅州便“多雨，天无有三日之晴”。唐代诗人杜甫诗曰：“地近漏天终岁雨。”诗人李商隐亦感叹：“何当共剪西窗烛，巴山夜雨涨秋池。”雅安民间也历来有“蜀犬吠日”“雅无三日晴”之民谚。

雅安多雨有三个特点，据气象专家介绍：一是降雨日数多，一年365天，雅安雨雾笼罩的日子便有200多天；二是雨量大，雅安年均降雨量达1800多毫米，在内地实为罕见；三是降水时数长，全年降水累计时数高达2319小时——有此三多，雅安可谓名副其实的“雨城”。

雅安“雨城”之得名是因为雅安多雨，其有两个显著特点：一是夜雨多，雅雨有70%以上发生在夜间，很多时候雨从入夜开始飘落，天明即云散雨收；二是暴雨多，暴雨一般在夏季发生，年均暴雨次数在8次左右，最多年份达到15次。其中，2003年8月25日至26日发生的特大暴雨，6小时降雨量达到了227.9毫米。从观测资料统计来看，那次暴雨历时的6小时降雨量为1951年迄今的最大值。

多雨，淘洗出了雅安山清水秀、风光明媚的奇异景致。外地人一进入雅安境内，便见群山葱葱郁郁，处处溢绿滴翠，旖旎多姿；大小河流碧水长流，秀媚无限。雅安的雨还下出了蜚声全国的“三绝”：雅雨、雅鱼和雅女。

雅雨不仅造就了雅鱼和雅女，而且还使雅安生长的茶叶颇有名气。有一副对联人人皆知：“扬子江中水，蒙山顶上茶。”讲的便是蒙山茶天下闻名。据史载，几千年前的茶祖吴理真，便是看中了雅安这块多雨之地，在蒙顶山潜心种植茶叶，成为种茶始祖。

雨城“天漏”的一个重要原因，是雅安别具一格的地理形状。气象专家指出，只要看雅安四周的山脉就不难发现，雨城西面是高大雄峻的二郎山，西北方是险峻的夹金山，南部有大相岭横亘相向，只有东面一个出口。“喇叭”形的地形构成，造成东来暖湿气流只能进不能出，一到夜间，四周山上的冷气流下沉，冷暖气流一经交汇，雨城就下起淅淅沥沥的雨来了。这同时也是雅安为何夜雨较多的原因。此外，专家还指出：雨城“天漏”需要大量的暖湿水汽，从大气环流形势分析，为雨城输送水汽的大气环流有太平洋副热带高压和偏南气流。有它们的帮助，雨城的天空因此长漏不休。

雨城“天漏”，是大自然造就的独特地理环境形成的，类似雅安这样的地理环境，在全球独一无二。

资料来源：https：//www.yaan.gov.cn/xinwen/show/45d51ba1-f963-47e5-9a4f-f5837383320a.html 更新：2009-03-09 创建者：雅安日报

三、物候景象

物候是自然环境中动植物生命活动的季节性现象和在一年中特定时间出现的某些气象、水文现象的特征，主要指动植物的生长、发育、活动规律与非生物的变化对节候的反应。它的目的是认识自然季节现象变化的规律，以服务于农业生产和科学研究。

（一）植物物候

植物物候又称作物物候。如各种植物发芽、展叶、开花、叶变色、落叶等农作物生育期中的物候现象。

鸟语花香、秋山红叶都是大自然向人们述说的语言。杏花开了，就好像大自然在传语人们赶快耕地；桃花开了，又好像在暗示人们赶快种谷子。春末夏初，布谷鸟开始唱歌，农民所听到的就是“阿公阿婆，割麦插禾”；而对于旅游业来说，物候现象所展现出的一年中月、露、风、云、花、鸟推移变迁的过程，却是一道道亮丽的风景，可供游人休闲观赏。古往今来，这些自然现象不知陶醉了多少诗人。一草一木、一鸟一虫都成了他们讴歌大自然的素材，成了他们抒发感情的凭借。例如，苏轼题惠崇《春江晚景》中的“竹外桃花三两枝，春江水暖鸭先知”；秦观《还自广陵》中的“天寒水鸟自相依，十百为群戏落晖。过尽行人都不起，忽闻水响一齐飞”；黄巢《题菊花》中的“飒飒西风满院栽，蕊寒香冷蝶难来”；李白《塞下曲》中的“五月天山雪，无花只有寒。笛中闻折柳，春色未曾看”；文同《早晴至报恩山寺》中的“烟开远水双鸥落，日照高林一雉飞。大麦未收治圃晚，小蚕犹卧斫桑稀”等。

（二）动物物候

如候鸟、昆虫及其他动物的迁徙、初鸣、终鸣、冬眠等现象。

每年全世界都有数以亿计的候鸟，在相隔成千上万千米的繁殖地和越冬地之间往返迁徙。这是世界上最震撼壮观的自然景象之一，这是世界上最美的迁徙。候鸟们不畏任何艰难，不远万里地飞向某个目的地越冬，再返回最初的家园。全球一共有 8 条候鸟迁徙路线图：大西洋迁徙线、黑海—地中海迁徙线、东非西亚迁徙线、中亚迁徙线、东亚—澳大利亚迁徙线、美洲太平洋迁徙线、美洲密西西比迁徙线、美洲大西洋迁徙线，其中以下三条经过中国。

1. 西部迁徙路线

内蒙古西部、甘肃、青海和宁夏的候鸟，秋季向南迁飞，至四川盆地西部和云贵高原越冬。新疆地区的湿地水鸟可向东南汇入该西部迁徙路线。

2. 中部迁徙路线

在内蒙古东部、中部草原，华北西部和陕西地区繁殖的候鸟，秋季进入四川盆地越冬，或继续向华中或更南的地区越冬。

3. 东部迁徙路线

在俄罗斯、日本、朝鲜半岛和我国东北与华北东部繁殖的湿地水鸟，春、秋季节通过我国东部沿海地区进行南北方向的迁徙。

知识链接

秋冬季中国观鸟的绝佳去处

1. 鄱阳湖——白鹤王国

观鸟季节：11 月上、中旬

主要观赏鸟类：白鹤、鸿雁

鄱阳湖国家级自然保护区位于鄱阳湖的西北角，是生物多样性十分丰富的国际重要湿地、全球主要的白鹤和白鹳越冬地、亚洲最大的候鸟越冬地。

2. 东洞庭湖——秋冬季中国观鸟之都

观鸟季节：每年 11 月上旬至第二年 3 月下旬

主要观赏鸟类：东方白鹳、白鹤、小白额雁

八百里洞庭美如画，作为洞庭湖本底湖的东洞庭湖，面积最大，广袤湖区独特的湿地系统，适宜的温度，季节性的湿地，丰富的植物、鱼类，让东洞庭湖成了东北亚湿地水禽主要越冬地和一些鹭类、鸥类的繁殖地。

3. 青海湖——高原天鹅湖

观鸟季节：青海湖旅游最佳时间 5~7 月是观鸟的最佳季节，观看大天鹅的最好时节是在每年11月到次年2月之间。

主要观赏鸟类：大天鹅

青海湖是我国最大的内陆咸水湖和国际重要湿地，是国家二级保护动物大天鹅主要越冬区域。近年来青海省对环湖地区生态及动植物保护力度不断加大，环湖生态植被恢复良好，湿地面积扩大，水生物质增多，使大天鹅越冬食物丰沛，生存环境更加惬意。

4. 扎龙自然保护区——世界唯一的雪地观鹤

观鸟季节：每年4~5月或8~9月

主要观赏鸟类：白枕鹤、灰鹤、蓑羽鹤、丹顶鹤

在齐齐哈尔扎龙自然保护区，世界上唯一的雪地观鹤成为齐齐哈尔旅游的一道奇观。在榆树岗，可以看有关扎龙自然保护区和鹤的录像电影，登望鹤楼远眺鹤类等水禽赖以栖息繁殖的湿地景观，参观展览厅和鹤类驯养繁殖场；在扎龙苗圃及其毗邻草甸草原，可观察到林栖鸟类和草原旷野鸟类及大鸨、蓑羽鹤等。

5. 崇明岛——白头鹤之乡

观鸟最佳时间：日出时分

主要观赏鸟类：白头鹤、中华秋沙鸭

上海崇明岛东端的崇明东滩平坦辽阔，潮沟密布，芦苇、藨草生长旺盛，每天两次潮汐，滞留在潮沟里的小鱼小虾及底栖动物等，不仅为旅鸟过境提供停歇、补充营养的中转站，同时也吸引鹳、鹤、鸥、雁、鸭等云集来此越冬，每年在此留下踪迹。

资料来源：https：//bj. bendibao. com/tour/20141029/169087_9. shtm 更新：2014-10-29 创建者：本地宝

（三）各种水文、气象现象

如初霜、终霜、结冰、消融、初雪、终雪等自然现象。

物候景观专指各种植物的发芽、展叶、开花、结实、叶变色、落叶等季变现象。此类现象对于农业来说，是农民耕种收割的时刻表。

本章小结

本章共有两节学习任务，分别围绕天象旅游资源和天气与气候旅游资源的内容展开讲解。具体讲述了天象景观、天气与气候景观的特点及在我国的主要分布。通过有针对性的案例导入、拓展链接等介绍，有助于学生学习、领悟和牢固掌握本章节内容，掌握此类旅游资源的鉴赏技巧；并能根据天象与气候旅游资源的特点，选择最佳的游览线路和游览时机，达到提升职业素养和增强岗位胜任能力的目的。

思考题

1. 天象旅游资源主要有哪些类型？举例说明各类资源在我国的分布状况。
2. 海市蜃楼产生的原因是什么？
3. 天象与气候旅游资源主要有哪些类型？
4. 请说一说你所在的地区有哪些天象与气候类旅游资源？
5. 气象、气候旅游资源对旅游活动有哪些影响？

本章实训

一、实训目的

通过收集资料、整理和相关讲解，使学生加深对本项目内容的理解，具备天象与气候旅游资源的鉴赏能力和讲解能力，并且能根据天象与气候旅游资源的特点，选择最佳的游览线路和游览时机。

二、实训内容

具体内容见表 4-2。

表 4-2　实训作业

团队名称：　　　　　　　　　　　组长：　　　　　　　　团队成员：

项目名称	“春城昆明一日游”情境模拟	模拟地点	×××
工作岗位	地陪导游	工作对象	某旅游团
工作讲解	导游讲解	工作方法	情境模拟
项目背景及描述	某旅游团到云南昆明进行“春城昆明一日游”游览，请撰写导游词，要求把讲解重点放在与昆明气候有关的景观上		
项目要求	（1）讲解昆明气候的成因以及四季如春的景象 （2）搜集昆明四季气温的温差大小，地形、纬度位置对气候形成的影响以及昆明的主要景观		
项目能力分解目标	要求项目参与者将天象与气候旅游资源相关知识运用到导游讲解过程中： （1）能够利用已获得知识完成任务中导游词的简单组织 （2）能够规范、自然、熟练地进行导游讲解服务		

三、实训要求

1. 学生每 3~5 人为一组，从网上查找资料，选取典型图片，制作 PPT，撰写讲解词。
2. 各组汇报，由学生和老师共同组成现场评议小组进行点评。

第五章 物华天宝——生物景观旅游资源

知识目标

1. 了解生物景观旅游资源的概念及其旅游价值。
2. 掌握各类生物景观旅游资源的特征。
3. 掌握各类生物景观旅游资源的典型代表。

技能目标

1. 能够运用生物景观旅游资源知识去准确识别各类生物景观的旅游特征。
2. 能够凭借已获得知识进行生物景观导游词的简单组织及基本讲解。

思政目标

1. 了解我国的大好河山，增强学生的民族自豪感，培养学生的爱国情怀。
2. 树立正确的价值观，培养学生的爱岗敬业精神。

第一节　生物景观旅游资源概述

案例导入

青山不改，绿水长流——中国第一个国家森林公园庆祝建园40周年

20世纪50年代的湖南张家界，还是一个鲜为人知的荒凉之地，由于毁林开荒、乱砍滥伐，当地生态环境遭到严重破坏。1958年，为响应“绿化祖国”的号召，国营张家界林场成立。林场成立之初，自然环境恶劣，口粮也不够，干部职工们在山上安家后，便开始造林、育林、护林，当时的森林覆盖率仅有10.9%。直到1978年，国营张家界林场基本完成绿化任务，森林覆盖率超42%。

此后，林场逐步向森林旅游转型，旅游业在张家界这座内陆小山城悄然兴起。1982年9月，受国务院委托，经原国家计委批准，林场“升级”为中国第一个国家森林公园——张家界国家森林公园正式成立。

40年来，日益繁荣的旅游业让张家界人意识到生态保护的重要性。为了保护环境，景区实行移民搬迁，大家纷纷搬出大山，以减少生活垃圾对环境的破坏。山上游、山下住，既是对旅游的支持，也是对我们家园的保护。与此同时，景区及周边的退耕还林和植树造林工作仍在不断推进。如今，张家界国家森林公园满山翠绿，森林覆盖率已达98%。

在张家界奇特的石英砂岩峰林间，一群顽皮的猕猴正在冬日暖阳下玩耍嬉戏。据了解，为加强对野生动物的保护，张家界国家森林公园组建了猕猴专职管理队伍，还专门聘请高校专业团队对景区猕猴数量和环境承载量进行科学评估。

资料来源：张格．青山不改，绿水长流——中国第一个国家森林公园庆祝建园40周年．新华社官网，2022-12-23.（部分改动）

生物是地球表面上有生命物体的总称。在生物出现之前，地球是寂静和单调的，而生命的出现为地球带来了生气和色彩。生物在演化过程中呈现出多样化，使地球充满了活力。生物景区作为依托生物而形成的旅游资源，通过其形态、色彩、声音和香味吸引着众多的旅游者。同时，它们还能美化环境，具备净化功能和保健价值，能满足人们其他的旅游需求。

一、生物旅游资源的概念及功能

（一）生物旅游资源的概念

古人云：风景以山为骨架，以水为血脉，以草木为毛发，以云岫为服饰。说明生物与旅游有着极为密切的关系。生物具有极高的美学价值，对游客具有很大的吸引力。生物旅游资源是指在旅游过程中，以生物为主要内容，吸引游客前来观赏、体验的资源。生物旅游资源的概念强调了保护自然环境和生物多样性的重要性，并通过旅游活动的方式来促进对自然保护的意识和支持。生物旅游资源不仅是自然界的重要组成部分，还是美化环境、创造意境的组成要素，具有一定的美学特征和较强的旅游吸引力。

生物旅游资源的吸引力在于其独特性和原生态特征，能够为游客近距离接触野生动植物、观察自然生态系统的运作，提供难得的观赏和学习机会。

（二）生物旅游资源的旅游功能

生物旅游资源是自然界中最有生机的因素。种类繁多、数量巨大的生物以其绚丽多彩和变幻不定的姿态装扮着世界，为人们的生产、生活提供了丰富的物质财富。随着社会的不断发展，生物旅游资源以其特有的方式影响着旅游业的发展。

1. 构景功能

生物以其美化环境、装饰山水的功能而成为构成旅游景观的一大组成部分。失去生物，旅游景观便会因此失去魅力。植物的茎、叶、花的颜色等特征形态各异、变化万千，并具有美化与净化环境的作用，使得不同旅游景区景色不同。不同的生态环境条件下，可以生长不同的动物，各种动物的形态、颜色、外貌等特征各不相同，使得旅游区景观各具特色并具有活力。人们早已认识到生物的这一特点，充分利用生物进行园林建筑、装点城市。可以想象，如果缺少生物旅游资源，自然景观便会因缺少活力而苍凉、色彩单调、魅力大减。

2. 成景功能

成景功能是指自然界中由于动植物本身的美感，吸引游客所产生的景观。地球表面上的各种生物形态万千、颜色各异，不仅具有娱乐、观赏、疗养、寓意蕴情等功能，同时可以美化环境，还可以使人们在观赏中学会一些科学知识，因此深受人们喜爱。例如，生物分布与地理环境的关系，生物分布随纬度和海拔高度变化而明显不同，热带植物与寒带植物在形态及生长过程等方面存在明显的不同，生活在草原上的牛、羊等动物与生活在森林地区的熊、大象等则在外形、生活习性等方面有很大差别。各地发现的生物化石不仅具有观赏功能，满足游客的猎奇心理，同时还具有极其重要的科学研究价值。

3. 造景功能

通过利用植物和动物等生物元素可以创造出绚丽多彩的旅游景观。生物造景是一种常见的旅游景观设计手段，它利用生物的色彩、形态、纹理、运动和声音等特征，增添旅游景观的多样性和生命力，同时为游客提供与自然亲近的体验。

二、生物景观的概念和旅游价值

（一）生物景观的概念

生物景观既可以指生物群体构成的总体景观，也可以指具有珍稀品种和奇异形态的个体景观。生物景观通常是由不同尺度的地形、植被、土壤等要素所构成，这些要素共同影响着区域内各种生物的生存、繁衍和迁徙，其独特的美学价值和科学研究价值，日益受到旅游者的关注与青睐，并且与地文、水域、天象与气候等要素相互作用共同构成了自然旅游资源体系。

（二）生物景观旅游资源的旅游价值

1. 审美价值

生物景观因其多样的形态、丰富的色彩，成为自然旅游资源中最引人注目的亮点。无论是植被景观，还是野生动物栖息地，都具有独特的审美价值，植被的审美价值表现在其曲、架、形、色、香、奇、古等特征，以及物候变化和生物生长的动态变化上。野生动物的审美价值在于其独特性、珍稀性及其驯化性所表现出来的美感。

2. 医疗保健功能

许多植被景观环境能起到医疗健身的作用，这是因为植物具有吸附烟尘的能力。如垂柳、合欢等具有吸收有害气体的能力；圆柏、云杉、杨树等植物可以制造杀菌素，能够起到杀菌、抗生、抗癌的作用。通常情况下，与非林区相比，林区的飘尘浓度可以降低约10%~25%。就空气中的含菌量而言，城市公共区域的含菌量约为每立方米3万~4万个，而森林内的含菌量仅为每立方米300~400个。

此外，森林中的负氧离子也非常有利于人们的身体健康，具有镇静、安神、催眠、止痒等功效。

3. 科普教育功能

生物圈是地球上最大的生态系统，人类也生活其中。生物圈中存在着复杂多样的形态与现象，其背后蕴藏着丰富的科学知识。人们可以探索植物的分类方式，深入了解植物的地域分布规律，探讨动物的生活习性，还可以学习生物的仿生原理等。生物景观可以满足社会大众对生物世界的好奇心理，成为吸引游客进行科普学习活动的重要资源。

4. 净化功能

这里说的净化功能，不仅包括对环境的净化，也包括对游客心灵的净化。首先，在环境净化方面。疾驰鸣叫的动物和开花结果的植物，共同赋予了景观蓬勃的生机和活力。植物通过吸收、转化、降解和合成等方式作用于土壤、水体和空气中的有害物质，对环境起到了一定的净化作用。其次，在心灵的净化方面。动植物常常被人们赋予了某种寓意，如松、竹、梅被誉为“岁寒三友”，被视为不畏逆境、勇敢向前的精神象征，当游客身临其境，能够使人们陶冶情操，启迪心灵。

三、生物景观旅游资源分类

根据《旅游资源分类、调查与评价》（GB/T 18972—2017），生物景观旅游资源可以分为植被景观、野生动物栖息地2个亚类、8个基本类型（见表5-1）。

表 5-1 生物景观旅游资源分类

主类	亚类	基本类型
C 生物景观	CA 植被景观	CAA 林地
		CAB 独树与丛树
		CAC 草地
		CAD 花卉地
	CB 野生动物栖息地	CBA 水生动物栖息地
		CBB 陆地动物栖息地
		CBC 鸟类栖息地
		CBD 蝶类栖息地

第二节 植被景观

案例导入

草原旅游不是简单的“草原+旅游”

随着社会经济的发展，特色度假休闲旅游方式受到了国内旅游消费者的欢迎。为了提升旅游体验，满足人们对健康的需求，国家启动了草原自然公园建设试点。这一决策引发了广泛的社会关注。不难想象，在未来以草原旅游为代表的特色旅游方式将在我国旅游业的新发展格局中发挥更大的作用。

草原生态系统是陆地生态系统的重要组成部分。草原有“地球皮肤”之美誉，是国家生态安全的重要屏障，是农牧民的家园和重要的生产资源。同时，也是人民休闲的绿色空间。中国农业大学草业科学与技术学院教授、国家牧草产业技术创新战略联盟秘书长杨富裕认为，草原旅游是基于具有旅游价值的草原生态系统和人文资源而开展的旅游活动。这种形式的旅游活动对于科学合理地利用草地资源、促进地区经济发展，以及增进民族团结和传承民族文化有着积极的意义。

在推进生态文明建设的新时代，草原旅游的发展必须以保护草原生态为前提。杨富裕强调草原旅游不仅仅是简单的“草原”与“旅游”相加。要充分结合国家草原自然公园建设试点，有效地将绿水青山转化为金山银山，巩固脱贫攻坚成果，实现牧区牧业的现代化发展。真正做到“生态产业化，产业生态化”。同时，草原旅游应与信息化技术相结合，借助“智慧旅游”推动草原旅游快速高效发展。

我国的坝上地区位于河北张家口以北 100 千米到承德以北 100 千米的范围内，旅游区域包括丰宁坝上、围场坝上（赛罕坝上）、张北坝上和沽源坝上。这片地区以天高气爽、草地丰盈、牛羊成群和奔驰的骏马为特色，山峰环绕，森林茂密，长河蜿蜒，形成了独特的自然旅游环境。

内蒙古草原，作为世界亚寒带地区的三大草原之一，在国内外享有盛誉，其有着丰美的牧场以及100多条流域面积超过1000平方千米的河流。其中，多伦、锡林郭勒等地区是内蒙古地区开展草原旅游的代表。

位于四川省阿坝藏族羌族自治州的川西草原，被称为“松潘草地”。由于广袤的草原、丰富的牧草和发达的畜牧业，这里形成了独特的川西北草原游牧景观。若尔盖大草原、红原大草原和阿坝大草原被称为川西北三大草原。

青藏铁路全长1956千米，东起青海西宁，南至西藏拉萨。青藏高原被誉为“世界屋脊”和“地球第三极”。拥有神山圣湖、珍稀的高原动植物、雪山奇观，以及浓厚的民族风情和藏乡文化艺术。该沿线穿越了大部分草原地区。

新疆草原包括世界四大高山河谷草原之一的那拉提草原、形态丰富的伊犁大草原，还有以“富饶泉水”和“天鹅传说”为代表的巴音布鲁克草原。

祁连山草原壮美丰饶，与雪线、森林交相辉映，诱人心醉。“天境”祁连县、大马营草原、夏日塔拉都是典型的草原旅游胜地。

资料来源：张一诺，李娜，等．草原旅游不是简单的“草原”+“旅游”[N]．中国绿色时报，2020-11-18.（部分改动）

植被是指地球表面某一地区内所覆盖的植物群落的总称，与气候、土壤、地形、动物和水资源等自然环境要素紧密相关。植被景观则由多种植物如乔木、灌木、草本和古老树木等构成，既可以是自然生成的，也可以是人工栽培的，能够呈现出丰富多样的景色。依据2017年发布的《旅游资源分类、调查与评价》（GB/T 18972—2017）分类标准，将植被景观分为林地（CAA）、独树与丛树（CAB）、草地（CAC）及花卉地（CAD）等4个基本类型。

一、林地

林地是指生长在一起的大片树木组成的植物群落。林地是森林的载体。林地承载着森林物质生产和生态服务的功能，也构成了森林资源财富的重要组成部分。根据《中华人民共和国森林法实施条例》的规定，林地范围包括郁闭度在0.2以上的乔木林地，以及竹林地、疏林地、未成林造林地、灌木林地、采伐和火烧迹地、苗圃地，以及县级以上人民政府规划的宜林地。森林是以木本植物为主体的生物群落，内部包含丰富的乔木、其他植物、动物、微生物和土壤，它们相互依存、制约，并与周围环境相互影响，构建了一个复杂的生态系统。森林景观和生态环境是森林的主要特征，同时也与山脉、水体等自然景观相互依存，与人文景观相得益彰。森林内部生物种类丰富，结构错综复杂，功能多样。它不仅可以净化空气、保护水源，还具有调节气候等多种功能，有“地球之肺”之称。人们可以在森林中进行探险、科学考察、休闲疗养、健身活动以及生态旅游等。

西双版纳热带雨林自然保护区、张家界国家森林公园、广东肇庆鼎湖山国家级自然保护区等是我国著名的林地景观。

1. 西双版纳热带雨林自然保护区

西双版纳热带雨林自然保护区位于中国云南省西双版纳傣族自治州，是中国重要的热带雨林保护区之一，总面积 2420. 2 平方千米。其中，热带雨林、南亚热带常绿阔叶林，以及珍稀动植物种群，都是自然赐予人类的宝贵财富。西双版纳热带雨林自然保护区是全球保存最完整、连片面积最大的热带森林之一。西双版纳热带雨林自然保护区内有 8 种不同植被类型和超过 3500 种高等植物，其中 58 种被列为国家重点保护的珍稀、濒危植物。此外，保护区内还拥有各类树种、竹子、编织藤类、油料植物、芳香植物等，以及大量野生水果、药用植物。西双版纳热带雨林自然保护区作为中国热带植物遗传资源库之一，也是我国热带宝地中的珍宝。

2. 张家界国家森林公园

张家界国家森林公园位于张家界市武陵源区金鞭路 279 号，是我国著名的国家级自然保护区和世界自然遗产地、首批国家 5A 级旅游景区，也是我国最早设立的国家森林公园之一。公园总面积达 4810 公顷，以其壮丽的自然景观、奇特的石柱地貌、茂密的森林以及多样的植物和动物物种而闻名于世。

2021 年，张家界国家森林公园成为“中国森林认证——森林生态环境服务认证”景区。公园内共有 93 科 517 种木本植物。在珍贵树种方面，包括属国家一级保护的珙桐，以及属国家二级、三级保护的钟萼木、银杏、香果树、鹅掌楸、香叶楠、杜仲、金钱柳、猫儿屎（第三纪残遗树种）、银鹊、南方红豆杉等。在植物分类方面，张家界国家森林公园拥有世界上五大名科植物，包括菊科、兰科、豆科、蔷薇科、禾本科等。

3. 广东肇庆鼎湖山国家级自然保护区

广东肇庆鼎湖山国家级自然保护区是中国广东省肇庆市境内的一处重要自然保护区，位于珠江三角洲的西北部。该保护区以其丰富的生物、壮丽的山水景色和独特的地质地貌而闻名，是中国南方地区重要的生态保护地之一。广东肇庆鼎湖山国家级自然保护区占地约 1133 公顷，成立于 1956 年，是我国首个自然保护区，也是唯一隶属于中国科学院的自然保护区。广东肇庆鼎湖山国家级自然保护区主要任务是保护南亚热带地区的森林植被，保护区森林覆盖率高达 78. 8%，主要包括自然、半自然和人工植被三类。

广东肇庆鼎湖山国家级自然保护区内有近 400 年记录历史的地带性原始森林——南亚热带季风常绿阔叶林，同时还保存着其他多种森林类型。保护区被誉为“物种宝库”和“基因储存库”。

知识链接

中国国家森林公园

中国国家森林公园是中国大陆境内森林公园的最高级别。目前，我国森林公园主要分为国家级、省级以及市县级三个层次。中国国家森林公园体系的建立是为了响应全球生态保护和可持续发展的需求。中国国家森林公园的森林景观优美程度、人文景观的集中度，以及在观赏、科学和文化价值方面均有较高的要求。此外，地理位置的特殊性和区域代表性也是设立国家森林公园的重要考虑因素，其必须能够提供完善的旅游服务设施，具备高度的知名度，是人们进行游览、休息，甚至进行科学、文化和教育活动的理想场所。设立国家森林公园需要省级林业主管部门提交书面申请，附带可行性研究报告、图表以及照片等材料，并将其提交给国家林业和草原局进行审批。截至 2019 年 2 月，中国大陆共建立国家森林公园 897 处。

资料来源：百度百科（内容有删减）

二、独树与丛树

独树与丛树是指单株或生长在一起的小片树林组成的植物群体。独树是指单株树木，在旅游景观中通常是指古树名木。其是记录历史、展示环境变迁的历史文物和科学资料，具有科学研究和旅游欣赏价值等特征。古树名木通常具有两重含义：第一重含义系古树，即生长百年以上、景观独特又珍稀的老树，如银杏、金钱松、榕树、樟树等。第二重含义系名木，即具有特定的历史文化特性。古树名木多与古建筑、古村落、山岳景象等结合在一起，具有一定的文化内涵，成为游客观赏游览的重要内容，如黄山迎客松、福建莆田宋家香古荔树、陕西黄帝陵轩辕柏等。丛树是指生长在一起的小片树木组成的植物群落。与林地相比，丛树的面积更小，但观赏性一般更强，多表现为珍贵的植物群落，如浙江临安天然野生银杏树——五世同堂、百山祖冷杉等。以下为我国独树与丛树的代表。

1. 黄山迎客松

迎客松屹立在海拔 1680 米的黄山风景区玉屏楼的青狮石旁，已有 1300 年的历史，是黄山“四绝”之一。迎客松高 9.91 米，胸围 2.05 米，树干中部延伸出两大侧枝，长达 7.6 米，形态犹如一位热情的主人，张开双臂，热情地迎接前来黄山游览的国内外宾客。游客来到这里时会纷纷拍照留念。作为黄山的标志性景观，从人民大会堂的铁画《迎客松》到各个车站码头，都可以见到它的身影，其象征着我国与世界人民之间的和平友谊。黄山迎客松以其独特的形态、文化内涵和艺术价值，吸引着世界各地的游客前来欣赏和探访。

2. 福建莆田宋家香古荔树

位于莆田市荔城区英龙街的宋家香古荔树，生长于原宋氏宗祠遗址内，是一棵罕见的古老果树。据记载，这棵古荔树植于唐代天宝年间，距今 1200 多年的历史。树高 6 米多，树干周长 7.1 米，树冠覆盖面积达 65 平方米，每年可产荔枝 176 千克。果实形状为卵圆形，果皮红色且薄，果肉厚且多汁，口感脆滑无渣，味道香甜宜人，有“果中皇后”和“品中第一”之称。早在宋代嘉祐四年（1059 年），蔡襄的《荔枝谱》中便有记载，称这棵荔树为“宋公荔枝”，并描述其极为高大，世传已有三百年历史，可见其树龄之长。

3. 陕西黄帝陵轩辕柏

位于陕西省黄陵的轩辕庙中，保存着一棵被称为“黄陵古柏”的特殊柏树。据说，这棵古柏是由中国古代传说中的黄帝轩辕氏亲自栽种。它高耸在桥山脚下的轩辕庙内，树高超过了 20 米，胸径达到了 7.8 米。侧柏为单种属植物。虽然已经历了 5000 多年的风雨，但枝叶依然繁茂，树冠覆盖面积达到 178 平方米。黄陵古柏因其悠久的历史，被认为是世界上最古老的柏树之一，英国人称它为“世界柏树之父”。这棵古柏见证了数千年的光阴变迁，依然生机勃勃，成为历史的见证和文化的象征。

4. 浙江临安天然野生银杏树——五世同堂

在浙江临安西天目山深处，有株古银杏树，树龄 12 000 岁以上，被誉为世界“银杏之祖”。这一植物“活化石”引起了世界上不少专家学者的关注。在一亿七千万年前，银杏与恐龙共存，后来，在第四冰川期，银杏树种濒临灭绝的边缘，仅在天目山幸存，故野生银杏树非常珍贵。这棵特殊的树被当地百姓称为“五世同堂”，其编号为 001 号。当地人民竭尽所能地保护着这棵经历风霜的老银杏，希望它能在天目山上健康地生存。

5. 百山祖冷杉

百山祖冷杉是一种生长在中国的珍稀植物，属于松科冷杉属植物。其高度约 11 米，树径约 40 厘米。百山祖冷杉的树皮为灰白色，呈不规则的龟裂状。每一枝节通常会生长 1~3 个球果，圆柱形长度约 7~12 厘米，直径约 3.5~4 厘米，成熟前呈绿色或淡黄绿色。百山祖冷杉在 5 月开花，11 月球果成熟。

目前，全球仅有 3 株野生百山祖冷杉存活，它们都生长在中国浙江省庆元县的百山祖国家级自然保护区核心区。该物种已被列入《世界自然保护联盟濒危物种红色名录》的极危（CR）类别。百山祖冷杉被誉为“植物活化石”和“植物大熊猫”。作为中国特有的古老残留植物，百山祖冷杉在研究古气候、古生物和古植被等方面具有重要意义。

三、草地

草地是指以多年生草本植物或小半灌木组成的植物群落构成的地区。草地占据了全球陆地总面积的一半左右。其构成复杂，包括草、开花植物和喜光植物等三部分。开花植物和喜光植物的比例因地区而异。草地有利于畜牧业，同时对调节气候、保护水土、抑制风沙以及维持生态平衡起着重要作用，更是众多游客心目中理想的旅游环境。

截至 2019 年 12 月 31 日，我国共有草地 396 795.21 万亩。其中，天然牧草地 319 758.21 万亩，占 80.59%；人工牧草地 870.97 万亩，占 0.22%；其他草地 76 166.03 万亩，占 19.19%。我国知名的草地景观有呼伦贝尔草原、热尔大草原和巴音布鲁克草原等。

1. 呼伦贝尔草原

呼伦贝尔草原，又称呼伦贝尔大草原，位于中国内蒙古自治区东北部，总面积约 1126.67万公顷，其中可用作草场的面积约为 833.33 万公顷，是世界上最大的草原之一，也是中国著名的自然风景名胜区之一，以呼伦湖和贝尔湖命名。呼伦贝尔草原是世界闻名的自然牧场，也是世界四大草原之一，被誉为全球最优美的草原之一。

呼伦贝尔草原呈东西向规律性分布，地跨森林草原、草甸草原和干旱草原。除东部约占总面积的10.5%为森林草原过渡地带外，其余地区多为天然草场。其是游牧民族的起源地，包括东胡、匈奴、鲜卑、室韦、回纥、突厥、契丹、女真、蒙古等民族，被誉为“中国北方游牧民族的摇篮”。呼伦贝尔草原在世界历史上具有重要地位。

2. 热尔大草原

热尔大草原位于中国四川省阿坝州若尔盖县境内，是一个风景秀丽、宜人宽广的高原湿地。热尔大草原占地320万亩。其野花遍布，与翠绿的草地交相辉映。草原内栖息着许多野生动物，增添了一份野性的魅力。除了广袤无垠的自然景色，热尔大草原还以牛羊自由欢跃、牧人高歌的人文景观而著名，吸引了许多国内外游客驻足观赏，草原的风貌尽收眼底，仿佛融入了这片广袤的天地之间。作为中国最平坦广袤的湿地草滩之一，热尔大草原孕育了珍贵的黑颈鹤、黄鸭、高原鱼类等十余种高原湿地生物，为这片美丽的草原增添了更多的色彩。

3. 巴音布鲁克草原

巴音布鲁克草原位于新疆维吾尔自治区巴音郭楞蒙古自治州和静县西北的巴音布鲁克区，处于裕勒都斯河流域，为国家5A级旅游景区。草原总面积约为23 835平方千米，海拔平均在1500~2500米之间。其地势平坦，水草丰富，属于典型的禾草草甸草原类型。由于人类活动影响较少，巴音布鲁克草原成为多种稀有物种的庇护地，特别是天鹅等野生动物的理想繁殖和栖息地。据统计，巴音布鲁克景区内有野生维管束植物约704种，分属于254属62科。巴音布鲁克草原是中国和世界上一片独特而美丽的高寒草原，拥有丰富的自然资源和文化遗产，吸引着游客前来探索其美丽景色和丰富多样的生态环境。

知识链接

中国草地种类

1. 天然草地

天然草地通常是指没有经过改良、自然生长的植被。其植物种类丰富，构成复杂，植被相对稳定，能够提供丰富的饲料资源。主要用于放牧和刈草，是草地畜牧业的生产基础。天然草地在地球生态系统中具有重要地位，为人类和自然界提供了许多重要的生态服务和价值。在全球30.5亿公顷的草地中，绝大多数是天然草地，其分布广泛，面积巨大。中国拥有4亿公顷草地，其中天然草地占比高达95%。

2. 永久草地

永久草地通常指的是一个维持长期稳定植被的草地，不进行频繁的耕种或改变植被的做法，以实现土壤保护、生态平衡和可持续利用的目标。它由多年生牧草或自我繁殖的一年生牧草组成，植被复杂多样，牧草具有较强的抗逆性和耐刈、耐牧的特点。具有植物生长所需的良好土壤和气候条件。为保持草地持久的高产生产力，需要加强培育措施，实行合理的放牧、刈草制度。随着环境意识的增强，永久草地的重要性逐渐得到认识，并在许多地区得到了积极的推广和保护。

3. 次生草地

次生草地指的是在森林砍伐之后，自然演替形成草本植物群落为主的草地。中国南方地区的草山草坡，以次生的灌丛草地为主。砍伐后，采伐迹地土壤有一定厚度，水分和养分较为充足，草本植物和小灌木可迅速生长，从而形成次生植物群落。

在自然状态下，常绿阔叶林群落是稳定的地带性顶级群落。然而，在采伐后，砍伐迹地会逐渐发展成低矮的草群落，而后逐步发展形成蒿草群落。高草区域会夹杂生长桎木、白檀、金樱子等灌木，从而形成乌药、继（檵）木、杜鹃、乌饭树等灌木丛。虽然次生草地的草量较高，但其草质较差，不耐牧，容易出现演替退化。只有通过加强培育，才能维持草地的生产力。

4. 林间草地

林间草地零星分布在郁闭度0.3~0.6森林中或林缘的草地，又称为疏林草地。植物种类繁多，植被类型复杂，以中生或中旱生草本植物为主。植株较高大，产量高，品质好，豆科牧草比例大（占8%）。具有蔽荫、防风、冬春御寒的条件。适于放牧各种家畜，尤宜放牧牛和鹿。林缘草地宜作割草场，是发展草食家畜的重要基地。中龄以上森林放牧家畜，对树木无伤害并可防火，但应严格控制放牧时间和载畜量。根据草丛分布状况，林间草地分三种类型：草丛与树木相间生长，树木散生；林中呈片状分布的草地，多为次生草地；林中块状隙地草丛，亦是林中草食动物的栖息地，草地水热条件好，气候湿润，土壤肥沃。

5. 人工草地

在牧区和农区由人工种植的用于放牧牲畜或割草、植被覆盖度在5%以上的草原、草坡、草山等，即人工种植牧草的草地，称为人工草地。人工草地是根据牧草的生物学、生态学和群落结构的特点，有计划地将一部分草地开垦后，因地制宜地播种牧草而建立的。依利用方法，人工草地又可以分为割草地、放牧地和种子田三种。人工草地为中国土地利用现状分类系统中的二级类型地之一。虽然中国的人工草地面积较小，但是经过不断的努力，高产优质的人工草地的面积在不断上升。

资料来源：百度百科（内容有修改）

四、花卉地

花卉不仅可以美化环境，供人欣赏，而且在一些花上我们可以领略到许多传统文化的寓意。如我国古代人民常常借竹子表示刚直、虚心，以梅花表示清高、冷傲，以荷花表示洁身自好，以苍松表示清高、刚强、长寿，以玫瑰代表爱情。

花卉地是指一种或多种花卉组成的群体。将花卉地作为一种旅游资源的基本类型，是基于其具有观赏价值并构成吸引物的关键部分均在“花”上。同时，需要形成一定的规模，对游客具有较大的吸引力。

花朵是生长过程中植物的一种自然现象。花期总是在一定的时间内完成，具有季节性和周期性，也使得花卉地的旅游活动具有季节性和周期性的特点，如每年4月至5月，河南洛阳的牡丹吸引各地游客蜂拥而至。花卉地通常可包括露地花卉地和温室花卉地两大类，其中露地花卉地又包括草场花卉地、林间花卉地等。著名的花卉地有河南洛阳和山东菏泽的牡丹、江西井冈山的杜鹃、河北白洋淀的荷花、浙江杭州超山的梅花、江西婺源的油菜花等。

1. 河南洛阳的牡丹

牡丹在中国文化中有着特殊的地位，被誉为“花中之王”“国色天香”。牡丹栽培的历史超过1600年，洛阳牡丹为中国国家地理标志产品。中国十三朝古都洛阳，被誉为“千年帝都，牡丹花城”。牡丹栽培在隋朝开始兴盛，在唐朝达到巅峰，宋代时在全国范围内非常流行。它以雍容华贵、国色天香、富丽堂皇而著称，象征着吉祥、富贵、繁荣和幸福。牡丹的花朵硕大，品种多样，颜色丰富多彩，包括红、白、粉、黄、紫、蓝、绿、黑以及复色等9大色系，有10种花型，超过1400个品种。每当牡丹盛开的季节，洛阳城都会成为花的海洋，吸引大批游客前来欣赏。2019年5月，在北京世园会的牡丹芍药国际竞赛中，洛阳牡丹获得了221个奖项，获奖总数排名第一，创下了牡丹在国内外展赛中的最佳成绩，再次证明了“洛阳牡丹甲天下”的美誉。

2. 山东菏泽的牡丹

山东菏泽是中国著名的牡丹之乡，以丰富多彩的牡丹资源和悠久的牡丹栽培历史而闻名。古代菏泽市曾被称为曹州，被誉为中国的牡丹之都。在隋朝时期，菏泽开始种植牡丹，在唐宋时期达到了巅峰。明清时期，菏泽的牡丹种植业更是繁荣兴盛，因此有了“曹州牡丹甲天下”的美誉。现在，菏泽市的牡丹种植面积已经超过1.6万公顷，成为世界上面积最大、品种最多、花色最全的牡丹生产、科研、出口基地和观赏旅游区。菏泽的牡丹属于中原牡丹种群，花色多种多样，花型千变万化。有超过1100个不同品种的牡丹，每一品种都有其独特之处。例如，“掌花案”绽放如火，红光熠熠；“酒醉杨妃”婀娜多姿，低头掩面；“梨花雪”宛若梨花盛开，洁白如雪；“昆山夜光”花开奇白，黑夜依然。山东菏泽的牡丹以其丰富的品种、悠久的历史和深厚的文化内涵而著称，是中国最重要的牡丹产地之一，是一处值得一游的旅游胜地。

3. 江西井冈山的杜鹃

井冈山的杜鹃花花季持续时间较长，从4月中旬一直到6月中旬。杜鹃花绽放时，迎风摇曳，红、粉、白等各种色彩在绿意盎然的山林中熠熠生辉，美不胜收。尤其是在井冈明珠——十里杜鹃长廊笔架山景区，可以欣赏到众多外形犹如乔木的猴头杜鹃。江西井冈山的杜鹃花是一种美丽的、地方性的植物，不仅在自然界中起着重要的生态作用，还在文化和历史上具有重要意义，成为井冈山地区的一道独特风景线。然而，当今井冈山的杜鹃花已被列为濒危物种，被纳入《世界自然保护联盟红色名录》（IUCN）中的濒危（EN）保护级别。

4. 浙江杭州超山的梅花

位于杭州市东北29千米处的超山风景区，距余杭区塘栖镇仅6千米，是杭州市风景名胜之一。超山以其独特的梅花景观而闻名，每年初春二月，梅花盛开，白花铺天盖地，遥遥数里都可见到如雪般飘洒的花瓣，被誉为江南三大探梅胜地之一。超山的唐梅和宋梅更是独具特色，独有的六瓣梅花，傲然于天下五瓣梅中。值得一提的是，超山广植梅花，最兴盛时期可达十里之遥，被誉为“十里梅花香雪海”。

5. 江西婺源的油菜花

江西婺源油菜花，位于江西省婺源县，是一处壮观的人造景观。这里被誉为江西最美的油菜花景点之一，尤其以“江岭”和“篁岭”最为著名。在这里，可以欣赏到粉红的桃花、洁白的梨花，还有金黄色的梯田油菜花，与白墙黛瓦的民居相得益彰，呈现出一幅美丽的自然画卷，吸引着众多游客。婺源篁岭还以其壮观的梯田景观被誉为“全球十大最美梯田”之一。

第三节 野生动物栖息地

案例导入

关注重点物种保护 打造“旅游+野生动植物保护”模式

2022年3月3日，是联合国设立的第九个“世界野生动植物日”。“世界野生动植物日”旨在提升人们对全球野生动植物的认知，于2013年12月20日由联合国大会决定设立。之所以选择3月3日，是因为1973年3月3日是《濒危野生动植物种国际贸易公约》生效的日子，而该公约在保护物种免受国际贸易威胁方面发挥着重要的作用。广东以“关注重点物种保护，推进绿美广东建设”为主题，致力于保护野生动植物，开展了一系列宣传活动。在广东省的游客可以前往长隆野生动物世界、华南植物园、正佳雨林生态植物园等景点，以增进对野生动植物保护的了解。

以长隆野生动物世界为例，被誉为“中国最具国际水准的野生动物园”，是全球拥有动物种类最多、面积最大的野生动物主题公园。这里栖息着500多种珍奇动物，总数超过2万只，包括了“全球唯一存活的大熊猫三胞胎萌萌、帅帅、酷酷”，以及繁育至七代的澳大利亚以外最大考拉种群、马来西亚国宝黄猩猩、泰国国宝亚洲象、洪都拉斯国宝食蚁兽、科特迪瓦国宝倭河马等珍奇动物。

可以发现，随着社会发展，游客与野生动植物保护之间的关系从最初的冲突到如今的和谐共生，发生了巨大的变化。

广东省正在积极推进多项重点生态工程，包括绿美广东大行动、自然保护地体系和珠三角国家森林城市群建设等。在不懈的努力下，广东省野外资源种群不断增加，这为旅游业和自然环境保护带来了共赢的趋势。

资料来源：关注重点物种保护 打造“旅游+野生动植物保护”模式 [N]. 羊城晚报，2022-03-07（A16）.（部分改动）

野生动物是指在大自然环境下生长且未被驯化的动物，如北极的北极熊、南极的企鹅、中国的熊猫、澳大利亚的袋鼠等。野生动物是人类赖以生存的生态系统的重要组成部分。合理保护、开发野生动物资源，对于维护生态平衡，改善自然环境意义重大。同时，野生动物以其奇特性、珍稀性和表演性成为深受人们喜爱的旅游景观。野生动物栖息地是指一种或多种野生动物常年或季节性栖息的地域。野生动物栖息地通常包括水生动物栖息地（CBA）、陆地动物栖息地（CBB）、鸟类栖息地（CBC）和蝶类栖息地（CBD）4个基本类型。

一、水生动物栖息地

水生动物指的是主要在水中生活的动物。大多数水生动物是在物种进化中未曾脱离水中生活的水生动物，也有由陆生动物（如鲸鱼、水生昆虫等）转化而成的水生动物，后者有的并不靠水中的溶解氧来呼吸。鱼类是水生动物中最常见的一类，此外还有腔肠动物（如海葵、海蜇等）、软体动物（如乌贼、螺等）、甲壳动物（如虾、蟹等）、其他动物（如海豚、鲸等）。

由一种或多种水生动物常年或季节性栖息的地方被称为水生动物栖息地。江、河、湖、海是诸多水生动物的天然生长场所、天然避难场所。根据所处水域环境的不同，可以划分为淡水型水生动物栖息地、咸水型水生动物栖息地及两栖型水生动物栖息地。具有代表性的水生动物栖息地，如黑龙江萝北鲟鳇鱼省级自然保护区、长江新螺段白鱀豚国家级自然保护区、湖南张家界大鲵国家级自然保护区、上海长江口中华鲟湿地自然保护区、大连斑海豹国家级自然保护区等。

（一）黑龙江萝北鲟鳇鱼省级自然保护区

位于黑龙江省萝北县的黑龙江萝北鲟鳇鱼省级自然保护区，总面积为5123公顷。保护区类型为野生生物系统类、野生动物类型。为了提升野生水生动物数量，每年政府部门都举办鱼类增殖放流活动。如2022年，有52万尾增殖放流的幼鱼放入黑龙江干流萝北鲟鳇鱼自然保护区，其中国家二级保护动物施氏鲟5.2万尾、细鳞鲑2.8万尾、珍稀鱼类乌苏里白鲑1万尾、翘嘴鲌3万尾、草鱼40万尾。

（二）长江新螺段白鱀豚国家级自然保护区

长江新螺段白鱀豚国家级自然保护区位于湖北省洪湖市、赤壁市、嘉鱼县和湖南省临湘市4市县的交界处。湖北长江新螺段白鱀豚国家级自然保护区面积41 607公顷。保护区的设立主要是保护中国一级保护野生水生动物白鱀豚。长江新螺江段共有鱼类品种103种，隶属10目、23科。其中以鲤科鱼类占优势，鮠科、鳅科次之。长江流域主要经济鱼类品种40余种，新螺江段有主要经济鱼类品种约20种，约占长江流域主要经济鱼类品种的一半。

（三）湖南张家界大鲵国家级自然保护区

地处武陵山脉东段的湖南张家界大鲵国家级自然保护区，境内以山地为主，最高峰斗篷山海拔1890.4米，是湖南湘、资、沅、澧四大水系的发源地。保护区主要的保护对象为大鲵及其生态环境。其在大鲵的救护驯养、繁殖孵化、病害防治等方面都取得了许多科研成果，已攻克了大鲵“繁殖率、孵化率、成活率”的技术性难题。在大鲵的相关科研和技术方面都处于世界领先水平。

（四）上海长江口中华鲟湿地自然保护区

位于中国上海市崇明区长江口的上海长江口中华鲟湿地自然保护区，总面积27 600公顷，以中华鲟及其赖以栖息生存的自然生态环境为主要保护对象，已被列入《国际重要湿地名录》。保护区是世界上最大的河口湿地之一，也是中国为数不多和较为典型的咸淡水河口湿地，有着很高的保护价值。保护区内的动物主要有鱼类、节肢动物、软体动物、腔肠动物、环节动物和哺乳动物，共监测到鱼类332种，隶属于106科，其中软骨鱼类16科34种，占长江河口鱼类总数的10.2%，硬骨鱼类计90科298种，占长江河口鱼类总数的89.8%。该保护区是中华鲟等鱼类的庇护场所。

（五）大连斑海豹国家级自然保护区

保护区位于渤海辽东湾大连市西北20千米的复州湾长兴岛附近，面积67.2万公顷，主要保护对象为斑海豹及其生态环境，属野生动物类型的自然保护区。

二、陆地动物栖息地

陆地动物栖息地，是指那些陆地上的野生哺乳动物、两栖动物，以及爬行动物等，常年或季节性栖息的地方。其栖息地的范围非常广泛，它们受到了多种因素的影响，包括植物种类及群落、气候条件等。植物在这些栖息地中扮演着重要的角色，它们为动物提供了居住的地方以及食物，同时也提供了隐蔽和繁殖的场所。如森林中的树冠通常是猿猴们理想的栖息地，而树干则常常被各种鸟类和小型哺乳动物用作栖息之处。

（一）卧龙大熊猫自然保护区

卧龙大熊猫自然保护区通常是指卧龙国家级自然保护区，其始建于1963年，是中国最早建立的综合性国家级保护区之一。卧龙自然保护区位于四川省阿坝藏族羌族自治州汶川县西南部，邛崃山脉东南坡，距四川省会成都130千米，交通便利。汶川特大地震后，香港特别行政区对口资助援建卧龙自然保护区。卧龙自然保护区是国家级第三大自然保护区，是全球唯一的野生大熊猫寻踪科考胜地，海拔2050~2800米，全长3.2千米，沟内崇山峻岭、别有洞天，地形地貌复杂多样，自然景观奇特秀美。其中熊猫沟是保存完好的古老动植物生态系统，以“熊猫之乡”“宝贵的生物基因库”“天然动植物园”享誉中外。

（二）西双版纳野象谷

西双版纳野象谷地处西双版纳国家级自然保护区勐养子保护区、“联合国教科文组织人与生物圈保护区”内，是国家4A级旅游景区、全国首批国家级生态旅游示范区，景区自然资源丰富，汇集了热带雨林、南亚热带常绿阔叶林及众多珍稀动植物种群等。在野象谷周边，常年有多个象群家族出没，野象谷搭建了一条长2280米的高空观象栈道、2263米的雨林观光索道和亚洲象博物馆，构建起一条“人与亚洲象沟通的桥梁”。人们可以通过高空观象栈道、雨林观光索道、亚洲象博物馆等多个游览项目，了解亚洲象的生态家园。

（三）北京野生动物园

北京野生动物园位于北京市大兴区榆垡镇境内，为4A级景区，占地面积240余公顷，于2001年8月8日正式对外开放，动物园主要包括自驾游览区、步行游览区，以及猛兽体验区三大动物展区。北京野生动物园拥有80余个主题动物场馆，采用现代化的无屏障全方位立体观赏方式，替代了传统的笼舍观赏模式。特别是，猛兽体验区的游览路线全长3.6千米，沿途上分布着8个展区，展示着一系列猛兽，包括棕熊、东北虎、白虎、狼、黑熊、斑鬣狗、非洲狮、猎豹等。展区真实地还原了这些猛兽的原始生存环境，北京野生动物园也荣获了“北京市科普教育基地”和“中小学生社会实践大课堂资源单位”等多项称号。

（四）东北虎林园

东北虎林园坐落在黑龙江省哈尔滨市松北区松花江北岸，占地面积达144万平方米，紧邻太阳岛风景区。其中，虎园占地36万平方米，旨在拯救和保护濒危的东北虎物种。东北虎是国际上最知名的濒危物种之一，于20世纪70年代被列入世界保护物种白皮书，并被列在国际濒危动（植）物种贸易公约（CITES）的附录I物种中。在《中华人民共和国野生动物保护法》中，东北虎被明确列为国家一级保护动物。

东北虎林园内设有科普陈列馆，供游客参观观赏的野化驯养区、成虎区、育成虎区、种虎区、狮虎区、非洲狮区、虎王区、幼虎区、步行区，以及观虎台等11个景点，游客可欣赏到100多只纯种东北虎、8只白虎、1只雪虎、2只白狮、2只狮虎兽、3只黑色美洲虎以及20只非洲狮。这里不仅是一个东北虎的庇护所，还具有重要的科普教育功能。

三、鸟类栖息地

鸟类栖息地是指一种或多种鸟类常年或季节性栖息的地方。鸟类在长时间的进化过程中，逐渐适应了各种复杂的自然环境，如植被、气候、地形和水湿地等。它们根据这些环境的特点，营造巢窝生育后代。鸟类的生存受多种因素的影响，包括食物的可获得性、适宜的植被、土壤和气候条件，以及安全的筑巢环境和飞翔的空间。这些条件发生变化，如气候急剧变化、食物减少或栖息地丧失，都可能威胁鸟类种群的生存，使它们处于濒危灭绝的边缘。中国拥有丰富的鸟类栖息地，包括江苏盐城国家珍禽自然保护区、黑龙江扎龙国家自然保护区、荣成大天鹅国家自然保护区和北京野鸭湖国家湿地公园等。这些地方为鸟类提供了安全的栖息地和食物，对于保护鸟类多样性和生态平衡至关重要。

（一）江苏盐城国家级珍禽自然保护区

江苏盐城国家级珍禽自然保护区位于盐城市区东部，距离市区 40 千米。其横跨响水、滨海、射阳、大丰、东台五个县（市），总面积为 247 260 公顷。这是我国最大的滩涂湿地保护区之一，主要是保护以丹顶鹤为代表的珍稀野生动物，以及它们赖以生存的滩涂湿地生态系统。丹顶鹤是一种候鸟，被列为国家一级保护动物，也是全球易危物种，数量仅有 2000 多只。每年有近一半的丹顶鹤选择在盐城保护区越冬，使江苏盐城国家级珍禽自然保护区成为世界上最大的丹顶鹤越冬地。

丹顶鹤通常每年 11 月来此停留，直至次年 3 月。此外，保护区的淤积淤长型海岸带和多样的滩涂湿地生态系统还孕育着丰富的生物资源，仅动植物宝贵资源就高达2600多种，其中国家一级保护野生动物 14 种，二级保护动物 85 种。保护区独特的地理位置使其成为南北候鸟迁徙的重要驿站，每年有近 300 万只候鸟迁徙中途在这里休息。江苏盐城国家级珍禽自然保护区季节性和常年居留的鸟类数量已经超过了 50 万只，其中以雁鸭类、鸻鹬类和鹤类最具代表性。

（二）黑龙江扎龙国家级自然保护区

黑龙江扎龙国家级自然保护区位于黑龙江省西部、齐齐哈尔市东南的松嫩平原、乌裕尔河下游的湖沼苇草地带，总面积达 21 万公顷。黑龙江扎龙国家级自然保护区是一个以大型水禽为主的重要珍稀水禽栖息地，是世界上最大的丹顶鹤繁殖地，1992 年被列入“国际重要湿地名录”。扎龙自然保护区内栖息着约 269 种鸟类，分属于 17 目 48 科。这些鸟类以候鸟为主，主要是夏候鸟，其中以鸭科和鹬科的鸟类最为丰富，包括丹顶鹤、白枕鹤、大白鹭、苍鹭、草鹭等。保护区内共有 41 种国家重点保护鸟类，其中包括 8 种国家一级保护鸟类，33 种国家二级保护鸟类，以及 17 种被黑龙江省政府列为省级重点保护的鸟类。

在全球范围内鹤类共有 15 种，而在黑龙江扎龙国家级自然保护区内就有 6 种。其中，丹顶鹤和白枕鹤在这里繁殖，而白鹤、白头鹤、灰鹤和蓑羽鹤则为迁徙停歇鸟。黑龙江扎龙国家级自然保护区是中国重要的生态保护区之一，为珍稀鸟类红头鹤和湿地生态系统的保护作出了重要贡献。2020 年 12 月，保护区被选为第七批国家生态环境科普基地。

（三）荣成大天鹅国家级自然保护区

荣成大天鹅国家级自然保护区坐落在山东省威海市荣成市成山镇，总面积约为 10 500

公顷。保护区主要是为保护以大天鹅为代表的濒危鸟类，以及湿地生态系统而创建。作为鸟类南迁北移的关键中转站和越冬栖息地，每年有近万只大天鹅选择在这里越冬，这也是世界上最大的大天鹅越冬种群栖息地。

荣成大天鹅国家级自然保护区内分布着 15 目、41 科、153 种不同的鸟类，其中以旅鸟为代表的迁徙性鸟类占据了鸟类种群的重要部分。此外，保护区内有 6 种国家一级保护鸟类，包括东方白鹳、黑鹳、中华秋沙鸭、大鸨、白头鹤和金雕等；还有 17 种国家二级保护鸟类，如大天鹅、黄嘴白鹭、鸳鸯、白鹅雁、灰鹤和小杓鹬等。保护区还涵盖了 17 种国际贸易公约保护的濒危野生动植物物种，以及 36 种中澳候鸟保护协定保护鸟类和 94 种中日候鸟保护协定保护鸟类。

2022 年，该保护区加入东亚—澳大利西亚迁飞区伙伴协定（EAAFP）迁飞区保护地网络，成为中国第 20 个迁飞区保护地网络站点（FNS）。

（四）北京野鸭湖国家湿地公园

野鸭湖国家湿地公园位于北京市西北部的延庆，北依松山、大海坨山，是由官厅水库延庆辖区及环湖海拔 479 米以下淹没区及滩涂、河流、库塘、沼泽组成的自然——人工复合型湿地，总面积 283.4 公顷。该公园为北京地区重要的鸟类栖息地，也是国际鸟类迁徙路线东亚—澳大利亚路线的中转驿站，每年的迁徙季节，有众多的鸟类在此停歇，其中雁、鸭的种类和数量最多，野鸭湖由此而得名。野鸭湖湿地动植物资源丰富，到目前已经记录的鸟类 303 种，其中国家一级保护鸟类 10 种，国家二级保护鸟类 43 种。

四、蝶类栖息地

蝶类栖息地是指一种或多种蝶类常年或季节性栖息的地方。我国综合自然条件优越，适合多种蝶类生存繁衍，中国约有 1200 种蝶类。在世界范围内蝴蝶的数量以南美洲亚马孙河流域出产最多，其次是东南亚一带。世界上最美丽、最有观赏价值的蝴蝶，多出产于南美巴西、秘鲁等国。而受到国际保护的种类，多分布在东南亚地区。在同一地区、不同海拔高度形成了不同的湿度环境和不同的植物群落，也相应形成很多不同的蝴蝶种群。如云南省红河蝴蝶谷、海南省三亚市蝴蝶谷、西双版纳蝴蝶园风景区等都是我国蝶类栖息地的代表。

（一）云南省红河蝴蝶谷

云南省红河蝴蝶谷位于云南省红河州境内，谷内拥有超过 400 种蝴蝶，排名世界第一，于 2009 年被科学家研究发现。红河州距离昆明约 430 千米，布满了茂密的森林、险峻的山脉、壮观的云海和美丽的瀑布，与越南以地上裂缝为界。这片原始的自然环境提供了丰富多样的动植物资源，为蝴蝶繁衍提供了理想的寄主条件，造就了中国红河蝴蝶谷的壮丽景象。蝴蝶谷以箭环蝶为主要种类，同时也有凤眼蝶、枯叶蛱蝶、白带锯蛱蝶、褐钩凤蝶等多种蝴蝶资源。因此，有“大自然的遗传宝库”之美誉。云南省红河蝴蝶谷是一个独特的旅游目的地，融合了壮观的自然景观和丰富的文化元素，吸引着众多的国内外旅游者。

（二）海南省三亚市蝴蝶谷

三亚蝴蝶谷位于海南省三亚市亚龙湾大小龙潭湖的后部，坐落在热带半落叶季雨林中，植被种类丰富。这里生长着众多稀有的植物，包括龙血树（不老松）、眼镜豆、黑格等 360 多种植物。这些植物中很多是蝴蝶的天然寄主，如龙珠果藤、马豆铃藤、樟树、黄杯、铁刀木等。蝴蝶谷内栖息着成千上万只绚丽多彩的蝴蝶，得益于其优越的生态环境以及合理的人工改造，蝴蝶谷已经成为世界上独具特色的蝴蝶园之一，实现了人与自然的完美融合。它是中国第一个集展览、科教、旅游和购物于一体的蝴蝶文化公园，是中国目前最大的网式蝴蝶园，占地面积达 1682 平方米。园内栽培了大量的蝴蝶寄主和蜜源植物，为蝴蝶提供了理想的栖息和活动场所。每年大约有 20 万只蝴蝶在这里供游客观赏，每天可观赏到大约 6000 只活体蝴蝶。

（三）西双版纳蝴蝶园风景区

蝴蝶园风景区位于西双版纳野象谷内，占地 1. 5 公顷。蝴蝶谷按照蝴蝶的形态设计了 5 个展厅，包括大型网式蝴蝶园、蝴蝶生态观赏园、标本展览馆、蝴蝶繁殖园，还有以蝶类文化为主题的购物中心和工艺品制作室。游客可以通过这些展厅更深入地了解蝴蝶的生态过程。蝴蝶园风景区拥有一个大型生态蝴蝶园和一个博物馆，博物馆内收藏了 2000 多只珍贵的蝴蝶和昆虫标本，展出了来自中国和世界各地的 500 多种名贵蝴蝶和昆虫的标本。西双版纳蝴蝶园风景区是一个充满生态美的地方，适合自然爱好者、摄影师和家庭游客前来欣赏和学习。

知识链接

在新疆维吾尔自治区伊犁哈萨克自治州召开的国有林场高质量发展研讨暨十佳林场活动经验交流会上，中国林场协会授予北京市平谷区丫吉山等 50 家国有林场 2023 年度“十佳林场”称号。

按照《中国林场协会十佳林场认定办法》的有关规定，经各省级国有林场主管部门审核推荐，中国林场协会组织专家审定，决定授予北京市平谷区丫吉山等 50 家国有林场单位 2023 年度“十佳林场”称号。

获得 2023 年度“十佳林场”称号的林场是：北京市平谷区丫吉山林场、河北省国营涞源县白石山林场、山西省桑干河杨树丰产林实验局梁家油坊中心林场、太行山国有林管理局景尚林场、太行山国有林管理局坪松林场、内蒙古自治区呼伦贝尔市阿荣旗库伦沟林场、辽宁省桓仁满族自治县枫林谷林场、吉林省柳河县国有林总场、龙井市国有林总场、黑龙江省鸡西市前进林场、尚志国有林场管理局小九林场、嘉荫县马连林场、江苏省句容市磨盘山林场、浙江省宁海县五山林场、安徽省安庆市大龙山林场、宣城市宣州区宛陵林场、福建省厦门坂头国有防护林场、永春碧卿国有林场、邵武故县国有林场、江西省萍乡市五峰林场、万载县森工林场、崇义县国有林场总场、赣州市犹江林场、山东省聊城市茌平区国有广平林场、济南市国有柳埠林场、淄博市鲁山林场、环翠区华夏生态林场、河南省国有卢氏林场、国有内乡万沟林场、国有灵宝川口林场、湖北省神农架林区红花朵林场、罗田县国有天堂寨林场、国有竹溪县双竹林场、湖南省古丈县高望界国有林场、江华瑶族自治县江华国有林场、芷江侗族自治县五郎溪国有林场、广西壮族自治区国有钦廉林场、四川省绵竹市国有林场、重庆市开州区国有马云林场、武隆区国有白马山林场、铜梁区双碾林场、巫溪县红池坝林场、陕西省宝鸡市陈仓区国有冯家河林场、甘肃省张掖市甘州区黑河林场、白龙江林业保护中心迭部生态建设管护中心腊子口林场、小陇山林业保护中心榆树林场、青海省西宁市西山林场、西宁市纳家山林场、宁夏回族自治区平罗县林场、新疆维吾尔自治区天山东部国有林管理局奇台分局。

资料来源：http：//greentimes. com/greentimepaper/html/2023-09/28/content_3370768. htm

更新：2023-09-28 创建者：中国绿色时报

本章小结

本章包含生物景观旅游资源概述、植被景观和野生动物栖息地 3 节内容。通过本章的学习，总体上了解了生物旅游资源的概念及功能、生物景观旅游资源的概念及旅游价值。具体了解了植物景观和野生动物栖息地的概念、分类及其典型代表景区。有助于学生学习、领悟和牢固掌握生物旅游景观的相关基础知识，并把所学知识灵活应用到将来的实际工作中，达到提升职业素养和增强岗位胜任能力的目的。

思考题

1. 生物旅游资源具有什么功能？
2. 生物景观旅游资源有哪些旅游价值？
3. 我国生物景观旅游资源如何分类？
4. 我国有哪些著名的林地景观？主要分布于我国哪些地区？
5. 古树名木通常具有什么含义？
6. 知名的草地景观有哪些？
7. 请列举我国著名的花卉地。
8. 什么是水生动物栖息地？
9. 著名的鸟类栖息地有哪些？
10. 请选择一个野生动物栖息地的代表景区，撰写一篇导游词。

本章实训

一、实训目的

1. 了解生物景观的概念、分类；掌握生物景观各亚类的典型景区（景点）及其特点。

2. 能够发现生物景观类旅游资源开发中存在的问题，并能提出针对性的解决对策。

3. 锻炼团队成员收集与分析材料能力、团队合作能力、个人表达等能力。

4. 通过该实训，使学生了解我国的大好河山，提升学生的民族自尊心和自豪感，培养学生的爱国热情以及学生爱岗敬业的精神。

二、实训内容

将班级同学分组，每一组同学选择下面的一个主题（见表 5-2），结合自己家乡（或老师指定某个城市/地区）生物景观旅游资源情况，通过书刊、报纸、网络等渠道收集信息，结合视频、文字、图片等方式进行材料整合。小组成员选出代表在全班进行案例讲解，其他小组匿名打分，最后评选出表现最优的小组。

表 5-2　实训作业

团队名称：　　　　　　　　组长：　　　　　　　　团队成员：

<table>
<tr><th colspan="3">小组选择项目</th><th>各小组总结研究发现</th></tr>
<tr><td rowspan="8">C 生物景观</td><td rowspan="4">CA 植被景观</td><td>CAA 林地</td><td></td></tr>
<tr><td>CAB 独树与丛树</td><td></td></tr>
<tr><td>CAC 草地</td><td></td></tr>
<tr><td>CAD 花卉地</td><td></td></tr>
<tr><td rowspan="4">CB 野生动物栖息地</td><td>CBA 水生动物栖息地</td><td></td></tr>
<tr><td>CBB 陆地动物栖息地</td><td></td></tr>
<tr><td>CBC 鸟类栖息地</td><td></td></tr>
<tr><td>CBD 蝶类栖息地</td><td></td></tr>
</table>

三、实训组织

1. 指导教师布置或学生自选实训项目，提示相关注意事项及要点。

2. 将班级成员分组，成员可自由组合。小组人数划分视班级总人数而定。由教师给每组分配所要阐述的途径，每组选出组长一名。

3. 以小组为单位，通过书刊、报纸、网络等渠道收集典型案例若干。对于收集的材料，小组内部先充分展开讨论。讨论时间长度可视情况而定，课堂讨论或课外讨论均可。选择最能反映所选行业的案例作为参考，并能够最终提出小组的集体观点（如存在问题、发展建议等）。

4. 各小组在班级进行宣讲，每组宣讲时间以不超过 15 分钟为宜。

四、实训步骤

1. 指导教师布置任务，指出实训要点、难点和注意事项。

2. 结合教师讲解，学生选取任务中的一项，并从网上查找资料，选取典型图片，制作 PPT，撰写讲解词，练习后进行当众讲解。

3. 各组汇报，由学生和老师共同组成现场评议小组进行点评。

4. 对于得分最高的团队，适当进行鼓励和奖励。

第六章
巧夺天工
——建筑与设施旅游资源

知识目标

1. 了解建筑与设施旅游资源的旅游价值。
2. 熟悉建筑与设施旅游资源的主要类型。
3. 掌握各类建筑与设施旅游资源的概念以及典型代表。

技能目标

1. 能够运用建筑与设施旅游资源知识去准确识别各类景观的旅游特征。
2. 能够凭借已获得知识进行建筑与设施景观导游词的简单组织及基本讲解。

思政目标

1. 加深对中国文化的认知和认同，树立文化自信，培养家国情怀。
2. 培养爱国主义思想，树立学生以人为本的社会主义核心价值观。

第一节　建筑与设施旅游资源概述

案例导入

“民宿地图”点亮美丽乡村

随着暑期的到来，浙江德清县的莫干山景区吸引了大量的避暑游客。在这片青山绿水、竹林松柏交织的美丽山川之间，独具特色的乡村民宿为这片乡村增色不少，成为吸引游客的一大亮点。莫干山民宿产业的发展历程也颇具特色，从后坞村社区开始经营农家乐，逐渐发展成为洋家乐和乡村酒店，最终形成了民宿集群。这个产业已经覆盖了后坞、仙潭、燎原等十几个行政村，为当地乡村旅游的繁荣作出了贡献。

莫干山地区的发展是中国乡村民宿行业发展的一个缩影。在“民宿+”的带动下，乡村旅游已经成为旅游市场的新动能和亮点之一。根据2021年《民宿蓝皮书》的调研数据，2020年有76.91%的民宿位于乡村地区。在全域旅游的推动下，乡村民宿充当了重要角色，促进了文旅融合以及新兴旅游消费的增长。在民宿产业的发展带动下，越来越多的农村地区迎来了旅游业的发展，带动了当地居民收入的增加。

相关调研报告指出，发展乡村民宿可以有效解决住宿业在城乡发展不平衡和业态不充分的问题。乡村地区有许多闲置的房屋，投资规模较小，建设和运营相对简单，因此发展民宿的门槛相对较低。通过发展乡村旅游产业，建设民宿，游客可以留下来，从而带动了相关产业的发展，形成了“吃-住-游-购-娱”旅游产业链，也促进了村民的脱贫致富。例如，河南信阳新县东南部的田铺大塆，一座有着400多年历史的古村落，通过重新规划和设计，创办了20多家特色民宿，吸引了越来越多的游客。

不同地区还发展出了多元化的民宿业态。例如，新疆阿勒泰地区的布尔津县，靠近中俄老码头风情街景区的精品民宿，不仅推广了民宿文化，还开展了“民宿+书香”“民宿+研学”“民宿+摄影”等多种业态。

江苏苏州周庄古镇也推出了“民宿+亲子游”，结合了亲子民宿、自然学堂和文创产业等元素，深受游客欢迎。根据《民宿蓝皮书》的调研，各地通过乡村旅游民宿的发展，引导了多种不同类型的业态经营，形成了综合体，包括“文化创意、共享农业、电商物流、养生养老、体育健身”等，极大丰富了文化旅游产业的产品体系。

资料来源：姚亚奇．“民宿地图”点亮美丽乡村［N］．光明日报，2021-8-29．（部分改动）

一、建筑与设施旅游资源的概念

建筑与设施是人类在生产、生活活动过程中创造的重要物质文化财富，以古代与现代的建筑物、工程设施反映人类社会在经济、文化、科技的精华，成为旅游活动中最常见、数量最多、形式最丰富的旅游景观（活动场所），是人文旅游资源中重要的组成部分。建筑与设施旅游资源是指以建筑与设施为载体，依靠建筑本身所蕴含的使用价值、审美价值、历史价值对旅游者产生吸引力，是旅游产品的重要来源之一。建筑与设施旅游资源可以是单体，也可以是建筑群，能够使旅游者了解一个国家或地区、民族的建筑风格与传统习俗。

二、建筑与设施旅游资源的特点

（一）地域性

由于人们生活的地域环境不同，对环境的看法和利用自然的方式也不同。因此建筑与设施旅游资源具有强烈的地域性差异。建筑与设施旅游资源的显著差异导致居住地人们对于另一居住地人们产生神秘感，从而激发了旅游者旅游行为的产生。

（二）独特性

建筑与设施旅游资源往往是在不同时期、不同地方由不同的人们创造出来的旅游资源。就算是同一时代、同一位置创造的建筑与设施旅游资源，也可能根据本身的特点而富于变化。不管后来的科技多么发达，人们想重建一模一样的建筑与设施旅游资源，都是不可能成功的。即使外表看起来一样，但就其内在价值和独特的历史风格来说，都不可能一样。

（三）文化性

文化代表了社会历史演进中所积累的物质和精神财富。建筑与设施旅游资源，作为人类智慧的体现，承载着丰富的文化价值。不同的建筑与设施旅游资源包含独特的文化内涵，可反映历史的兴衰、重要事件和人物足迹。

（四）时代性

建筑与设施旅游资源，是人为创造的旅游资源，而人总是生活在一定的社会历史环境中，因而建筑与设施旅游资源的形成与社会历史密切相关，必然具有社会时代的烙印。不同的历史阶段、制度、民族，由于生产水平、科技发展、审美观念和道德标准的不同，导致建筑与设施的风格、性质存在显著的差异。

（五）科学性

科学性主要体现在建筑与设施旅游资源建造时对科学技术的高度重视，建筑与设施从选址、选材到建设，建筑与设施都要遵循一定的标准和规范，才能使其免受泥石流、地震、狂风暴雨等自然灾害的破坏，才能充分地利用阳光、空气、植物等自然环境。

三、建筑与设施旅游资源分类

根据《旅游资源分类、调查与评价》（GB/T 18972—2017），建筑与设施旅游资源可以分为人文景观综合体、实用建筑与核心设施、景观与小品建筑 3 个亚类、39 个基本类型（见表 6-1）。

表 6-1　建筑与设施旅游资源分类

主类	亚类	基本类型
E 建筑与设施	EA 人文景观综合体	EAA 社会与商贸活动场所；EAB 军事遗址与古战场；EAC 教学科研试验场所；EAD 建设工程与生产地；EAE 文化活动场所；EAF 康体游乐休闲度假地；EAG 宗教与祭祀活动场所；EAH 交通运输场站；EAI 纪念地与纪念活动场所
	EB 实用建筑与核心设施	EBA 特色街区；EBB 特性屋舍；EBC 独立厅、室、馆；EBD 独立场、所；EBE 桥梁；EBF 渠道、运河段落；EBG 堤坝段落；EBH 港口、渡口与码头；EBI 洞窟；EBJ 陵墓；EBK 景观农田；EBL 景观牧场；EBM 景观林场；EBN 景观养殖场；EBO 特色店铺；EBP 特色市场
	EC 景观与小品建筑	ECA 形象标志物；ECB 观景点；ECC 亭、台、楼、阁；ECD 书画作；ECE 雕塑；ECF 碑碣、碑林、经幢；ECG 牌坊牌楼、影壁；ECH 门廊、廊道；ECI 塔形建筑；ECJ 景观步道、甬路；ECK 花草坪；ECL 水井；ECM 喷泉；ECN 堆石

第二节　人文景观综合体

案例导入

文旅部发布8条长城主题国家级旅游线路

文化和旅游部发布8条长城主题国家级旅游线路和62条长城主题精品线路，全面展现长城沿线文物和文化资源，生动呈现万里长城之美。8条长城主题国家级旅游线路分别为：长城文化遗产探访之旅、长城红色精神传承之旅、长城冬奥冰雪运动之旅、长城自然生态休闲之旅、长城多元文化体验之旅、长城古城新貌发现之旅、长城古村名镇寻访之旅、长城多彩艺术感悟之旅。线路充分考虑各时代长城文物和文化资源的空间分布特征、历史文化科学价值、景观游览价值、保存完整性和规模丰度以及开放利用程度等，通过差异化的特色主题，全面展示长城的自然和文化景观，打造独具魅力的长城旅游新体验。

1. 长城文化遗产探访之旅

线路特色：长城是中华民族的代表性符号和中华文明的重要象征，是我国现存体量最大、分布最广的世界文化遗产，是人类历史上的伟大建筑奇迹。该线路以明长城为主干，串联起以明长城精华段落为核心的旅游景区，展示我国古代的建筑技术和军事防御思想，让人们在领略长城壮美雄姿的同时，了解长城沿线地区波澜壮阔的历史和丰富多彩的文化，增强文化自信和民族自豪感。

2. 长城红色精神传承之旅

线路特色：起来！不愿做奴隶的人们！把我们的血肉筑成我们新的长城！长城和中华民族的命运息息相关，凝聚了自强不息的奋斗精神和众志成城、坚韧不屈的爱国情怀，见证了中华儿女保家卫国、开拓进取的英雄事迹。中国共产党领导中国人民，矢志不渝，接续奋斗，谱写出震撼人心的史诗。该线路依托平型关、雁门关等长城抗战纪念地以及甘肃会宁、宁夏六盘山等地的全国红色旅游经典景区，联动沿线抗战、长征纪念设施等红色遗存，让人们铭记红色历史，赓续红色血脉，传承红色精神。

3. 长城冬奥冰雪运动之旅

线路特色：古老长城与奥运五环跨越时空紧紧相拥。2022 年，长城文化与冬奥文化完美融合，实现了“长城脚下看冬奥、冬奥赛场看长城”。长城成为让世界感知中国魅力的绝佳窗口，向世界展示了中华民族开放交流的文化自信、开放包容，展示了世界文化遗产保护的“中国智慧”和“中国经验”。该线路让人们在冬奥会赛事核心区欣赏长城景观，体验运动乐趣，感受长城所凝聚的自强不息的民族精神与更快、更高、更强、更团结的奥林匹克格言交融。

4. 长城自然生态休闲之旅

线路特色：跨沙漠，越草原，登高山，傍黄河，横扫千里戈壁，饮渤海波涛，长城与沿线地区广袤的山岭、草原、森林、戈壁、沙漠、黄河等生态资源交相呼应。本线路依托长城沿线各类自然景观资源，阐释人与自然和谐共生的价值理念，让人们感受人与自然和谐共生的雄浑壮丽景观，深刻领会“两山”理念的科学内涵，培育热爱祖国大好河山的情怀。

5. 长城多元文化体验之旅

线路特色：长城是安定与和平的保障，更是文明交融的丰碑。自秦汉至明清，长城守护着商业贸易路线的畅通无阻，留下茶马互市促进民族融合发展的浓墨重彩的一笔，也见证了游牧文化与农耕文化、中原文明与西域文明的交融发展，成为不同文明互通有无、交流互鉴的场所。该线路选取了丝绸之路、万里茶道、辽西文化走廊等商贸道路上的重要边关、古城，展现不同历史时期长城内外的多元文化。

6. 长城古城新貌发现之旅

线路特色：发现古城新貌，领略古城新韵。在波澜壮阔的历史长河中，长城沿线诞生了许多古城名镇。这些古城犹如珍珠点缀分布于万里长城巨龙之躯。曾经的边塞要地，现今已成为百姓宜居宜业的现代化城市。该线路主要选取明长城的九边十三镇以及中国历史文化名城，让人们探古览胜，品读古城文化，感受长城的勃勃生机与活力。

7. 长城古村名镇寻访之旅

线路特色：长城脚下一幅画，那是我故乡。长城沿线村镇，或依山傍水、幽静秀美，或保存了大量古迹，或拥有独特的民俗风情，承载着、铸就着万里长城的精神，有着无可替代的文化价值。他们是活着的长城，是中华文化传承的鲜活载体。长城国家文化公园建设的推进，让古村镇在文化和旅游融合发展中焕发生机与活力，开启了新时代乡村振兴的新篇章。

8. 长城多彩艺术感悟之旅

线路特色：源远文脉传古今。长城是一座稀世珍宝，沿线也聚集了一批有非凡艺术价值的文物古迹，石窟、岩画、雕刻、壁画等不胜枚举。同时，长城沿线还有众多展陈丰富的长城主题博物馆，记录着中华民族文化交融的辉煌。该线路通过对长城沿线的文物古迹以及主题博物馆进行串联，让人们一起打开长城文化宝库，感悟中华民族的多彩艺术，尽情体会闪耀其中的中华文明和智慧光彩。

资料来源：姜燕．文旅部发布8条长城主题国家级旅游线路［N］．新民晚报，2022-10-15.（部分改动）

人文景观综合体包括社会与商贸活动场所（EAA），军事遗址与古战场（EAB），教学科研试验场所（EAC），建设工程与生产地（EAD），文化活动场所（EAE），康体游乐休闲度假地（EAF），宗教与祭祀活动场所（EAG），交通运输场站（EAH），纪念地与纪念活动场所（EAI）等9个基本类型。

一、社会与商贸活动场所

社会与商贸活动场所是指进行社会交往活动、商业贸易活动的场所。社会与商贸活动场所通常是一个城市、地区或社区中商贸活动比较发达的地方，对旅游者具有一定的吸引力，如商场、超市、购物中心、批发交易市场、社区中心、广场等，可以充分体现一个城市或区域的商业特点和文化氛围。其中，社会交往活动场所类的旅游资源在城市、社区、乡村中都较为多见，一般为公共活动空间，如公园广场、村口广场、街道路旁的口袋公园等，提供休憩和休闲设施；商业贸易活动场所类的旅游资源拥有多样化商业服务设施，集购物、旅游、餐饮、娱乐、休闲多功能于一体的大型综合型购物中心，又因地方特色商品较多、物美价廉等颇具吸引力，通常是地方城市的商业综合体。商业综合体是源自“城市综合体”的概念，是将城市中商业、办公、居住、旅店、展览、餐饮、会议、文娱等城市生活空间的三项以上功能进行组合，从而形成一个多功能、高效率、复杂而统一的综合体。如上海新天地、苏州广电总台国际影视娱乐城、佛山岭南天地、大同东小城、深圳万象城、香港太古广场、台北101等。

知识链接

上海新天地

上海新天地是一个独具上海历史文化风貌和中西融合特色的都市旅游景点。它以上海近代建筑的标志石库门建筑旧区为基础，分为南里和北里两个部分。

南里以现代建筑为主，辅以石库门旧建筑。2002年正式开幕的南里，建成了一座总面积达25 000平方米的购物、娱乐、休闲中心。这座现代感的玻璃幕墙建筑内有各种独特的商户，包括具有世界各地特色的餐饮场所、时装专门店、时尚饰品店、电影院以及一站式健身中心。这里为本地居民和游客提供了多元化且品位独特的休闲娱乐场所。

北里由多幢石库门老房子组成，融合了现代化的建筑、装潢和设备，成为高级消费场所的聚集地。在南里和北里的分水岭——兴业路，是中国共产党第一次全国代表大会会址所在地，沿街的石库门建筑也成为凝结历史文化与艺术的城市风景线。

上海新天地旁边的太平桥公园绿地和人工湖为城市增添了一处宝贵的休闲空间。绿地占地44 000平方米，内有高大乔木和低坡景观，供人休憩。园中心是上海市中心最大的人工湖，占地12 000平方米，湖中央有大型喷泉，湖泊两端点缀着玉兰岛和合欢岛两个小岛。湖四周绿地种植了各种乔木和灌木。此外，湖滨路长1 200米，沿人工湖曲线而建，与湖西的石库门建筑相融合，成为市中心独特的景观。

上海新天地成功地将原有居住功能转变为商业经营功能，将具有历史文化的老房子改造成时尚、休闲文化娱乐中心。在这里漫步，仿佛时光倒流，置身于20世纪二三十年代的上海，当跨进建筑的内部，又充满了现代和时尚氛围。这独特的组合和巧妙的安排构成了一首上海交响乐，让海内外游客品味到独特的文化。2020年1月6日，上海新天地入选2019上海新十大地标建筑。

资料来源：百度百科（部分内容有修改）

二、军事遗址与古战场

军事遗址与古战场是指古时用于战事的场所、建筑物和设施遗存。在古代，我国发生了无数次重大战役，并对整个历史进程产生了巨大的影响。现如今这些古战场已经成为重要的旅游资源，吸引着众多的游客，如湖北省赤壁市境内的赤壁之战遗址、今河南省中牟东北地区的官渡之战遗址、山西省高平市的长平之战遗址等。军事遗址是中华民族百年奋斗、辉煌业绩的历史见证和文化载体。保护并开发利用近现代军事遗址，是学习、继承和发扬民族精神的最好途径。如中共中央军委机关旧址、抗战童子军四烈士纪念地等吸引着众多的游客前来缅怀先烈，祭奠英雄。

三、教学科研试验场所

教学科研试验场所是指各类学校和教育单位在开展科学研究的机构和从事工程技术试验场所进行观光、研究、实习的地方。随着社会经济的发展，人们对精神生活的需求越来越高，越来越多的人希望通过走进高等学府、科研机构等场所来开阔视野、增长知识、丰富阅历。因此，“名校游”已经成为暑期旅游的热门路线，让子女感受到名牌大学的风采，激励他们努力学习，是不少家长带领子女参观名校的愿望。近年来北京大学、清华大学、复旦大学、武汉大学、“美国十二天名校亲子之旅”等研学旅游专项旅游产品异常火爆。

四、建设工程与生产地

建设工程与生产地是指经济开发工程和实体单位，如工厂、矿区、农田、牧场、林场、茶园、养殖场、加工企业及各类生产部门的生产区域和生产线。建设工程与生产地是发展工业旅游、农业旅游的主要旅游资源。如青岛海尔、上海宝钢、广东美的、佛山海天等加工企业相继向游人开放，而以北京小汤山现代农业科技示范园、哈尔滨北方现代都市农业旅游示范园、苏州树山生态村等区域为代表的农业旅游也得到了众多游客的青睐。目前，基于建设工程与生产地开发了大批集体验、科普、休闲、购物、娱乐等功能于一体的工业、农业旅游示范点。

五、文化活动场所

文化活动场所是指进行文化活动、展览、科学技术普及的场所。文化活动场所最主要的功能就是展示科学文化知识，进行社会宣传，组织一些群众文化活动以及艺术活动，能够促进参观者体验到历史文化、现代科技的魅力，感受到社会的进步并产生对未来的憧憬，给予参观者归属感和认同感，对精神文明的建设起到了重要的作用。为此，各地纷纷利用各种主题来规划建设相关的文化活动场馆，如各种文化馆、图书馆、科技馆、展览馆、会展中心、城镇或社区文化广场等。如中国国家图书馆、俄罗斯国立图书馆、上海科技馆、米兰国际会展中心、中国进出口商品交易会展馆等。如位于北京市中关村南大街33号的中国国家图书馆，其毗邻海淀区白石桥高粱河和紫竹院公园，是国家总书库、国家书目中心和国家古籍保护中心，也是世界上最大和最先进的国家图书馆之一，并入选中国20世纪建筑遗产项目。

中国国家图书馆的历史可以追溯到1909年9月9日，当时称为京师图书馆。1931年，文津街馆舍建成，后来成为国家图书馆的古籍馆。随着新中国的成立，其更名为北京图书馆。1987年，新馆建成，1998年12月12日，国务院批准将北京图书馆更名为国家图书馆，也被称为中国国家图书馆。2023年9月，国家图书馆在建馆114周年之际上线10万册中文电子书资源，供读者免费在线阅读。2024年2月，国家图书馆入选第二期第一批技术与创新支持中心（TISC）筹建机构，并启动为期1年的筹建工作。

六、康体游乐休闲度假地

康体游乐休闲度假地是指具有康乐、健身、休闲、疗养、度假条件的地方。康体游乐休闲度假是现代旅游发展的新趋势，传统的观光旅游已不能满足人们追求舒适、体验、享受、健康的愿望。因此，在一些宁静、环境优美的地方，旅游经营者开发了具有保健、疗养、游乐和休闲设施的度假地，受到了众多游客的欢迎。如大连金石滩、青岛石老人、苏州太湖、无锡太湖、浙江之江、上海佘山、福建武夷山、福建湄洲岛、广州南湖、广西北海、海南亚龙湾、云南滇池等都是典型的例子。此外，云南昆明的春城湖畔度假村、江西庐山的天沐温泉、四川峨眉山的灵秀温泉、广东肇庆的广新农业生态园也都是康体游乐休闲度假的理想去处。这些地方为游客提供了丰富多样的康体活动和休闲选择，可以让其在度假中得到身心的滋养和放松。

七、宗教与祭祀活动场所

宗教与祭祀场所是指用于举行宗教祭祀和仪式活动的地方。中国的宗教拥有深厚的宗教传承、悠久的历史和独特的艺术遗存。特别是道教和佛教，在中国有着悠久的历史和广泛的影响力。宗教特别注重崇拜偶像，因此留下了许多著名的古迹、建筑和雕塑作品。这些遗迹如今已成为重要的旅游资源，为我们了解古代人们的宗教信仰、民俗文化和艺术追求提供了重要的途径。同时，宗教和祭祀文化与天文学、地理学、建筑学、书法、雕刻、音乐、舞蹈和文物等领域密切相关。

八、交通运输场站

交通运输场站是指用于运输通行的地面场站等。按照场站的类型，交通运输场站可以分为汽车站、火车站、地铁站等。按照业务类型，交通运输场站可分为客运站、货运站和客货运站等。按照年代不同，交通运输场站可以分为历史车站、现代车站。被旅游业所利用的通常是历史车站，也包括现代车站。如广州天河汽车客运站、济南长途汽车站、嘉兴火车站、阿尔山火车站、旅顺火车站、青岛地铁太平角公园站、上海地铁迪士尼站等。

九、纪念地与纪念活动场所

纪念地与纪念活动场所是指为纪念故人或开展各种宗教祭祀、礼仪活动的馆室或场地。如祭拜场馆、名人故居与纪念建筑、革命战争纪念地等。祭拜场馆是指为礼拜神灵、祭祀故人所开展的各种宗教礼仪活动的馆室或场地。如城镇守护神祠的城隍庙、富贵神祠的财神庙、消灾除难的天妃庙和娘娘庙等。名人故居与纪念建筑是指有历史影响的人物的住所或为其建设的纪念建筑物。我国历史源远流长，在历史长河中涌现出的著名历史人物如繁星般璀璨，为纪念这些历史名人和事迹，全国各地分布有众多的名人故居、纪念馆和纪念性建筑。革命战争纪念地是指纪念革命先辈、烈士及历史的纪念地与活动场所。

第三节　实用建筑与核心设施

案例导入

中国国家体育场（鸟巢）

中国国家体育场（鸟巢）坐落于北京奥林匹克公园中心区南部，是 2008 年北京奥运会的主要场馆。它占地 20.4 万平方米，建筑面积 25.8 万平方米，可容纳观众 9.1 万人。鸟巢承办了奥运会和残奥会的开闭幕式、田径比赛以及足球比赛的决赛等重要赛事。奥运会结束后，它成为北京市民参与体育活动和体育娱乐的主要场所，也成为地标性的体育建筑和奥运遗产。这座体育场由雅克·赫尔佐格、德梅隆、李兴钢等设计，由北京城建集团承担施工任务。其设计灵感来源于生命的“巢”和摇篮，象征着人类对未来的希望。设计师们没有添加多余的装饰，将结构暴露在外，因此其外观自然而独特。

国家体育场的建设始于 2003 年 12 月 24 日，于 2008 年 3 月竣工，总造价达 22.67 亿元。作为国家的标志性建筑和2008年北京奥运会的主要场馆，国家体育场具有显著的结构特点。它被评定为特级体育建筑，是一座大型体育场馆。主体结构可以使用100年，耐火等级为1级，抗震设防烈度为8度，地下工程的防水等级为1级。

2014年，中国当代十大建筑评审委员会在中国1000多座地标建筑中初选出20个建筑，最终确定了十大当代建筑，其中北京鸟巢——国家体育场名列其中。此外，鸟巢也成为2022年北京冬季奥运会的开幕式和闭幕式的举办地。

资料来源：百度百科（部分改动）

实用建筑与核心设施包括特色街区（EBA），特性屋舍（EBB），独立厅、室、馆（EBC），独立场、所（EBD），桥梁（EBE），渠道、运河段落（EBF），堤坝段落（EBG），港口、渡口与码头（EBH），洞窟（EBI），陵墓（EBJ），景观农田（EBK），景观牧场（EBL），景观林场（EBM），景观养殖场（EBN），特色店铺（EBO），特色市场（EBP）等16个基本类型。

一、特色街区

特色街区是指反映某一时代建筑风貌，或经营特色商品和商业服务的街道。特色街区由于塑造城镇景观和城镇优良形象的需要，它们或与城镇发展的历史息息相关，或是城镇中重要的商贸集散地。作为历史街区型的特色街区，可充分利用其丰富的文化内涵与历史古迹，满足游客对某一城镇或区域的探求心理。如北京王府井大街以悠久的历史、博大精深的传统文化和丰富的商品、繁华的商业建筑而成为集购物、休闲、文化、娱乐、旅游、餐饮、商务、住宿于一体的综合性商业步行街，号称"中华第一商业街"；又如位于哈尔滨市道里区的哈尔滨中央大街，全长1400米，始建于1900年，全街建有欧式及仿欧式建筑71栋，汇集了文艺复兴式、巴洛克式及现代式多种风格，是国内罕见的一条建筑艺术长廊，现为哈尔滨市最繁华的步行商业街。除此之外，如法国巴黎香榭丽舍大道、德国波恩布莱特大街、上海新天地、杭州的河坊街、南京市秦淮区夫子庙步行街等都是特色街区的代表。

二、特性屋舍

特性屋舍是指具有观赏游览功能的房屋。各地的特色民居通常具有地方建筑风格和历史色彩，并以独特的建筑风貌、多样的历史文化遗迹、深厚的地方人文内涵、特有的传统民俗文化活动、古朴的环境氛围等为主要吸引点，吸引着大批的游客参观、体验。传统与乡土建筑应该是整个存在于乡土社会中，与生产生活相关的建筑。除了有单纯的住宅外，还包括寺庙、祠堂、书院、戏台、酒楼、商铺、作坊、牌坊、小桥等。如山西王家大院、北京四合院等都是我国著名的传统与乡土建筑。

三、独立厅、室、馆

独立厅、室、馆是指具有观赏游览功能的景观建筑。在古代园林、宅第中，"厅"多具有小型公共建筑的性质，用以会客、宴请、观赏花木等。在古代园林中，有“凡园圃立基，定厅堂为主”的说法。厅堂的位置确定后，全园的景色布局才依次衍生变化，形成各种各样的园林景致，是园林中的主体建筑。这里的“室”和“馆”是与厅功能相似的景观建筑，满足观赏、游览和休憩等功能。如卅六鸳鸯馆，是中国四大园林之一的拙政园中一个带有耳室的鸳鸯厅，中间分为南北两厅，南厅名为十八曼陀罗花馆，北厅名为卅六鸳鸯馆。取《真率笔记》中“霍光园中凿大池，植五色睡莲，养鸳鸯卅六对，望之灿若披锦”的语意命名。卅六鸳鸯馆内顶棚采用拱形状，既弯曲美观，遮掩顶上梁架，又利用这弧形屋顶来反射声音，增强音响效果，使得余音袅袅，绕梁萦回。此馆环境幽雅，陈设古色古香，兼顾生活、宴饮、聚会、演出等多种功能。

四、独立场、所

独立场、所是指具有观赏游览功能的文化、体育场馆等空间场所。随着人们闲暇时间的增加，以及对美好生活的向往，各种戏剧院、主题演艺馆、音乐厅、博物馆、美术馆、图书馆、体育馆等成为人们日常休闲和旅游休闲的重要载体。与文化活动场所相比，独立场、所的功能相对单一且固定。如中国国家体育场（鸟巢）、中国国家图书馆、维也纳音乐厅、中国故宫博物院、法国卢浮宫等。

五、桥梁

桥梁是指跨越河流、山谷、障碍物或其他交通线而修建的架空通道。建桥的目的是允许人、车辆、火车穿过障碍。桥可以横跨河谷或者海峡两边，又可以在地上升高，横跨下面的河或者道路，让交通畅通无阻。中国是桥的故乡，自古就有“桥的国度”之称，造桥历史悠久，早在5000~6000年前的半坡遗址中已有桥梁建筑。遍布在神州大地的桥，编织成四通八达的交通网络，连接着祖国的四面八方。中国古代桥梁的建筑艺术，有不少是世界桥梁史上的创举，充分显示了中国古代劳动人民的非凡智慧与才能。赵州桥、洛阳桥、广济桥与卢沟桥并称中国古代四大名桥，是中国桥梁建筑中的一份宝贵遗产。随着现代科技的发展，我国各地的桥梁也逐渐增多，如杭州湾跨海大桥、港珠澳大桥等。

知识链接

古代中国四大名桥

1. 安济桥

安济桥就是著名的赵州桥，坐落于中国河北省赵县城南五里处的洨河上。它是由隋朝石匠李春设计并建造，距今已有近1400年的历史，是世界上现存最古老、最雄伟的石拱桥。这座桥只用了一个单孔石拱来跨越洨河，呈弧形，总长50.82米，宽9.6米，跨度为37.37米。赵州桥是世界上第一个采用“敞肩拱”结构的桥梁，这项工程堪称科学的杰作。像赵州桥这样古老的大型敞肩石拱桥，世间少有。虽然欧洲在14世纪时出现了泰克河上的赛雷桥，但它比中国的赵州桥晚了700多年，并且已经被洪水毁坏无存。

2. 泉州洛阳桥

泉州的洛阳桥，也称为万安桥，位于福建省泉州市东郊的洛阳江上，是一座著名的梁式古石桥。它始建于北宋皇祐五年（1053 年），原长为 1200 米，共有 46 座桥墩，规模宏大。这座桥由当时的郡守蔡襄主持建造，工程异常艰难。为了确保桥基和桥墩的牢固连接，采用了一种独特的方法，称为“种蛎固基法”，这是世界上独一无二的桥梁建筑技术。洛阳桥是世界上最早采用筏形基础的桥梁之一，被列为国家重点文物保护单位。

3. 广济桥

广济桥，又名湘子桥，位于中国广东省潮州市潮安县潮州镇东部，横跨韩江。这座桥的建造始于南宋乾道六年（1170 年），历时 57 年才完工，总长 517.95 米，分为东西两段，中间一段宽约百米。由于水流湍急，未能在中间架设桥梁，只能使用小船进行渡河，当时称为济州桥。到了明宣德十年（1435 年），桥经过重修，并增加了五座桥墩，被更名为广济桥。这座桥是世界上最早采用开关活动式的大石桥。广济桥上还设有望楼，是中国桥梁史上的创举。

4. 卢沟桥

卢沟桥位于中国北京市丰台区永定河上，始建于金代，明清两代曾进行过较大规模的修复和重建，是北京现存最古老的连拱石桥。卢沟桥全长 266.5 米，宽 7.5 米，由 11 孔石拱组成。桥面两侧设有石栏，石柱之间还镶嵌着石栏板，桥的两端各有华表、御碑亭、碑刻等装饰，桥旁的两座正方形汉白玉碑亭也格外精美。卢沟桥以其精湛的石刻艺术而著名，长期以来享有盛誉。1937 年，卢沟桥成为七七事变的发生地，标志着日本帝国主义侵略中国的开始，因此也成为具有重要历史意义的建筑物。

资料来源：百度百科（部分改动）

六、渠道、运河段落

渠道、运河段落，通常指的是正在运行的人工开凿的水道段落。这些渠道和运河被用来沟通不同地区或水域之间的水运，一般会与自然水道或者其他运河相连。除了航运，运河还有很多其他作用，如灌溉、分洪、排涝和供水等。

在中国，为了解决航运和疏浚等问题，很早就开始开挖运河等水利工程。这些工程的流程范围非常广泛，常常跨越辽阔的地区。例如，秦代沟通湘江和漓江的渠道，以及元代开通的京杭大运河等，都是较为著名的例子。

京杭大运河是中国第二条“黄金水道”，仅次于长江，也是世界上开凿最早，长度最长的一条人工河道。这条运河从公元 486 年开始开凿，1293 年全线通航，经历了三次较大的兴修过程。

目前，京杭大运河的通航里程为 1442 千米，南起杭州，北到北京，途经浙江、江苏、山东、河北、天津和北京六个省市。这条运河沟通了海河、黄河、淮河、长江和钱塘江五大水系。保护好京杭大运河对于传承人类文明、促进社会和谐发展具有极其重大的意义。

七、堤坝段落

堤坝段落通常是指在海、河、湖岸上所筑的堤坝，以防止海潮、洪水的侵袭。这些构筑物往往建筑宏伟，气势磅礴，同时周边环境优美，景色雄伟壮观。我国古代著名的堤坝包括鉴湖堤坝、荆江大堤和黄河大堤等。鉴湖堤坝，位于浙江绍兴城南，鉴湖又名镜湖、长湖，该堤坝是长江以南最早的大型塘堰工程之一，由会稽太守马臻在东汉永和五年主持修建。荆江大堤，始建于东晋永和元年至兴宁二年间，相传荆州刺史桓温令陈遵沿江陵城筑金堤，是大堤最早的记载。黄河大堤，春秋中期形成，位于河南省和山东省内河交界，是河南省、山东省境内河道两岸修筑的束范河水的堤防。现代堤坝包括葛洲坝、三峡大坝等。这些堤坝在防洪、灌溉、发电等方面发挥着重要作用，为人类的生产和生活提供了重要的保障。

八、港口、渡口与码头

江、河、湖、海沿岸开展航运、过渡、商贸和渔业等活动的地方被称为港口、渡口与码头。港口是水陆联运的交通枢纽，可以供船舶安全进出和停泊。港口是水陆交通的交会点和枢纽，同时也是工农业产品和外贸进出口物资的集散地，为船舶提供停泊、装卸货物、上下旅客的地方。渡口是道路越过河流以船渡的方式衔接两岸交通的地点，是连接河流两岸的重要交通节点。码头则是海边、江河边专供轮船或渡船停泊，让乘客上船下船、装卸货物的建筑物。

通常情况下，码头与港口、渡口等伴生。港口、渡口与码头的代表有中国的香港港、广州港、黄河古渡口、扎陵湖渡口、蛇口码头、福永码头，以及美国洛杉矶港、俄罗斯符拉迪沃斯托克港等。

九、洞窟

洞窟是因水的溶蚀、侵蚀、风蚀作用而形成的一种可以进入的地下空洞。溶洞是可溶性岩石中因喀斯特作用形成的地下空间，是石灰岩地区地下水长期溶蚀的结果。由于石灰岩层各部分含石灰质的程度、被侵蚀的程度不同，逐渐被溶解分割成千姿百态的山峰和奇异景观的溶洞，该地貌通常被称为喀斯特地貌。

溶洞具有“奇”“险”“幽”等美感特征，可以开展观赏游览、科学考察、探险等旅游活动。被风蚀的洞穴一般多见于崖壁，当然也有水和风共同侵蚀作用下形成的空洞，多见于海岸交界地带。

知识链接

桂林七星岩景区

桂林七星岩景区位于桂林市中心漓江东岸，占地约 137 公顷。因七座山峰的分布恰似天空高悬的北斗七星而得名。景区汇聚了桂林的独特魅力，包括山清、水秀、洞奇、石美等自然景观，展现了浪漫和激情的氛围。它是桂林文化山水的标志性景点，受到世界旅游组织的推荐，是国家重点名胜风景区，也是中国首批 AAAA 级景区之一。

七星岩有着悠久的历史，早在五六世纪就有了文字记载。古时它曾被称为栖霞洞、仙李洞、碧虚岩等。原本是一段地下河道的七星岩，由于地壳变动，地下河上升露出地面成为岩洞，已有百万年的历史。雨水长期沿洞顶裂隙渗入并溶解石灰岩，在洞内形成许多石钟乳、石笋、石柱、石幔和流石坝，犹如一条壮观的地下画廊。

七星岩分上、中、下三层，上层仅存老君台等残存的洞迹，下层是脚下仍在发育的地下河，中层是游客主要的游览区域。游程长达 814 米，最高处达 27 米，最宽处为 49 米。洞内温度常年保持在 20℃左右。自 1300 年前的隋唐时代起，七星岩就已成为游览胜地。在桂林的旅游景点中，七星岩因其溶洞风光而备受游客青睐。为了给游客带来更美好的体验，该景区引进了多项高新技术，如激光、光导和多媒体等，力求为游客呈现出一幅全新的洞内奇观。景区内包括中国最大的钟乳石狮、神奇的龙宫、长城梯田、上海外滩、桂林缩影、象鼻山、航空母舰、天然壁画等奇观。

资料来源：百度百科（部分改动）

十、陵墓

帝王、诸侯陵寝及领袖先烈的坟墓被称为陵墓。是我们缅怀先人烈士、探究历史文明、文化体验观光的重要载体。陵墓包括陵寝陵园、墓（群）、悬棺等。

（一）陵寝陵园

陵寝陵园主要是古代帝王、后妃的墓地及附属宫殿建筑以及以墓葬为主的园林，如帝王陵寝和革命烈士陵园。

君王之墓最早称为陵，始于春秋。赵肃侯十五年起寿陵，至秦惠文王规定“民不得称陵”起，陵便成为帝王墓葬专有的词汇。据《后汉书·明帝纪》记载，秦始皇曾将宗庙之寝移至陵边一侧，西汉沿袭此做法，将宗庙建在陵园附近，确立了陵寝制度。明代时，建立了“前朝后寝”的帝王陵宫制度，以及“前圆后方”的陵墓格局。这种格局在中国帝王陵墓建筑史上具有里程碑的意义。秦、汉、唐、明、清等朝代的帝陵规模宏大且保存较好，如秦始皇陵及兵马俑陪葬坑、汉阳陵和汉茂陵、唐昭陵、唐乾陵、明十三陵以及清西陵等。

革命烈士陵园是为了纪念为中国解放和民族独立而英勇牺牲的烈士而建的专用墓园，用于进行爱国主义教育、勿忘国耻教育。如江西井冈山革命烈士陵园、董存瑞烈士陵园、重庆歌乐山革命烈士陵园等。

（二）墓（群）

墓（群）是单个坟墓、墓群或葬地。成为旅游资源的墓（群），按其旅游价值内涵可分为以下三类：

(1) 民族文化价值陵墓。民族文化价值陵墓是指为祭奠华夏民族祖先，根据传说而建的陵墓，如三皇五帝之墓。

(2) 历史文化价值陵墓。历史文化价值陵墓是指中国社会发展历史上的领袖、名人等墓葬。如北京毛主席纪念堂、江苏南京中山陵等。

(3) 美学艺术价值陵墓。美学艺术价值陵墓是指由于其特殊的建筑形式及艺术成就而具有独特价值的陵墓。如山东长清孝堂山郭氏墓祠。

(三) 悬棺

悬棺是指在悬崖上停放的棺木，是中国南方古代少数民族的葬式之一，通常是在悬崖上凿数孔，钉以木桩，将棺木置于其上，或将棺木一头置于崖穴中，另一头架于绝壁所钉木桩上，人在崖下可见棺木，故名。如宁武石门悬棺。

十一、景观农田

景观农田是指具有一定观赏性功能的农田。通常是指农作物在较大的空间上形成的美丽景观，使农业的生产性与审美性相结合，是生产、生活、生态三者的有机结合体。由于目前乡村旅游的发展，景观农田成为重要的旅游资源吸引着大批的旅游者，由此也诞生了大批具有创意的农田景观旅游产品，如稻田画、油菜花艺术画。

稻田作画，又称稻田彩绘，主要是以绿色及紫色叶水稻种植于水田中，栽种时先在农田里用传统画线器，画出九宫格，依图样定出坐标，再牵线描出图样或字体轮廓，最后种上紫色叶水稻秧苗，随着水稻生长，就会呈现出预先规划的图形或文字。油菜花艺术画是以油菜花的色彩，搭配麦子、水稻等农作物，设计出具有创意的油菜花大地艺术画。如2008年四川省江油市出现的“千年李白回归大地”图案、上海巨型大地“油”画长卷《丝绸之路》等。

十二、景观牧场

景观牧场是指具有一定观赏游览功能的牧场。牧场一种是指适于放牧的草场，一种是指经营畜牧业的生产单位。我国草场资源位于世界第二位，仅次于澳大利亚。随着我国自驾游的盛行，这些牧区迎来了源源不断的游客。针对经营畜牧业的生产单位，牧场主要用于饲养哺乳型食草家畜，如牛、马、羊。随着休闲旅游的不断发展，牧场除了畜牧的本业外，还转型成农村体验、生态保育，以及自然休闲的度假胜地。如河北君乐宝乳业优致牧场、内蒙古子昂牧业奶牛主题公园、黑龙江飞鹤乳业观光牧场、洛阳生生乳业农牧庄园、陕西农垦牧业华山牧场。

十三、景观林场

具有一定观赏游览功能的林场通常被称为景观林场。林场是从事培育、管理、采伐森林的地方和单位，不仅在我国森林培育和保护方面取得了巨大的成就，同时，也是极具潜力的旅游资源。林场资源在夏季可以成为避暑胜地，在秋季形成壮观的色叶林，在冬季皑皑白雪的装点下更是有一番不同的雪景体验。

知识链接

50 家国有林场获 2023 年度“十佳林场”称号

按照《中国林场协会十佳林场认定办法》的有关规定，经各省级国有林场主管部门审核推荐，中国林场协会组织专家审定，决定授予北京市平谷区丫吉山等 50 家国有林场单位 2023 年度“十佳林场”称号。

获得 2023 年度“十佳林场”称号的林场包括：北京市平谷区丫吉山林场、河北省国营涞源县白石山林场、山西省桑干河杨树丰产林实验局梁家油坊中心林场、太行山国有林管理局景尚林场、太行山国有林管理局坪松林场、内蒙古自治区呼伦贝尔市阿荣旗库伦沟林场、辽宁省桓仁满族自治县枫林谷林场、吉林省柳河县国有林总场、龙井市国有林总场、黑龙江省鸡西市前进林场、尚志国有林场管理局小九林场、嘉荫县马连林场、江苏省句容市磨盘山林场、浙江省宁海县五山林场、安徽省安庆市大龙山林场、宣城市宣州区宛陵林场、福建省厦门坂头国有防护林场、永春碧卿国有林场、邵武故县国有林场、江西省萍乡市五峰林场、万载县森工林场、崇义县国有林场总场、赣州市犹江林场、山东省聊城市茌平区国有广平林场、济南市国有柳埠林场、淄博市鲁山林场、环翠区华夏生态林场、河南省国有卢氏林场、国有内乡万沟林场、国有灵宝川口林场、湖北省神农架林区红花朵林场、罗田县国有天堂寨林场、国有竹溪县双竹林场、湖南省古丈县高望界国有林场、江华瑶族自治县江华国有林场、芷江侗族自治县五郎溪国有林场、广西壮族自治区国有钦廉林场、四川省绵竹市国有林场、重庆市开州区国有马云林场、武隆区国有白马山林场、铜梁区双碾林场、巫溪县红池坝林场、陕西省宝鸡市陈仓区国有冯家河林场、甘肃省张掖市甘州区黑河林场、白龙江林业保护中心迭部生态建设管护中心腊子口林场、小陇山林业保护中心榆树林场、青海省西宁市西山林场、西宁市纳家山林场、宁夏回族自治区平罗县林场、新疆维吾尔自治区天山东部国有林管理局奇台分局。

资料来源：中国绿色时报（部分改动）

十四、景观养殖场

景观养殖场是指具有一定观赏、游览功能的养殖场。养殖场是将一定数量的具有经济价值的动物集中到特定区域内统一饲养、繁殖的场所。很多养殖场因为独特的养殖对象、巨大的养殖规模、先进的养殖技术等原因形成了独特的观赏价值，成为独特的景观。养殖包括家畜养殖、家禽养殖、水产养殖和特种养殖等种类。随着乡村旅游的兴起，养殖场也逐渐变身休闲区，成为养殖流程的科普教育基地。同时，在养殖场与旅游的产业融合的过程中，养殖场科技化、景观化特点也逐渐凸显。

如惠州李艺金钱龟生态园，其最初是李艺养金钱龟的农家小院，经过30年的精心经营与发展，已由27平方米扩展到23万平方米，生态立体养殖面积达4万平方米，是世界上目前规模最大、生态设计理念最新的金钱龟养殖场。生态园建造有万龟楼、金钱龟文化长廊、金钱龟基因种群库、野龟岛、喜龟亭、金光大道等20多个景点供游客参观。龟缘阁展出有作家贾平凹、谢有顺、陈文的书画作品；金龟堂挂有书画家陈永锵、纪光明、吴行、许固令的作品，园区内陈列多座青年艺术家的当代雕刻与艺术装置作品，为乡村旅游提供了有益的参观与新颖视觉。李艺金钱龟生态园已获批为国家3A级旅游景区，荣获全国休闲渔业示范基地、广东省休闲农业与乡村旅游示范点、广东重点农业龙头企业等40多个称号。

十五、特色店铺

特色店铺是指具有一定观光游览功能的店铺，是销售某种特色商品的场所，特别是那些历史悠久、品牌从古流传至今、产品声誉名扬世界的“老字号”店铺，以及一些在历史发展过程中与某些著名历史人物或重大历史事件有关的店铺。特色店铺是旅游者到访旅游目的地必然追寻、浏览的场所。目前，我国各大旅游城市均拥有诸多特色店铺，如北京的全聚德烤鸭、六必居酱园、同仁堂药店，天津的狗不理包子、哈尔滨的华梅西餐厅等。

十六、特色市场

特色市场是指具有一定观光游览功能的市场。由于特色市场拥有较大的规模而闻名全国，通常是国内外旅游者前往一个城市参观游览、购物体验的主要对象。目前，各地也出现了诸多的特色市场、特色商城，如浙江义乌小商品市场、海宁中国皮革城、沈阳“五爱市场”、西安古玩城等。同时，由于其具有的独特优势，浙江义乌小商品市场、海宁中国皮革城已成功创建了国家A级旅游景区。

第四节　景观与小品建筑

案例导入

古建筑与传统文化

建筑，是一种与民族，尤其是文化紧密相连的供人类居住、活动、寄藏的物质载体。它无一不打上文化的印记，同时还会打上时代的印记。建筑，是一种物质形态，受制于当时的经济发展水平与科技发展水平；建筑又是一种文化形态，它的身上一般会体现着它的出身特质，当外来文化进入的时候，它又会吸收外来文化的影响，对自己进行改造甚至颠覆。所以，追寻一个地方的建筑之史，可从一个特殊的角度探寻它的文化史。而古建筑以其独特的形象、无声的语言在昭示着这个地方的历史底蕴与文化辉煌。

中华民族在长期的发展历程中形成了自己独特的文化，同时也形成了独特的中华建筑特色，这是我们可以骄傲地立于世界民族之林的一个重要方面。中华大一统的文化，成就了许多文化观念，如中庸之道、天人合一思想、和同观念、等级观念，这些无一不在中华建筑中打上烙印。中华土地之广，使得各个地方的建筑又带上各地的地方特色，但其服从于总的中华观念则是一致的。

国之大事，唯祀与戎，故坛庙祠堂总是当地最尊崇的建筑。而国家治理又体现着统一政权的权威，故官府衙门，必须严肃庄重。因此上述建筑无一不是贯彻中轴线原则，十分讲究对称与循序渐进。官宦之家，富豪之宅，或是大院，或是建筑群落，也无不贯彻这些原则。即使是普通民宅，也会以中堂中厅，外加横屋的均衡配置来体现这些思想。居家讲平正，但后花园又强调变化与打破对称，寻求曲径通幽的休闲与雅趣。

资料来源：何歌劲．古建筑与传统文化［N］．湘潭日报，2019-08-25（002）．（部分改动）

景观与小品建筑包括形象标志物（ECA），观景点（ECB），亭、台、楼、阁（ECC），书画作（ECD），雕塑（ECE），碑碣、碑林、经幢（ECF），牌坊牌楼、影壁（ECG），门廊、廊道（ECH），塔形建筑（ECI），景观步道、甬路（ECJ），花草坪（ECK），水井（ECL），喷泉（ECM），堆石（ECN）14 个基本类型。

一、形象标志物

形象标志物是指能反映某处旅游形象的标本物。形象标志物是作为旅游目的地的典型代表及核心价值体现，是旅游目的地的代名词，也是旅游者造访的原动力，凝聚着旅游目的地的文脉和精髓。形象标志物一般位于区域的显要位置，如城市的核心区域、景区入口、主要道路的道路交叉口，通常以构筑物、标志标牌、雕印、植物造型、公共艺术等方式呈现。这些形象标志物必须具有造型上的艺术性，并与区块旅游文化结合，成为反映该区域旅游形象的标志物。如美国的自由女神像，全称自由女神像国家纪念碑，又名自由照耀世界，位于美国纽约自由岛。1865 年，爱德华 · 德 · 拉布拉耶建议，法国在美国建国 100 周年之际，赠送一尊代表自由的雕像，即自由女神像。自由女神像重 45 万磅，高 46 米，底座高 45 米，整座铜像以 120 吨钢铁为骨架，80 吨铜片为外皮，30 万只铆钉装配固定在支架上，总重量达 225 吨。

二、观景点

观景点是指用于观赏景观的场所。观景点是承载静态观景活动的区域，主要由区域位置和建筑主体、安全休憩设施、周边环境等组成。景区景点为游客提供了能够从各个方面来欣赏景观的良好观赏点，使游客在游览过程中获取最富有艺术情趣的视觉体验效果。游客在游览行进过程中，因观赏视距、观赏角度等因素对同一景观会产生不同的视觉效果，即“远近高低各不同”。对于宏大的景观适宜从远处、高处观看；对于精致微小的景观，可以采用近处、低处观看等观赏方式。著名的观景点如张家界黄石寨观景台、庐山三叠泉瀑布观景点等。

三、亭、台、楼、阁

亭、台、楼、阁是供游客休息、乘凉、观景的建筑。

（一）亭

亭，是一种敞开的小型建筑物，主要供游客眺望、观赏、休息和娱乐。“亭”在造园艺术中的广泛应用，标志着园林建筑在空间上的突破。在建筑艺术上，亭集中了中国古代建筑最富民族形式的精华。按平面形状，可分为三角亭、方亭、矩形亭、六角亭、八角亭、圆亭、扇面亭、梅花亭、套方亭等。按屋顶形式，可分为单檐亭、重檐亭、攒尖亭、盝顶亭、歇山亭等。按所处位置，分为桥亭、路亭、井亭、廊亭等。我国苏州园林素以亭多著称，即“有园必有亭”，如苏州的沧浪亭，拙政园中的松风亭、嘉实亭都是著名的亭。

（二）台

台，是指高出平面的凸形地势或置物，是最古老的园林建筑形式，古代的宫殿建筑多建于高台之上。早期的台是一种高耸的夯土建筑，以作登眺之用，其功能主要是祭祀，兼有观景和娱乐功能。自然形成的台，如南京雨花台；人为建筑的台，如登封观星台。人为建筑的台多是为便于人们在上面远望而建筑，并成为某个地方的标志物；也有怀有纪念意义的台型建筑，如武汉古琴台，为纪念俞伯牙和钟子期的友情佳话。

（三）楼阁

在我国古代，楼与阁是有区别的，楼指重屋，阁指下部架空、底层高悬的建筑。宋以后楼与阁已无严格区别。楼阁是用于藏书、远眺、巡更、饮宴、娱乐、休憩、观景等目的而建的二层或二层以上建筑。其体量、高度远远超过周边一般低平建筑，可以压住周围的环境，故成为主景。按功能分，有观景楼、藏经楼、钟楼、鼓楼、箭楼、城楼、敌楼、茶楼、酒楼、过街楼等，其中以建筑艺术高超和观景的楼阁旅游价值较高。如黄鹤楼、滕王阁与岳阳楼合称江南三大名楼，是我国古代著名楼阁的代表。除此之外，天津蓟县县城内独乐寺的观音阁、蓬莱观海的蓬莱阁、青岛栈桥回澜阁等也是国内著名楼阁的代表。

四、书画作

书画作是指具有一定知名度的书画作品。建筑类的书画作品主要是指摩崖字画，即在山崖石壁上镌刻的文字、绘制的图画，又可称为摩崖石刻，包括刻字和岩画。摩崖字画拥有丰富的历史内涵和史料价值。许多山崖上镌刻的文字体裁多样，有诗词、碑记、对联、题名、题记等。涉及一个地区的历史、地理、军事、宗教、社会风俗等各个方面，成为一定的旅游资源，吸引着较多的游客。这些不同年代、不同民族文字的摩崖字画或富于天然之意趣，或体量巨大气势恢宏，或为名家手笔，为秀美的自然风景增加了深厚的人文内涵。我国著名的摩崖字画有山东泰山摩崖石刻、福建武夷山摩崖石刻、安徽齐云山摩崖石刻、陕西汉中褒斜道摩崖石刻、江西赣州通天岩摩崖石刻以及宁夏贺兰山岩画、广西左江花山岩画、内蒙古桌子山岩画、新疆阿尔泰山岩画、江苏连云港将军崖岩画等。

五、雕塑

雕塑是指用于美化、纪念而雕刻塑造的具有一定寓意、象征或象形的观赏物和纪念物。雕塑是造型艺术的一种，也被称为雕刻，包括雕、刻、塑三种创制方法。雕塑是用石膏、树脂、黏土等可塑材料，或木材、石头、金等可雕刻的硬质材料，创造出具有一定空间的可视、可触的艺术形象。雕塑是反映社会生活，表达艺术家的审美感受、审美情感、审美理想的艺术。

现代雕塑可以从形式、材质、环境，以及功能等方面进行区分。①按形式，分为圆雕、浮雕、透雕。圆雕，也被称为立体雕，是指可以多方位、多角度欣赏的三维立体雕塑。浮雕是雕塑与绘画结合的产物，用压缩的办法来处理，靠透视等因素来表现三维空间，并仅供一面或两面来观看。透雕是在浮雕的基础上，镂空其背景部分。②按材质，分为玻璃钢雕塑、不锈钢雕塑、铸铜雕塑、石雕、砂岩雕塑、陶瓷雕塑、木雕、石膏雕塑、玉雕等，每种材质都有其自身价值和特点。③按环境，分为城市雕塑、园林雕塑、室内雕塑、室外雕塑、校园雕塑、广场雕塑、公园雕塑等。④按功能，分为纪念性雕塑、主题性雕塑、装饰性雕塑、功能性雕塑和陈列性雕塑等。代表雕塑如灵山大佛、中原大佛、炎黄二帝塑像等。浙江省开化县的“根宫佛国”景区的五百罗汉根雕群更是让人震撼。

六、碑碣、碑林、经幢

碑碣、碑林、经幢是指雕刻记录文字、经文的群体刻石或多角形石柱。

（一）碑碣

古人通常把长方形的刻石叫“碑”，把圆首形、方圆之间、上小下大等现状的刻石，叫“碣”。秦始皇刻石纪功，大开树立碑碣的风气。东汉开始碑碣逐渐增多，有碑颂、碑记，又有墓碑，用以纪事颂德。碑的形制有了一定的格式。唐代，碑和碣的用法有一定的区别，五品以上的用碑，五品以下的用碣，到后世往往混用，碑碣内容也不断丰富，成为研究各朝代政治、经济与文化的宝贵文字资料。另外，碑碣本身也具有宝贵的艺术价值，不仅碑上的文字是书法艺术的体现，碑额、碑身、碑座的雕刻纹饰也体现出不同时代的精神象征。因此，碑碣具有较高的历史文化价值和艺术价值，是吸引游客的重要的旅游资源。我国著名碑碣代表有成都武侯祠内的唐碑、河北唐县的“六郎碑”等。

（二）碑林

碑林是指将众多矗立的石碑集中在某一园中，供人们观瞻欣赏、研习借鉴的场所。古代碑林具有极高的文献价值、艺术价值。陕西西安碑林、山东曲阜孔庙碑林、台湾高雄南门碑林、四川西昌地震碑林被称为中国四大碑林。西安碑林，是我国收藏古代碑石墓志时间最早、名碑最多的一座艺术宝库，有着巨大的历史和艺术价值。山东曲阜孔庙碑林，矗立着198块碑刻，记录着元、明、清三个朝代51 624名进士的姓名、籍贯与录取名次，其见证了旧时的科举制度，也是我国著名的碑林。台湾高雄南门碑林，也称大碑林，碑亭内陈列了61座清代遗留至今的碑碣，数量相当庞大。四川西昌地震碑林，位于西昌市南泸山光福寺内。石碑上记有西昌、冕宁、甘洛、宁南等历史上发生的几次大地震的情况。

（三）经幢

经幢是中国古代仪仗中的旌幢，是在竿上加丝织物做成，又称幢幡。经幢具有一定的宣传性和纪念性。最早是由于印度佛教的传入，特别是唐代中期佛教密宗的传入，将佛经、佛像书写在丝织的幢幡上。为保持佛经、佛像经久不毁，后来改为书写在石柱上。由于刻的主要是《陀罗尼经》，因此称为经幢。我国著名经幢代表有五台山佛光寺经幢、河北赵州陀罗尼经幢、无锡惠山唐宋经幢等。

七、牌坊牌楼、影壁

牌坊牌楼、影壁是指为表彰功勋、科第、德政以及忠孝节义所立的建筑物，以及中国传统建筑中用于遮挡视线的墙壁。牌坊牌楼是中华特色建筑文化之一，多用于世俗建筑、寺院建筑之中。牌坊牌楼也是祠堂的附属建筑物，昭示家族先人的高尚美德、丰功伟绩，同时还有祭祖的功能。如北京明十三陵超大石牌坊，是中国现存最大、最早的石坊建筑，位于北京市昌平区天寿山明十三陵神路最南端，明嘉靖十九年所建。为汉白玉砌成，面阔五间，六柱十一楼，宽28.86米，坊高14米。

影壁，起源于中国，又称照壁、影墙、照墙等。影壁是我国古代寺庙、宫殿、官府衙门和深宅大院前的一种建筑，即门外正对大门以作屏障的墙壁。影壁，作为建筑组群前面的屏障，以别内外，并增加威严和肃静的气氛，同时，还具有装饰的意义。影壁作为中国建筑中重要的单元，与房屋、院落建筑相辅相成，组合成一个不可分割的整体。著名的影壁有北京故宫的九龙壁、中南海新华门内的“为人民服务”影壁等。

八、门廊、廊道

门廊、廊道是指门头廓形装饰物，不同于两侧基质的狭长地带。该类旅游资源在园林中较为常见，其不仅具有通道和阻隔的双重作用，更是一种观赏的资源，是中国园林中最富有可塑性与灵活性的建筑。明末造园家计成在《园冶》中提到：“廊宜曲宜长则胜。”其随形而变，依势而曲，蜿蜒无尽，方能引人入胜。颐和园的长廊是我国园林中最长的廊道，全长728米，有留佳、寄澜、秋水、清遥四个亭子筑于廊里，分别象征着春、夏、秋、冬四季。除此之外，徽派民居门廊、白族民居门廊、苏州园林中的复廊、北海公园漪澜堂和道宁斋之间的双层廊等也别具特色。

九、塔形建筑

塔形建筑是指具有纪念、镇物、标明风水和某些实用目的的直立建筑物。由于佛教的传入和发展，中国高台建筑、楼阁建筑融入了印度式佛塔的元素，形成具有中国特色的典型塔形建筑物。在我国，塔的种类很多，按造型划分包括楼阁式塔、密檐式塔、覆钵式塔、金刚宝座式塔等。

楼阁式塔，源于中国传统建筑中的楼阁形式，可以登高远眺。楼阁式塔为数众多、历史最久，最为壮观。著名的代表有陕西西安大雁塔、山西应县木塔等。密檐式塔，以外檐层数多、间隔小而得名。塔下部第一层塔身特别高，以上各层则塔檐层层重叠，距离很近。密檐式塔塔内大都是实心，人们不能登临，著名的代表有河南登封嵩岳寺塔、西安小雁塔、云南大理千寻塔等。覆钵式塔，也称喇嘛塔，为藏传佛教所常用，一般作为寺的主塔或僧人墓，著名的代表有北京妙应寺白塔。金刚宝座式塔，在高台上建塔 5 座，中央一座较高大，四周各有一座塔，相对较小，如北京真觉寺金刚宝座塔，是我国同类塔中年代最早、雕刻最精美的一座。

十、景观步道、甬路

景观步道、甬路是指用于观光游览行走而砌成的小路。为了供游客步行或骑行徜徉景观之间，很多景观为游客精心设计了景观步道、甬路。景观步道、甬路给游客带来新奇、优美的感受。如沈阳北票大黑山森林公园中华孝道，该步道全长 4500 米，上、下出口高差 65 米，全程无台阶，是我国第一条无障碍游步道，为老人、儿童和残障人士游览景区提供了极大的方便，因此被誉为“中华孝道”。

十一、花草坪

花草坪是指天然或人造的种满花草的地面。天然的花草坪通常分布在草原、河流附近，因南北气候差异和海拔高度差异而特色各异，如婺源的油菜花海、新疆伊犁的薰衣草花海、云南香格里拉花海、罗平油菜花花海、井冈山杜鹃花海等。人工的花草坪最早源于工业加工用花、种子种球生产用花的生产基地，著名的人工花草坪如江苏大丰荷兰花海、广东番禺百万葵园等。

十二、水井

水井是指用于生活、灌溉用的取水设施。水井对于人类文明的发展有重大意义。我国已发现最早的水井是浙江余姚河姆渡古文化遗址的方形木结构水井，其年代为距今约5700年。这是一口相当精巧的方形木结构井，井深 1.35 米，边长为 2 米。中国民间长期习用的是圆形筒井，其直径多为 1~2 米，多位于拥有浅层地下水区域。

十三、喷泉

喷泉指人造的由地下喷射水至地面的喷水设备，即将水或其他液体经过一定压力通过喷头喷洒出来具有特定形状的组合体，提供水压的一般为水泵。喷泉景观包括两大类：第一类，喷泉的设计师因地制宜，根据现场地形结构，仿照天然水景建造喷泉；第二类，则是完全依靠喷泉设备人工造景。喷泉种类繁多，如音乐喷泉、游乐趣味喷泉、程控喷泉、摆动喷泉、激光水幕电影、跑动喷泉、超高喷泉等。著名的代表有英国伦敦的诺姆甲堡喷泉、美国的“华尔兹舞喷泉”、迪拜音乐喷泉、中国青岛世园会音乐喷泉和广东河源新丰江音乐喷泉等。

十四、堆石

堆石是指由石头堆砌或填筑形成的景观。在古典园林中，堆石叠山通常是为了点缀空间，增添园林野趣和自然情趣。因此，古人对于石料的选择颇有讲究，所用石料尤以湖石、黄石为主，而湖石以太湖石最为著称。太湖石属于石灰岩性质，表面凹凸不平，内部多孔洞罅穴，故古人曾用“瘦、透、漏、皱、清、丑、顽、拙”8个字来评价太湖石。所谓“瘦”是指山石体态苗条，挺拔俊秀；“透”是指山石纹理纵横，玲珑多孔，有自然之姿；“漏”是指石身上的孔穴涡洞相套，上下贯穿；“皱”指山石表面沟壑密布，起伏多变，有光影明暗的情韵，以显苍老之姿。以上四个字侧重对石“形”的评价。另外四个字则侧重对石整体气势的品评。“清”是指山石具有阴柔秀丽之美；“丑”是指山石的奇与怪，要丑中求美，丑中见秀，以表不入“俗流”之意；“顽”是指石具有坚实浑厚的阳刚之美；“拙”是指石的浑朴敦厚之美。

本章小结

本章围绕建筑与设施旅游资源内容展开讲解，包含四个学习章节，对建筑与设施旅游资源进行了概述，并详细介绍了人文景观综合体、实用建筑与核心设施、景观与小品建筑的概念、分类及其典型代表景区。有助于学生学习、领悟和牢固掌握建筑与设施旅游资源的相关基础知识，并把所学知识灵活应用到将来的实际工作中，达到提升职业素养和增强岗位胜任能力的目的。

思考题

1. 什么是建筑与设施旅游资源？
2. 我国建筑与设施旅游资源如何分类？
3. 著名的军事遗址与古战场有哪些？
4. 请列举具有代表性的教学科研试验场所。
5. 著名的纪念地与纪念活动场所有哪些？
6. 中国古代四大名桥分别有什么特点？
7. 我国陵寝陵园经历了几个阶段？
8. 景观与小品建筑包括哪些基本类型？
9. 亭台楼阁具有哪些旅游价值？
10. 在我国，塔按照造型可以分为几种类型？

本章实训

一、实训目的

1. 了解建筑与设施旅游资源的概念、分类；掌握建筑与设施旅游资源各亚类的典型景区（景点）及其特点。

2. 能够发现建筑与设施旅游资源开发中存在的问题，并能提出针对性的解决对策。

3. 锻炼团队成员的收集与分析材料能力、团队合作能力、个人表达等能力。

4. 通过该实训，加深对我国文化的认知和认同，树立文化自信，培养家国情怀，树立学生以人为本的社会主义核心价值观。

二、实训内容

将班级同学分组，每一组同学选择下面的一个主题（见表6-2），结合自己家乡（或老师指定某个城市/地区）建筑与设施旅游资源情况，通过书刊、报纸、网络等渠道收集信息，结合视频、文字、图片等方式进行材料整合。小组成员选出代表在全班进行案例讲解，其他小组匿名打分，最后评选出表现最优的小组。

表 6-2 实训作业

团队名称： 组长： 团队成员：

小组选择项目		
E 建筑与设施	EA 人文景观综合体	EAA 社会与商贸活动场所；EAB 军事遗址与古战场；EAC 教学科研试验场所；EAD 建设工程与生产地；EAE 文化活动场所；EAF 康体游乐休闲度假地；EAG 宗教与祭祀活动场所；EAH 交通运输场站；EAI 纪念地与纪念活动场所
	EB 实用建筑与核心设施	EBA 特色街区；EBB 特性屋舍；EBC 独立厅、室、馆；EBD 独立场、所；EBE 桥梁；EBF 渠道、运河段落；EBG 堤坝段落；EBH 港口、渡口与码头；EBI 洞窟；EBJ 陵墓；EBK 景观农田；EBL 景观牧场；EBM 景观林场；EBN 景观养殖场；EBO 特色店铺；EBP 特色市场
	EC 景观与小品建筑	ECA 形象标志物；ECB 观景点；ECC 亭、台、楼、阁；ECD 书画作；ECE 雕塑；ECF 碑碣、碑林、经幢；ECG 牌坊牌楼、影壁；ECH 门廊、廊道；ECI 塔形建筑；ECJ 景观步道、甬路；ECK 花草坪；ECL 水井；ECM 喷泉；ECN 堆石
序号	本小组选择的项目	本小组总结研究发现
1		
2		
3		

三、实训组织

1. 指导教师布置或学生自选实训项目，提示相关注意事项及要点。

2. 将班级成员分组，成员可自由组合。小组人数划分视班级总人数而定。由教师给每组分配所要阐述的途径，每组选出组长一名。

3. 以小组为单位，通过书刊、报纸、网络等渠道收集典型案例若干。对于收集的材料，小组内部先充分展开讨论。讨论时间长度可视情况而定，课堂讨论或课外讨论均可。选择最能反映所选行业的案例作为参考，并能够最终提出小组的集体观点（如存在问题、发展建议等）。

4. 各小组在班级进行宣讲，每组宣讲时间以不超过 15 分钟为宜。

四、实训步骤

1. 指导教师布置任务，指出实训要点、难点和注意事项。

2. 结合教师讲解，学生选取任务中的一项，并从网上查找资料，选取典型图片，制作 PPT，撰写讲解词，练习后进行当众讲解。

3. 各组汇报，由学生和老师共同组成现场评议小组进行点评。

4. 对于得分最高的团队，适当进行鼓励和奖励。

第七章
人杰地灵
——人文活动类旅游资源

知识目标

1. 理解人文活动旅游资源的主要亚类型。
2. 掌握人文活动旅游资源各亚类的基本类型划分。
3. 掌握每个基本类型资源的含义、代表性景观及其分布状况。

技能目标

1. 具备人文活动类旅游资源的鉴赏能力和讲解能力。
2. 能根据人文活动类资源的特点，策划最佳的游览线路，选择最佳游览时机。

思政目标

1. 引导学生坚定文化自信，做优秀民族文化的传播者，培养学生浓厚的家国情怀，强烈的民族认同和自强不息的拼搏精神。
2. 引导学生在生活中亲近传统，让传统渐渐成为一种记忆、一种认同、一种情怀。
3. 激发学生的创新思维和意识，增强学生沟通协作，团结奋进的意识。

案例导入

河西走廊民俗村的文化传承

民俗文化村是荟萃民族民间艺术、民俗风情和民居建筑的文化旅游聚集形式，作为文化工程的重要组成部分，具备集中承载非物质文化遗产，促进海内外民俗文化传播等研究价值。我国最早于1991年10月1日建成第一个民俗文化村。甘肃响应国家“十四五”文旅规划，着力于文化遗产保护、传承弘扬、创新利用方面，在河西走廊打造民俗文化旅游产业核心区。

河西走廊是古丝绸之路的咽喉，作为古丝绸之路的黄金通道，这里是四大古文明交流传播的唯一交点，同时也是多民族交流融合的聚居地。20世纪80年代初费孝通先生提出“民族走廊”概念，河西走廊被赋予民族交往交流交融的文化含义，但河西走廊延续的丝绸之路是几千年文化“自在”的汇聚之地，现行政区有武威市、金昌市、张掖市、嘉峪关市和酒泉市。由于河西走廊传统的社会文化和特殊的地域文化长期交融结合而沉淀出经典的民俗文化，承载着河西走廊的历史文化、宗教信仰、民俗特色等。其在不断的历史演变中，产生了极具地方特色的传统民俗文化。随着共建“一带一路”和乡村振兴战略的稳步推进，河西走廊各地区将传承和传播民俗文化与发展地方经济相结合，建设了集中展现各地民俗文化和非物质文化遗产的民俗村。

资料来源：韩世丙，郭彩赞．河西走廊民俗村的文化基因传承与传播研究［J］．新闻研究导刊，2022，7（13）

人文活动旅游资源是指那些以社会风情为主体，反映社会风貌、人文意识、人文教育，以及人文文化等内容，可以被旅游业开发利用的活动性、过程性旅游资源。

根据《旅游资源分类、调查与评价》（GB/T18972—2017），人文活动类旅游资源可以分为人事活动记录和岁时节令2个亚类、5个基本类型（见表7-1）。

表7-1　人文活动类旅游资源类型

主类	亚类	基本代码	基本类型	简要说明
H 人文活动	HA 人事活动记录	HAA	地方人物	当地历史和现代名人
		HAB	地方事件	当地发生过的历史和现代事件
	HB 岁时节令	HBA	宗教活动与庙会	宗教信徒举办的礼仪活动，以及节日或规定日子里在寺庙附近或既定地点举行的聚会
		HBB	农时节日	当地与农业生产息息相关的传统节日
		HBC	现代节庆	当地定期或不定期的文化、商贸、体育活动等

第一节　人事活动记录

人事记录包括历史和现代著名的人物和事件。历史上的帝王、政治家、教育家、文学家、科学家、英雄、宗教人士等，他们以自己的奋斗精神、聪明才智、辉煌成就、优秀品质在特定的社会环境、特定的历史时期写下了一篇篇辉煌传奇的历史故事，令人崇拜、仰慕。重大的政治、军事、经济、社会事件在特定时期对人们生活产生重大影响，左右着历史发展的进程，还有一些悬疑事件，一直悬而未决，这些都吸引旅游者去寻访探究名人的足迹或历史事件的线索，从而产生旅游的动机。

与人事记录相关的名人生活、活动遗址遗迹和事件发生地则成为满足游客探究欲望的载体。

一、地方人物

人物包括历史和现代的名人。中国历史上和现代著名人物如繁星璀璨，如：以文留名千古的苏轼、苏洵、李清照、曾巩、柳宗元、韩愈等；以兵法集大成的孙武、孙膑、韩信等；以韬略享声誉的张良、诸葛亮等；以绘画成名的吴道子、徐悲鸿等；以医学成就扬名天下的扁鹊、华佗、孙思邈等；以现代科技研究著称于世的李政道、华罗庚、杨振宁等；以戏剧电影成名的明星如梅兰芳、梁朝伟、刘青云等。

二、地方事件

事件是指发生过的历史和现代事件。事件往往和人物相关联，所以历史和现代的重要事件如同人物一样星光灿烂。如代表性的著名历史事件有：

1839 年 6 月，林则徐下令在虎门海滩当众销毁鸦片。

1840—1842 年，第一次鸦片战争爆发。

1895 年春，康有为和梁启超领导的“公车上书”揭开了变法维新的序幕。

1911 年，武昌起义爆发。

1919 年 5 月 4 日，北京的爱国学生举行示威，五四运动爆发。

1921 年 7 月，上海，中国共产党召开第一次全国代表大会。

1931 年，日本关东军发动侵华战争，制造了九一八事变。

1937 年，日军向卢沟桥中国守军发动进攻，制造了七七事变，发动了全面侵华战争。

1937 年 12 月，日军占领南京，制造了南京大屠杀。

1949 年 10 月，北京天安门，中华人民共和国开国大典。

第二节　岁时节令

案例导入

用节庆旅游牵引文化旅游产业

文化旅游产业是以旅游文化的地域差异性为诱因，以文化的碰撞与互动为过程，以文化的相互融洽为结果的，它具有民族性、艺术性、神秘性、多样性、互动性等特征。它包括历史遗迹、建筑民族艺术和民俗宗教的内容。文化旅游的过程就是旅游者对旅游资源文化内涵进行体验的过程，这也是文化旅游产业的主要功能之一，它给人以一种超然的文化感受。这种文化感受，以饱含文化内涵的旅游景点为载体，体现了审美情趣激发功能、教育启示功能和民族、宗教情感寄托功能。为此，在举办节庆旅游活动时应注意以下几个方面的问题。

首先是节庆旅游活动要与地域文化息息相关，要有鲜明浓郁的地域文化特色。对于节庆旅游来说，文化底蕴是很重要的，要让文化担当整个节庆旅游的灵魂和核心，通过包含地域文化内涵的旅游景点为载体，用现代活动去诠释传统文化等，在给人带来感官冲击的同时，也使精神受到陶冶和熏陶。

其次是节庆旅游活动的策划。主要策划者和组织者要多听取民间意见，更广泛地接触群众，使其活动在接地气的基础上，要围绕游客开发和招商项目的目标，根据地方文化人文自然和社会资源进行认真规划，把节庆活动作为一个营销事件来加以锻造，从而激发参与者在活动中难以抑制的激情和融合，使旅游者获得富有文化内涵和深度参与旅游体验的旅游活动的集合，而不是邀请众多高级别的来宾，搭个舞台，请来宾讲话等枯燥的形式主义节庆。

最后是节庆旅游。节庆旅游是一种综合了文化经济等诸多因素的大型社会活动，但由于政府的财力往往限制了其组织能力的发挥，因此，政府应调动全社会资源的组织能力去寻求节庆活动的商业合作伙伴，并借助文化、体育、商贸、会展等一系列的节庆活动，吸引游客亲身参与，感受活动氛围，获得亲身体验，留下深刻印象，使旅游地在游客心中的形象不断提升，招来更多的商贸企业，把地方潜力优势转化为开发优势、商品优势，大力发展外向型经济优势，从而借以打造当地的资源优势、营商环境等名片和公众影响力。

总之，文化旅游是集政治、经济、教育、科技于一体的大旅游活动，各地只有在举办节庆旅游活动时，科学地、因地制宜地以区域文化为依托来牵引当地的文化旅游产业，才能在提高人们旅游活动质量的同时，达到挖掘地方文化、完善旅游产业、促进经济结构调整、带动地方经济快速发展的目的。

岁时节令，也称岁时、岁事、时节、时令等，是人们在社会生活中约定俗成的一种集体性习俗活动。各种岁时风俗活动的产生，显示了我们祖先对自然运动规律的认识与把握，探究其根源，即是人们祈望五谷丰登、人畜两旺、岁岁平安。

一、宗教活动与庙会

（一）宗教活动

宗教是人类社会发展到一定阶段的社会历史现象，是人类古老的意识形态之一。

宗教活动是指宗教信徒举行的各种宗教与法事活动。对于大众旅游者来说，该类型旅游资源的吸引力在于活动本身的观赏性、文化性等价值；对于有宗教信仰的旅游者来说，其吸引力的主要来源是该宗教活动本身的真正含义和功效。

1. 佛教主要活动

（1）水陆法会，全称“法界圣凡水陆普度大斋胜会”，简称水陆，或名水陆道场、悲济会等，是汉传佛教中一种隆重而盛大的佛事仪式。水陆法会亦称水陆大会、水陆会、水陆斋、水陆斋仪、悲济会等。水陆法会通常持续7天，主要是诵经设斋，礼佛拜忏，追荐亡灵。

（2）盂兰盆会，也称盂兰盆节或佛欢喜日，是汉语系佛教地区，根据《佛说盂兰盆经》而举行的一种超度历代祖先的佛事。一般在农历七月十五中元节这天举行。节日期间，除施斋供僧外，寺院内举行诵经法会以及举办水陆道场、放焰口、放灯等佛事活动。

（3）佛诞节，亦称浴佛节，是纪念释迦牟尼诞生的节日。佛寺届时举行诵经法会，并根据佛生时“龙喷香雨浴佛身”的传说，以各种名香浸水盥洗佛像，供养各种花卉。另外，还举行拜佛祭祖、施舍僧侣等庆祝活动。关于浴佛节的时间，佛教中有不同的说法。南传佛教国家及我国藏族、蒙族、傣族等藏语系、巴利语系的佛教徒，一般以五月月圆日（农历四月十五日）为佛诞日，即佛陀降生、成道、涅槃之日。我国汉语系佛教徒则以农历四月初八日为佛陀降生之日，举办佛诞节庆祝活动。

2. 道教主要活动

道教的宗教活动主要是斋醮科仪，俗称“道场”。“斋”指戒洁行事，“醮”指冠、娶之礼和祭礼。道士进行仪式活动是修道功课之一，大致有以下几类：一是大型的“斋醮”仪式，多由某一地区或道教团体发起，在道观、地区中心广场或者祠堂前举行。内容多为祈福禳灾。时间三日、五日、七日不等。有定期和不定期举行两种。二是“度亡”仪式，即超度死者早登仙界的仪式。农村俗称“做道场”。三是“功课”，即宫观中的道士和道姑早晚例行的诵经、礼忏等功课，以此作为个人修持的重要内容。道教仪式都须由道士主持。

3. 基督教主要活动

礼拜，是基督教的主要宗教活动，一般在一周的第七天——主日，即星期天的礼拜堂做礼拜。有祈祷、唱诗、读经、讲道等项目。通常由牧师主持。在信奉基督教或天主教的国家里，无论是国家元首，还是普通人，只要是教民都无一例外地按常规到教堂做礼拜。

4. 伊斯兰教主要活动

伊斯兰教的宗教活动，也称作天命功课。主要包括五个方面内容：信仰表白、谨守拜功、坚持斋戒、完纳天课、朝觐圣地。在中国多简称为念、礼、斋、课、朝。“五功”是穆斯林必须履行的宗教义务。

知识链接

伊斯兰教的“五功”

1. 念：信仰的确认

念功是穆斯林对自己信仰的表白，其内容是念诵“万物非主，唯有安拉；穆罕默德是安拉的使者”。这一证言，中国穆斯林称“清真言”。

2. 礼：信仰的支柱

穆斯林一天要进行五次礼拜，一周要进行一次聚礼。此外，一年当中还有诸如在开斋节和宰牲节等节日进行的会礼。

3. 斋：寡欲清心，以近真主

伊斯兰教教历每年九月的斋戒。每年的这一个月的封斋是所有成年穆民应尽的义务。封斋是在白天戒除饮、食。一个穆斯林一生中一般要经历分布在四季的斋月。在我国，夏天的斋月最长，冬天的最短。

4. 课：伊斯兰教的个人所得税——天课

伊斯兰教的天课是为缩小贫富差距而建立的制度，是以接济贫困、造福社会为目的的宗教义务，穆斯林家庭财产年化收入达到一定数量时，缴纳天课，用于济贫和慈善事业。

5. 朝：朝觐

凡有条件的男女穆斯林一生中至少去沙特麦加城内的“克尔白”朝觐一次。正式朝觐的时间为伊斯兰历的 12 月 8—10 日。除此之外，一年之中任何时间都可前去朝觐，称为“小朝”或“副朝”。

资料来源：https：//baijiahao. baidu. com/s？id=1665661077786100065&wfr=spider&for=pc

更新：2020-05-03 创建者：画角硐楼

（二）庙会

庙会，又称“庙市”或“节场”，是中国民间宗教及岁时风俗，一般在农历新年、元宵节、二月二龙抬头等节日举行，也是中国集市贸易形式之一。其形成与发展和寺庙的宗教活动有关，在寺庙的节日或规定的日期举行，多设在庙内及其附近。庙会流行于全国广大地区。逛庙会，是中国特有的集吃喝玩乐于一体的传统民俗文化活动。

庙会的名称，一般以庙的名称命名，如城隍庙庙会、关帝庙庙会等。但是也有例外，如渭南市华州区高塘镇每年农历十月一日庙会，由于出售的古衣特别多，故名“赛古会”。又如该区东南福成山，每年二月初八有祭祀少华山山神的庙会，当地农副产品，如耙杖、锨把等均集中在此销售，号曰“杖把会”。代表性的庙会有以下几个。

（1）北京地坛庙会。地坛庙会始办于 1985 年，以较高的艺术品位和鲜明的民族特色享誉中外，其胜景被誉为“现代清明上河图”。春节逛地坛庙会是京城老百姓沿袭多年的习俗。作为京城恢复最早的庙会，地坛春节文化庙会以地道的民俗、传统民间特色闻名于京城。仿清祭地表演是地坛庙会独有的传统节目，其场面宏大，再现了清代皇帝祭地，祈求地神保佑国泰民安、风调雨顺、五谷丰登的景象。

（2）上海城隍庙庙会。上海开埠以前，城隍庙是上海民众唯一的游乐之处。上海城隍庙从清末民初以来，和周边的园林、市场以及老街里巷融合在一起，成了一个区域的代名词。它代表了上海的历史与传统，是上海本土文化的一个载体。多年来由庙会发展形成的庙会文化，几乎囊括了宗教、商业、民俗等民众物质、精神生活的各个层面，被誉为上海滩旅游的名片。

（3）天津皇会。天津皇会是中国北方独有的一种妈祖祭典，原称“娘娘会”或“天后圣会”，民间口传源于元明时期，有文字记载的历史从清康熙四年（1665年）始，后更名为“皇会”流传至今。天津皇会是旧时天津民间极为隆重的民俗活动。它最初仅为祭祀传统中掌管海上航运的女神——天后娘娘（妈祖）而在其诞辰吉日（农历三月二十三日）所举行的庆典仪式。皇会内容丰富多彩，包括杠箱、鲜花、法鼓、门幡、秧歌、提炉灯、大乐、高跷等40多种。可谓“百戏云集”。

伴随着天津社会经济文化的发展，天津皇会逐渐演化成一种独特的将神祇崇拜、宗教信仰、问医求子、祈福还愿、赛会演剧、男女游观、会亲访友、社会交往、城乡商品交换等活动集于一体的庙会形式。

（4）南京夫子庙庙会。南京夫子庙位于南京市秦淮区秦淮河北岸贡院街、江南贡院以西，即南京孔庙、南京文庙、文宣王庙，为供奉祭祀孔子之地，是中国第一所国家最高学府，也是中国四大文庙。一年一度的南京夫子庙文化庙会涌动着多彩的秦淮民俗风情，让来自世界各地的人们充分感受秦淮文化的独特魅力。庙会上除开幕式中精彩的文艺节目外，还有剪纸、根雕、篆刻、风筝、珠艺、脸谱、烙画、竹刻、绳结等民间艺术家的拿手绝活，让中外游人大饱眼福。

（5）泰山东岳庙会。中国泰山东岳庙会，是泰山文化的重要组成部分。每年农历三月初三，都会举办丰富多彩、独具特色的民俗、美食、武术、文化、服饰和商品交流活动。泰山东岳庙会的历史源远流长，始于唐末，兴于宋，鼎盛于明清。从独具魅力的民间曲艺到令人惊心动魄的游艺竞技，从多姿多彩的民间工艺到奥妙无穷的养生之道，东岳庙会可谓包罗万象。经过2000多年的发展，泰山东岳庙会已经发展成为中国庙会文化的源头之一，是展现中国民俗文化的大舞台以及世界庙会文化的典型。

（6）三月三庙会。三月三庙会是融民间艺术、宗教信仰、物资交流、文化娱乐为一体的传统民俗文化盛会。作为江都古镇仙女庙的传统节目，这一日，龙王庙人山人海，水泄不通。庙场四周，商贩云集，各种小吃遍布街中，诸种土产杂陈其间。具有独特的传统艺术风格，富有浓厚的生活气息和浓郁的地方特色。

二、农时节日

农时节日，是指当地与农业生产息息相关的传统节日。这些与劳动生产有着密切关系的节日，表达了各族人民的愿望和向往，是他们欢庆劳动丰收或预祝来年更加幸福的传统日子。其中既有源于神话传说的，也有源于宗教信仰的，还有一些则是直接根植于现实生活的。各种各样的民族生产节日，是丰富多彩的民族节日的另一个部分。代表性的农时节日有：

（一）填仓节

填仓节为每年正月二十五，传说是仓王爷的生日，这是中国民间一个象征新年五谷丰登的节日。“填仓节”因“填”与“天”谐音亦称为“天仓节”，民间有老天仓与小天仓之分。农历正月二十为小天仓，正月二十五为老天仓，是民间的传统节日。有的说天仓节是祭星之日，有的说是为祭土地或祭磨神。所谓填仓，意思是填满谷仓。

（二）望果节

西藏望果节历史悠久，传说早在一千多年前就已流行于如今雅鲁藏布江的中、下游河谷地区。“望”在藏语里表“田地”，而“果”则表“转圈”之意，“望果”意即“绕田地转圈”，通过“绕田地转圈”的宗教仪式求得福果和获得解脱之道。流传至今的望果节，是西藏农区一年一度最隆重、预祝庄稼丰收的节日。

（三）插秧节

插秧节亦称“开耙节”“播种节”，为壮族、瑶族、侗族的农事生产节日。中华人民共和国成立前，广西各民族多在农历四五月间举行插秧节，农家杀鸡鸭、做糍粑、蒸糯饭聚餐，祝愿今年农事顺遂、五谷丰登，播种节会过后，人们就开始撒谷育秧，从事紧张的春耕生产。

（四）火把节

火把节是彝族、白族、纳西族、基诺族、拉祜族等民族的传统节日，有着深厚的民俗文化内涵，被称为“东方的狂欢节”。节日期间，村寨和田野的火把彻夜不熄，人们举着火把又唱又跳，绕山间、游田野以火熏田除祟、灭虫保苗、催苗出穗、祈求丰年、迎接福瑞等。不同的民族举行火把节的时间也不同，大多数是在农历的六月二十四，主要活动有斗牛、斗羊、斗鸡、赛马、摔跤、歌舞表演、选美等。

（五）尝新节

尝新节俗称“吃新节”，是湘、黔、桂等省区仡佬族和苗族、布依族、白族、壮族、侗族的传统节日。时间是每年农历七月初七。节前，主妇们到田间摘新谷，舂出喷香的白米。节日早晨，各家蒸好新米饭，煮好鲜鱼，即邀年老客人，带着儿童来到田间，祭祀祖先，然后全家聚餐，以此预祝五谷丰登。

（六）赶秋节

赶秋节是苗族民间在秋收前或立秋前举行的娱乐、互市、男女青年交往与庆祝丰收即将到来等为内容的大型民间节日活动。在湘西花垣县以及周边苗族地区，每年立秋日苗族同胞都要举行热闹的赶秋节。在立秋日那天，当地群众停下手中的农活，穿上节日的盛装，结伴成群，从四面八方的村寨来到赶秋的集上，欢聚在秋坡上，观看吹笙、演戏、武术、舞狮子、耍龙灯、上刀梯等娱乐节目，并且亲自参与荡秋千、打球等娱乐活动。

（七）收获节

傈僳族收获节大都在每年农历九十月间举行。收获节最大的活动是家家都酿酒和尝新，有的人家甚至直接到地里一边收获一边煮酒，并伴以歌舞，常常通宵达旦，尽兴方散。

三、现代节庆

节庆旅游资源是指在一定区域范围内对旅游产生吸引力，经开发规划后成为吸引旅游者的动态文化吸引物的各种节事庆典活动的总和（包括各类旅游节日、庆典、交易会、展览会、博览会以及各种文化、体育活动等）。这些活动往往规模不一，在特定区域内定期或不定期举行，且围绕特定的主题开展丰富多彩的旅游项目，以其独特的节庆活动吸引大量旅游者，从而提高旅游目的地的知名度，并产生效果不等的轰动效应。

按照节庆活动的来源，可以将现代节庆活动分为原赋性节庆活动和后创型节庆活动。

（一）原赋性节庆活动

1. 民族民俗节日

中国是一个统一的多民族国家。56 个民族，节日众多，难以计数。民族民俗节日是一个民族在长期历史发展中形成的、具有一定意义的、并要在这一天举行庆祝或祭祀仪式的日子。中国各民族特色各异的众多节日中，著名的有蒙古族的那达慕、傣族的泼水节、傈僳族的刀杆节、彝族的火把节、白族的三月街、哈尼族的扎勒特、藏族的酥油花灯节、拉祜族的月亮节、苗族的花山节等。

（1）那达慕大会，是蒙古族历史悠久的传统节日，在蒙古族人民的生活中占有重要地位。在每年七八月牲畜肥壮的季节举行，是人们为了庆祝丰收而举行的文体娱乐大会。那达慕大会的内容主要有摔跤、赛马、射箭、套马、下蒙古棋等民族传统项目，有的地方还有田径、拔河、篮球等体育项目。

（2）泼水节，是傣族最隆重的节日，也是云南少数民族中影响面最大、参加人数最多的节日。泼水节是傣族的新年，相当于公历的 4 月中旬，一般持续 3~7 天。

（3）古尔邦节，也称“宰牲节”，是穆斯林赴麦加（麦加：伊斯兰教的圣地）朝觐的最后一天。这一天要沐浴净身，室内焚香，斋戒半日。人们要去清真寺参加会礼，向麦加叩拜，请阿訇宰牲，将所宰牛羊肉的一部分分赠亲友、济贫施舍。

2. 因自然条件而形成的特殊节日

这类节庆活动的形成都与自然条件有关，都是特定自然环境下的产物，代表性的有吐鲁番葡萄节、哈尔滨国际冰雪节、洛阳牡丹花文化节、海南椰子节等。

（1）吐鲁番葡萄节。吐鲁番地处新疆中部的低洼盆地，特别适合葡萄的生长，因而瓜果丰茂，又因独特的地理位置使水果中的含糖量非常高，是中国葡萄主要生产基地，堪称“世界葡萄植物园”。自 1990 年起，每年 8 月，在吐鲁番市举办中国丝绸之路吐鲁番葡萄节。吐鲁番葡萄节集旅游、经贸、文化于一体，以“团结、友好、合作、发展”为主题，根本宗旨是弘扬丝绸之路的开拓精神，广交国内外工商经贸、文化旅游等各界朋友，扩大对外交流，进一步宣传新疆、宣传吐鲁番，提高吐鲁番的知名度，促进旅游发展，促进中国西部经济的发展。

（2）哈尔滨国际冰雪节。中国哈尔滨国际冰雪节与日本札幌雪节、加拿大魁北克冬季狂欢节和挪威奥斯陆滑雪节并称世界四大冰雪节。1985 年 1 月 5 日创办，已成为世界冰雪盛会。哈尔滨国际冰雪节是世界上活动时间最长的冰雪节，它只有开幕式——每年的 1 月 5 日，没有闭幕式，最初规定为期一个月，事实上前一年年底节庆活动便已开始，一直持续到 2 月底冰雪活动结束为止，包含了新年、春节、元宵节、滑雪节四个重要的节庆活动。

每年一度的哈尔滨冰雪节，以“主题经济化、目标国际化、经营商业化、活动群众化”为原则，集冰灯游园会、大型焰火晚会、冰上婚礼、摄影比赛、图书博览会、经济技术协作洽谈会、经协信息发布洽谈会、物资交易大会、专利技术新产品交易会于一体，吸引游客多达百余万人次，经贸洽谈会成交额逐年上升。不仅是中外游客旅游观光的热点，而且还是国内外客商开展经贸合作、进行友好交往的桥梁和纽带。

（3）洛阳牡丹花文化节。洛阳素以千年帝都、牡丹花城著称，种牡丹、赏牡丹习俗悠久。洛阳的地理条件为牡丹花的生长提供了良好的自然环境，民间关于武则天寒冬怒贬牡丹的传说更让洛阳牡丹成为刚直不阿的化身。自 1983 年以来，每年 4 月 15 日至25 日，洛阳市都要举办一年一度的牡丹花会，以牡丹为媒，开展旅游、经贸、文化交流活动。届时，游客不仅可以看到盛放的诸如“姚黄”“魏紫”“二乔”“豆绿”“洛阳红”等名品牡丹，还可以体验围绕牡丹文化开发的如牡丹画、牡丹服、牡丹瓷等文化产品。

（4）海南椰子节。海南岛又称“椰岛”，椰子树是海南的象征。每年举办的海南国际椰子节，是海南省大众参与、面向世界的综合性、国际性的大型商业旅游文化节庆，融旅游、文化、民俗、体育、经贸于一体，以海南椰文化和黎苗“三月三”民俗为主要特色。自 1992 年首次举办以来，每年都是海南规模和影响最大的地方节庆活动，吸引了众多国内外旅游者和客商。

（二）后创型节庆活动

1. 商务、展览型节庆活动

商务、展览型节庆活动以商贸、会议节庆活动为主，带动当地的旅游购物以及商务旅游的发展。如中国余姚杨梅节、烟台国际葡萄节等。

（1）中国余姚杨梅节。浙江余姚是我国杨梅的发源地之一，以荸荠种、粉红种和西山白杨梅三大名牌著称，有“中国杨梅之乡”的称号。中国余姚杨梅节，已经形成了特有的模式和特点，曾被评为“中国十大物品类节庆”和“全国十大果品节庆”。

（2）烟台国际葡萄酒节。烟台国际葡萄酒节是中国葡萄酒行业唯一的国际性经贸节会。首届中国烟台国际葡萄酒节于 2007 年 9 月 23 日至 10 月 7 日在烟台举办。节日期间通过产品展示、技术交流和丰富多彩的经贸及文化活动，加强国际在葡萄与葡萄酒领域的交流与合作，弘扬葡萄酒文化，做大做强葡萄酒产业，努力把烟台打造成享誉世界的国际葡萄酒城。

（3）中国庆元香菇节。中国庆元香菇节是丽水地区举办届数最多、持续时间最长的农事节庆活动之一。香菇节是以“香菇农事节”为载体，通过举办研讨会、展销会、美食节等系列活动，对提升香菇产业化水平、挖掘香菇文化等起到了很大的作用。

2. 专业型节庆活动

专业型节庆活动的特点是传统文化与现代文明相结合，具有明显的主题，专业性比较强。如潍坊国际风筝节、青岛啤酒节、大连国际服装节等。

（1）潍坊国际风筝节。山东潍坊又称“鸢都”，是闻名天下的风筝之都，风筝制作历史悠久，工艺精湛，享有国际声誉。一年一度的国际风筝节于每年四月在此举办，每年都有来自各个国家和地区的代表团参赛，吸引了大批中外风筝专家和爱好者及游人前来观赏、竞技和游览。节日期间活动内容主要有风筝音乐会、放飞仪式、国际风筝比赛、国内风筝大奖赛、评选风筝十绝、参观风筝博物馆等。

（2）一般称为平遥国际摄影大展（Pingyao International Photography Festival，简称PIP），始创于2001年，是中国国家文化部、国务院新闻办公室以及山西省委、省政府支持下创办的一项国际性摄影节。平遥国际摄影大展每年在具有数百年历史的平遥古城举行，这不仅为摄影师们提供了一个展现作品的舞台，更是一场融合文化交流、学术研究和市场交易等多功能的综合性艺术盛会。它不仅推动了摄影艺术的发展，也为全球摄影人搭建了一个共享创意和灵感的桥梁。

3. 体育型节庆活动

体育型节庆活动以开展体育活动为主题，内容广泛，包括赛事运动、休闲娱乐体育文化讲座、健康知识宣讲等。如嘉峪关国际滑翔节、泰山国际登山节等。

（1）嘉峪关国际滑翔节。由于拥有独特的地理环境和气流条件，甘肃嘉峪关滑翔基地在国际上享有很高的知名度，在此曾举办过很多知名的国际滑翔大赛。自1992年起，只要条件许可，每年7月中旬都会在此举办嘉峪关国际滑翔节，吸引了众多旅游者。历年滑翔节活动的内容有热气球飞行、定点跳伞、特技跳伞等比赛项目，有航空表演、晚间热气球喷火巡游表演和晚间热气球系留展等表演项目，还有国际滑翔达标、创纪录飞行以及全国性的大型航空运动会，举办滑翔比赛、飞行训练等表演。游客可由飞行员带飞，遨游蓝天，欣赏戈壁瀚海的神秘色彩和祁连雪山的壮丽景色。

（2）泰山国际登山节。东岳泰山享有“五岳独尊”的殊荣，是东方华夏文化的象征。泰山国际登山节于每年的9月6日举办。这个季节的泰山，秋高气爽，风景秀丽，再加上泰安交通方便，更使之成为国内近年来具有较高知名度的一个大型旅游节日。从1987年9月举办第一届泰山国际登山节以来，至今每年举办一次，来自世界各国及国内的来宾和登山健儿欢聚一堂，参加各种节日活动，如徒步登山比赛、自行车登山比赛等。

另外，登山节期间还举办泰山优秀历史文化歌舞及《紫气东来》仿宋代帝王封禅表演，“泰安摄影艺术展”“泰山石文化展”“泰山文物珍宝展”“泰山盆景展”“泰山画展”等丰富多彩的文化艺术活动。

本章小结

本章共包含两节学习任务，分别围绕人事活动记录和岁时节令等内容展开讲解。具体讲述了地方人物、地方事件的含义、类型；宗教活动与庙会的内涵、代表性资源及分布状况；农时节日、现代节庆的含义、代表性资源及分布状况等内容。通过有针对性的案例导入，有助于学生学习、领悟和牢固掌握中国的人文活动旅游资源的基础知识，并把所学知识灵活应用到将来的实际工作中，达到提升职业素养和增强岗位胜任能力的目的。

思考题

1. 人事活动记录亚类旅游资源包括哪些类型？
2. 岁时节令亚类旅游资源包括哪些类型？
3. 现代节庆活动按照节庆活动的来源分为哪几种类型？
4. 你能举例说明我国专业型节庆活动有哪些吗？
5. 你所了解的我国因自然条件而形成的特殊节日有哪些？请简要说一说它们形成的具体原因。
6. 请说一说你的家乡有哪些现代节庆活动？

本章实训

一、实训目的

通过收集资料、整理和相关讲解，使学生加深对本项目内容的理解，提升学生的导游词撰写能力和语言表达能力。

二、实训内容

项目名称	“云南双飞六日游”情境模拟	模拟地点	×××
工作岗位	地陪导游员	工作对象	某旅游团
工作讲解	导游讲解	工作方法	情境模拟
项目背景及描述	某旅游团计划在云南昆明、大理、丽江游览，模拟涉及景点包括大理的标志和象征崇圣寺三塔、大理古城、蝴蝶泉、丽江四方街、茶马古道、束河古镇、昆明鲜花市场等		

续表

项目咨询重点	傣族、壮族、彝族、白族、纳西族独特的民族民俗文化，包括其不同的民族建筑风格、饮食习俗、服饰特点、节日节庆等
项目能力分解目标	要求将中国人文活动旅游资源的知识运用到导游讲解过程中： （1）能够利用已获得知识完成任务中景点导游词的简单组织 （2）能够规范、自然、熟练地进行导游讲解服务

三、实训要求

1. 学生每3~5人分为一组，在昆明、大理、丽江三个城市中选择一个城市，作为中国人文活动旅游资源典型代表进行介绍。

2. 结合教师讲解，学生以小组为单位，从网上查找资料，选取典型图片，制作PPT，撰写讲解词，练习后进行讲解。

3. 各组汇报，由学生和老师共同组成现场评议小组进行点评。

第八章 琳琅满目——旅游购品类旅游资源

知识目标

1. 了解旅游购品类旅游资源的主要亚类型。
2. 掌握旅游购品、旅游资源各亚类的基本类型划分。
3. 掌握每个基本类型资源的含义、代表性资源及其分布状况。

技能目标

1. 能明确说出我国具有代表性的旅游购品的品种及特点。
2. 具备工艺艺术品的鉴赏能力和讲解能力。

思政目标

1. 培养学生对中国优秀传统文化的兴趣，增强学生对传统文化的认同感。
2. 增强学生的文化自信和爱国情怀，使学生肩负起传承中华优秀传统文化的责任和使命。
3. 引导学生树立正确的人生观、价值观，形成正确的道德认知和道德判断。

旅游购品是指旅游者在旅游过程中所购置的具有完整的物质形态和旅游目的地特色的物品。

根据《旅游资源分类、调查与评价》（GB/T 18972—2017），旅游购品可以分为GA农业产品、GB工业产品和GC手工工艺品3个亚类、15个基本类型（见表8-1）。

表 8-1　旅游购品类旅游资源类型

主类	亚类	基本代码	基本类型	简要说明
G 旅游购品	GA 农业产品	GAA	种植业产品及制品	具有跨地区声望的当地生产的种植业产品及制品
		GAB	林业产品与制品	具有跨地区声望的当地生产的林业产品与制品
		GAC	畜牧业产品及制品	具有跨地区声望的当地生产的畜牧业产品及制品
		GAD	水产品及制品	具有跨地区声望的当地生产的水产品及制品
		GAE	养殖业产品及制品	具有跨地区声望的当地生产的养殖业产品及制品
	GB 工业产品	GBA	日用工业品	具有跨地区声望的当地生产的日用工业品
		GBB	旅游装备产品	具有跨地区声望的当地生产的旅游装备产品
	GC 手工工艺品	GCA	文房用品	文房书斋的主要文具
		GCB	织品、染织	纺织及染色印花织物
		GCC	家具	生活、工作或社会实践中供人们坐、卧或支撑与贮存物品的器具
		GCD	陶瓷	由磁石、高岭土、石英石、莫来石等烧制而成，外表施有玻璃质釉或彩绘的物器
		GCE	金石雕刻、雕塑制品	用金属、石料或木头等材料雕刻的工艺品
		GCF	金石器	用金属、石料制成的具有观赏价值的器物
		GCG	纸艺与灯艺	以纸材质和灯饰材料为主要材料制成的平面或立体的艺术品
		GCH	画作	具有一定观赏价值的手工画成作品

旅游购品除了资源性价值和垄断性价值外，还具附加性价值。这种附加性价值使旅游购品具有以下几方面的功能：

其一是宣传、广告功能。旅游购品可以随着游客的足迹散布到四面八方，把该旅游地的特殊产品带到世界各地，为该旅游地进行最广泛、最直观的免费宣传，为该旅游地招徕更多的游客。

其二是收藏、欣赏价值。喜爱旅游的人一般都具有较高的审美情趣和生活情趣，精美的纪念品本身就是艺术品，具有较高的收藏和鉴赏价值。

其三是投资增值功能。“今日的精品，明日的文物”。旅游纪念品因承载了该商品的垄断性价值和该旅游目的地的社会文化内涵，随着时间的推移而将成为文物，具有一定的投资增值作用。

其四是一些纪念品具有实际的用途，即使用价值。

第一节 农业产品

案例导入

江西：发展农业+旅游带动农产品消费

近年来，江西省赣州、抚州等地坚持生产与生态共赢，依托资源优势和深厚的历史文化底蕴，大力发展“农业+旅游”，以特色农产品为媒，带动农产品消费，激发乡村旅游经济活力，培育农村经济新的增长点，拉动当地经济发展，广大村民切身感受到农业与旅游融合发展所带来的“好钱景”。

金秋时节，赣州瑞金，抚州黎川、南丰等地举办以江西特色农产品为抓手的文化旅游节、采摘旅游嘉年华、旅游商品产业推广等活动，通过产品搭台、旅游唱戏，掀起了采摘游产品热潮。

赣南脐橙作为赣州市一张亮丽的产业名片，曾先后获得中国驰名商标、国家地理标志保护产品、中华名果、全国“十佳农产品区域公用品牌”、最受消费者喜爱的中国农产品区域公用品牌等称号。自2020年11月7日，“2020年赣南脐橙采摘旅游嘉年华暨红都瑞金自驾游大会”开幕起，广东、湖南、福建、江西等地的游客纷纷组团自驾瑞金，掀起了“红色之旅+脐橙采摘”的热潮，进一步扩大了赣州“红色故都”的旅游品牌以及脐橙采摘旅游季节庆品牌的影响力。

据了解，脐橙产业的发展相继带动了苗木、生产、农资、分级、包装以及旅游休闲、旅游文创商品等关联配套产业发展，并在全国农产品销售中创新实践了以一个县（市、区）对接一个区域的主销城市战略。

资料来源：中国旅游报数字报（有删减）

一、种植业产品及制品

（一）粮食作物产品

以下分别介绍我国典型的粮食作物产品。

1. 天津小站稻

天津小站地区所产粳米，米粒晶莹，饱满沉甸，胶质力强，香味浓郁，清湛油洁，蒸制米饭或煮粥黏度适中，口感极佳，色、香、味俱全。其营养价值高，易消化，健脾开胃，是稻谷中优质品种，也是历代作为京城贡米和达官贵人享用的珍稀香稻。

2. 湖州蒸谷米

湖州蒸谷米是浙江著名香稻。早在吴越时代（公元前500年），采用独特工艺加工的蒸谷米在湖州地区盛行。其利用高温带壳蒸谷之后脱壳，使米的表层营养成分渗入米质内，米的胚芽不受破损，保存较高的营养价值。蒸谷米成品呈黄色，半透明状态，手感松爽，犹如抚摸珠宝一般。将蒸谷米下锅煮饭，色泽由黄变白，晶莹剔透，口感清香纯正，吃起来十分爽口。湖州蒸谷米曾经是“贡米”，至今畅销海外，是中国江南名稻米。

3. 洋县黑米

洋县黑米因产于陕西洋县而得名，属世界名贵的黑色稻。此种米色泽墨黑，味道淡醇，有“黑珍珠”的称谓，尤宜煮粥，易消化，是保健滋补食品。

4. 五常大米

五常大米因产自黑龙江省五常市而得名。五常大米受产区独特的地理、气候等因素影响，水稻成熟期昼夜温差大，大米中可速溶的双链糖积累较多，对人体健康非常有益。五常大米颗粒饱满，质地坚硬，色泽清白透明；饭粒油亮，香味浓郁。

5. “沁州黄”小米

“沁州黄”小米产于山西省沁县，因古代沁县属沁州而得名。这种小米色泽深黄，圆形颗粒，坚实饱满，是粟米中有名的营养食品。人们称赞沁州黄小米是“金珠子”，当地谚语有“金珠子，金珠玉，金珠不换沁州黄”的说法。

（二）蔬果作物产品

蔬菜类制品主要有腌菜类、泡菜类、酱菜类和干菜类，腌菜中典型的有榨菜和冬菜。中国著名的涪陵榨菜和德国的甜酸甘蓝、欧洲的酸黄瓜并称世界三大腌菜。泡菜以四川泡菜和朝鲜族泡菜为主；酱菜以北京酱菜和扬州酱菜为主；干菜常见的有金针菜、食用山菌等。

我国是世界上最大的水果产出国，种植面积与水果产量一直稳居世界第一。水果类产品在我国分布十分广泛，目前世界各国绝大部分的果品在我国都能见到，且许多水果原产地就在中国。著名的有烟台苹果、锦州苹果、莱阳梨、鞍山南国梨、四川广柑、赣南脐橙、新疆葡萄、广东荔枝、福建龙眼、山东大枣、北京栗子等。

（三）茶酒制品

1. 茶

中国是茶树（茶叶）的原产地，又是最早发现茶叶功效、栽培茶树、制成茶叶的国家。我国的传统名茶类型有：

（1）绿茶。绿茶为不发酵茶叶，经高温杀青，保持鲜叶原有嫩绿。代表性的如西湖龙井、太湖碧螺春、黄山毛峰等。

（2）红茶。红茶出现于清朝，是全发酵茶。代表性的如安徽祁红、云南滇红、福建的闽红等。

（3）乌龙茶。乌龙茶为半发酵茶，出现于清代。代表性的如武夷岩茶、铁观音，广东凤凰单丛，中国台湾地区的乌龙等。

（4）黄茶。黄茶是采用杀青、闷黄方法而制成的茶。代表性的如君山银针。

（5）白茶。白茶白色茸毛多，色白如银，加工仅仅经过萎凋，将鲜叶直接干燥，不揉捻，不发酵。著名产地有福建政和、福鼎等地。代表性的如白毫银针、白牡丹等。

2. 酒

中国是世界上历史悠久的酿酒国家之一，早在5000年前就已经开始酿酒。按照酿酒方法分类可分为蒸馏酒、发酵酒、配制酒；根据酒精含量分类可分为高度酒、中度酒、低度酒；根据酿酒工艺（商业习惯）分类可分为白酒、黄酒、葡萄酒、啤酒、配制酒等。

（1）白酒。白酒是指以各种含淀粉或者糖分的原料、辅料、酒曲、酒母、水等，经过糖化发酵后，用蒸馏法制成的高度酒。

一般白酒按酒香进行分类可分为以下几类：

①酱香型。以茅台酒为代表，也称茅香型，包括贵州茅台酒、四川古蔺酒、湖南常德武陵酒等。

②窖香型。以泸州老窖、五粮液为代表，也称浓香型，包括泸州老窖、五粮液、古井贡酒、全兴大曲、剑南春、洋河大曲、双沟大曲、宋河粮液、沱牌曲酒等名酒。

③清香型。以汾酒为代表，包括杏花村汾酒、黄鹤楼酒、宝丰酒、北京二锅头等。

④米香型。以广西桂林三花酒为代表。

⑤兼香型。兼有两种香型的酒，也叫复香型，如贵州遵义董酒、陕西西凤酒等。

（2）黄酒。黄酒是中国最古老的饮料酒，也是中国特有的酿造酒。黄酒一般以糯米为原料，也可用粳米、小米、黍米和玉米为原料。酒精度一般为16°~18°，含糖、氨基酸等多种成分，具有相当高的热量，是营养价值很高的低度饮料。著名的黄酒如浙江绍兴的加饭酒、龙岩沉缸酒、元红酒、善酿酒、花雕酒等。

（3）葡萄酒。中国用葡萄酿酒的历史悠久，汉代西域地区就以酿葡萄酒驰名，唐代我国西北地区已经开始用葡萄蒸制葡萄酒，饮葡萄酒之风兴盛。中国最早的葡萄酒酿造企业是1892年华侨张弼士创建的山东烟台张裕葡萄酒厂。

（4）啤酒。啤酒是用大麦麦芽和啤酒花为主要原料，加上水、淀粉、酵母等，经过酵母发酵而制成的低度酒精饮品，含有二氧化碳。著名的有青岛啤酒、哈尔滨啤酒、雪花啤酒等。

（5）配制酒。配制酒是用白酒、黄酒、葡萄酒为酒基，再配合中药材芳香原料糖、料等制成。如著名的中草药配制药酒竹叶青酒、湖北园林青酒等。

二、林业产品与制品

中国的森林树种名目繁多，丰富多彩，林业产品与制品十分丰富。其中包括林木产品、林副产品、林区农产品、苗木花卉、木制品、木工艺品、竹藤制品、艺术品、森林食品、林化工产品，以及与森林资源相关的产品。代表性的产品与制品有竹子、乌桕、油桐、漆树、杜仲、毛麻楝、油棕、椰子、油橄榄、巴旦木、油渣果、香榧、油茶、山苍子、青檀、五倍子等。

三、畜牧业产品与制品

我国畜牧业历史久远，早在4000年前尧舜禹时代，牛、马、羊、猪、狗、鸡六畜就已齐备。目前我国畜禽品种之多为世界之冠，有许多是驰名中外的优良品种，如新疆伊犁马，青海浩门马，甘肃河曲马，内蒙古三河马、三河牛，秦川牛，德昌水牛，青藏牦牛，新疆毛驴，内蒙古骆驼，宁夏滩羊，内蒙古肥尾羊等。

（一）新疆“天马”

新疆“天马”俗称伊犁马，原产于西域乌孙地区。汉武帝于2000年前发现此马是良驹，定名为“天马”。后经多年培育改良，成为新疆伊犁哈萨克自治州盛产的伊犁马。伊犁马肉瘦奶香，马肉中脂肪含量少，常吃能减少心脏病发病率，对防治高血压、高血脂有作用，是良好的保健肉食品，马奶营养丰富，可助消化，对肠胃病有一定疗效。伊犁马名扬中外，出口到中亚、美洲和东欧各国。

（二）青海“龙驹”

青海“龙驹”，又叫青海骢、浩门马。相传是古代原产于青海湖海心山上的马，与苍天降下的龙马匹配，产出龙驹繁衍而来故名“龙驹”。

青海“龙驹”可作驿马使用。“龙驹”行走，不同于一般牛、马、驴、骆驼四脚畜类的交叉步伐，而是对侧步，即左边前后两腿与右边前后两腿，分别同时起步，人们骑在马鞍上，鞍口平稳，无前仰后颠之苦，登鞍之后迅速飞奔，恰似神马龙驹。

（三）河曲马

河曲马因原产于甘肃、青海、四川三省接壤的黄河河曲一带而得名。河曲马与中国古代黄河流域的文明紧密相连，早在春秋时代，河曲马已是秦国的良种马，至唐、宋时期，河曲马被赞为“神骏”。

（四）牦牛

牦牛产于世界屋脊青藏高原，是世界上高寒地区的牛种。我国牦牛产量居世界第一，占全世界总产量的85%以上。牦牛肉营养丰富，蛋白质高，脂肪少，瘦肉多，含骨少，净肉率达40%。牦牛奶高蛋白，低脂肪，味道纯正无污染，其含热量与含脂量均高于世界名种荷兰奶牛。牦牛的皮、毛、绒是毛纺织工业与皮革工业的高级原料，是制作高级呢绒、毛毯、毛衣的优质毛料，其毛制品已进入国内外高级商场，牦牛毛衫、大衣成为市场抢手货。牦牛的骨、角、蹄可制成饲料、肥料，其内脏可制药品。

（五）宁夏滩羊羔

宁夏滩羊羔，属短脂尾羊，是我国珍贵的裘皮羊品种，所产二毛裘皮独具一格，是中国传统的出口优质裘皮。滩羊皮产于宁夏贺兰、平罗、盐池、吴忠、同心等县，是取自滩羊幼小羔羊之皮加工制成。这种羔皮毛穗有九道弯，呈波浪形纹，毛穗自然下垂达 7~9 厘米，柔软洁白，保暖、结实、轻便，美观大方。用中国锦缎和滩羊羔皮制作的妇女中式小皮袄，是中外妇女高贵华丽的冬季服装。

四、水产品与制品

中国江河湖海水域辽阔，鱼、虾、蟹、螺水生动物及水生植物资源丰富。海洋鱼类有 1500 多种，淡水鱼类有 800 多种，经济鱼类上百种，其中不少是珍稀水产品。海产中大黄鱼、小黄鱼、带鱼、对虾、扇贝、海参、海带、紫菜，经济价值均很高；淡水养殖的青、草、鲢、鳙四大鱼类为城乡人民主要食品鱼。如湖北武昌鱼、黑龙江大马哈鱼、镇江鲥鱼、瓯江凤尾鱼、太湖银鱼、台湾吴郭鱼、渤海大对虾、潮汕大龙虾、阳澄湖大闸蟹、营口文蛤、广东福寿螺等。其他名贵水产品畅销国际市场，闻名遐迩。

（一）武昌鱼

武昌鱼属淡水鱼类，又名团头鲂或团头鳊。武昌鱼肉质细嫩，鲜美可口，主要产自湖北“千湖之地”，以江汉平原津湖、牛湖产量多，因集于武昌出售故名武昌鱼。

（二）太湖银鱼

太湖银鱼是中国水产中的珍品，是享誉中外的中国特产鱼。银鱼体长细，身略圆，光滑无鳞，呈半透明状，肉细腻，味鲜美，营养丰富，富含多种维生素以及钙、磷、铁等多种矿物质，是老少皆宜的保健食品鱼。

（三）同安文昌鱼

文昌鱼是世界上稀有鱼种。它背部有一条“脊索”，是无脊椎动物向脊椎动物过渡的活标本，是生物科学上研究脊椎动物进化的活化石，为世界生物学家所瞩目。我国同安文昌鱼全身无鳞，外形似小鱼，全身粉红色，半透明体，两端尖细，体长只有 50 毫米左右。在水中常扭动身躯，白天怕光，潜到海底一寸多深的沙中，晚上才游到水面觅食，有“沙中之鱼”之称。文昌鱼除在科学研究中有重要价值外，其味道鲜美，是营养丰富的海珍品，用油焙干后行销东南亚国家。

（四）鲥鱼

鲥鱼属鲱鱼科，是一种溯河性洄游鱼类，俗称“混江龙”。鲥鱼体态扁长，肉质细嫩鲜美，其鳞片白如银，鳞下有丰富脂肪，故人们清蒸鲥鱼时，不能清除鱼鳞。富阳鲥鱼、镇江鲥鱼、芜湖鲥鱼鱼体丰肥，肉质嫩美，香醇可口。鲥鱼历代进贡皇家为御膳所用，或作为珍稀佳肴在达官富绅宴请贵客时享用。

（五）大马哈鱼

大马哈鱼属黑龙江与乌苏里江所产的一种季节性鲑鱼，属海洋回归性鱼类。大马哈鱼个体肥大，肉呈淡红色，味道鲜美，肉质坚实，可以盐渍晒干、熏制，远销国内外。大马哈鱼鱼子极为珍贵，含丰富蛋白质，卵油味道香醇可口，可制作鱼子酱和罐头，是欧洲市场的紧俏商品。

大马哈鱼的肝脏可提炼鱼肝油；胰腺可制成药用的胰岛素；胃腺可制取胃蛋白酶；雄性鱼精巢制作鱼精蛋白；鱼鳞能提炼出鱼鳞胶；鱼皮经加工可鞣制出高级鱼皮革料，制作高级皮包、皮夹、皮鞋以及手提箱等。

（六）中国对虾

中国对虾是中国渤海和黄海浅海海底盛产的大虾，个体肥大，市场上常配对出售，俗称对虾。对虾属白系大虾中优良品种，食性广，生长迅速。

中国对虾与墨西哥棕虾、圭亚那白虾被称为世界“三大名虾”。墨西哥棕虾以色泽红亮而驰名，圭亚那白虾以味甜鲜嫩著称，而中国对虾兼有二者之长，不仅白里透红，壳薄肉肥厚，并且肉质鲜美、脆甜，十分细嫩，富有弹性。山东沿海烟台一带对虾产量占全国产量的2/3，此外，渤海湾沿岸、天津附近也盛产对虾。

（七）阳澄湖大闸蟹

江苏省昆山附近的阳澄湖湖水清澈，水底水草丰美，周围芦荡密布，生长一种大闸蟹，金爪、黄毛、青被、白肚皮，螯爪刚健有力，在浅水中爬行，是海鲜市场上的昂贵产品。

五、养殖业产品与制品

中国畜禽产品加工制品在世界市场上久负盛名，如垄断世界市场的猪鬃，名噪欧洲、美洲的猪肠衣、山东兔毛等颇受国际市场青睐。近年中国鸭绒、羽绒制品如羽绒大衣、被子、睡袋、滑雪衣也纷纷走出国门，畅销世界各地。代表性的养殖产品如荣昌猪、内江猪、金华猪、北京鸭、武山乌骨鸡等。制品主要有腌腊制品和灌制品，腌腊制品中著名的有金华火腿、宣威云腿、如皋火腿、浙苏咸肉、川湘腊肉等；灌制品如广东腊肠、山东灌肠、哈尔滨红肠等较为著名。此外，还有江苏高邮的松花蛋、咸蛋，四川宜宾的糟蛋等蛋制品较为著名。

（一）北京鸭

北京鸭羽毛全白，又叫白鸭，是肉质鲜美的良种鸭，也是北京地方风味“北京烤鸭”的专用鸭。北京鸭随着北京烤鸭店遍布世界而闻名中外。

（二）乌骨鸡

乌骨鸡是名贵的观赏和药用鸡，主要产于江西省泰和县武山，又叫武山乌骨鸡。据泰和县志记载，清朝乾隆皇帝将这种鸡命名为武山乌骨鸡，并列为贡品。乌骨鸡体内含有黑色素与激素及丰富的氨基酸，其药用价值与独特的营养功能为世人瞩目。其能滋补强壮身体，对于气血两亏症，治妇女月经不调、产后虚弱、习惯性流产、血崩，心脏病、胃溃疡、肺结核、神经衰弱、失眠症等有显著的滋补效果。

（三）猪鬃

中国养猪业发达，有 153 个品种，产量居世界第一位。我国人民以猪肉为主要肉食来源，故屠宰量大，猪鬃的来源充足。猪鬃是中国历史悠久的传统出口商品，占世界猪鬃贸易量的 80%左右，在国际市场上享有盛誉。中国所产猪鬃毛质优良，并分黑、白、黄、花四种类别花色。

第二节 工业产品

案例导入

服饰文化在旅游市场中的传承与变迁

黔东南苗侗社区被贵州省旅游部门当作“东线民族风情旅游”路线的主要区域加以开发和建设，其中就包括雷山西江千户苗寨。政府牵头推广的“苗寨”逐渐被大众熟知，旅游者开始不断地涌入，这引起旅游目的地人群生活方式的改变。以前，在苗年、鼓藏节这类重要的节庆人们才会穿上盛装跳芦笙舞和铜鼓舞，在地方人群观念中是属于他们社区生活规律里固定时间的仪式。随着旅游市场的开放，商业行为体对旅游目的地的包装衍生出表演队，专业表演者和当地非专业群演都会穿上演出的服装进行“展演”。旅游者的来访，斩断了传统仪式活动的时空性，随之改变的是穿上民族服饰演绎当地特色的节庆歌舞成为旅游目的地的商品。这种商品根据旅游者的时间无差别地提供消费。在文化旅游市场消费情境中，地方人群的生产生活方式被打包压缩进旅游者停留的时间里。

起初在西江景区内，仅有观景台较为集中地有服装出租，游客既可以穿上民族服饰，又可以将特色景致留在影像中。大部分商贩出租的民族服饰是按照清水江型西江式服饰打样生产的，上衣大襟侧系带，下身百褶长裙，只是服饰颜色倾向艳丽夺目。数码摄影技术为旅游者留存重要旅行记录提供了可能。随着旅游的深度开发和互联网的普及，个人社交平台的展示成为旅游消费行为中重要的诱导因素之一。

现在的西江每走一步，隔两三个店铺就是一个租衣服拍照的商铺，租衣服“换装”打卡拍照发朋友圈已经成为西江旅游者的“旅行三件套”。抹胸、肚兜、吊带配长裙更是成为年轻女性新晋“民族风”服饰的首选搭配，整个寨子都弥漫着一场民族服饰换装比美的浓烈氛围，年长女性也在这种氛围的感召下不能免俗。民族服饰成为旅游目的地符号化的旅游吸引物，在社交网络上吸引着一批批对民族服饰带有欲望和诉求的旅游者。到旅游目的地穿上少数民族服饰拍上一组旅游地场景的照片就成为吸引游客的原生动力，而旅游者的这种需求加速了旅游消费市场中民族服饰的现代新式普世化的发展。

资料来源：蒋正珊，彭婧．传统与现代：服饰文化在旅游市场中的传承与变迁——以西江式苗族服饰为例［J］．凯里学院学报，2022，40（05）．

一、日用工业品

日用工业品是指具有跨地区声望的当地生产的日用工业品。

（一）日用消费品

旅游者在旅游活动中购买具有实用价值的旅游商品，如雨伞、拐杖、旅游鞋、太阳帽、防晒霜、雨衣、化妆用品、护肤用品等日用消费品。

（二）服饰服装

包括有地方特色的丝绸制品、棉毛制品、呢绒制品和皮革制品以及款式别致的民族服装和装饰品。

1. 丝绸制品

中国是丝绸的故乡，丝绸是中华文明的重要特征之一，它与中国的礼仪制度、文化艺术、风土民俗、科学技术等有极多的联系。

帝王用丝绸彰显其权威，百官用丝绸标志其等级；文人写下咏叹丝绸的诗词，画家在丝绸制成的绢帛上泼墨挥洒；老百姓向各路蚕神祭祀，祈求蚕丝丰产，而朝廷则下达课劝蚕桑的政令，并以此来评价地方官的政绩。

中国丝绸以其卓越的品质、精美的花色和丰富的文化内涵闻名于世。被称为三大名锦的古代四川蜀锦、苏州宋锦、南京云锦是丝织品中的优秀代表，至今在世界上仍享有很高声誉。因此，丝绸在某种意义上说，代表了中国悠久灿烂的文化。

代表性的丝绸有：

（1）杭州丝绸。浙江省杭州市特产，中国国家地理标志产品。质轻、柔软、色彩美丽，在中国传统丝织业中占据重要地位。距今 4700 年的良渚出土丝织物就已揭示了杭州丝绸的历史之久。唐代大诗人白居易“红袖织绫夸柿蒂，青旗沽酒趁梨花”的诗句道出了当时杭州丝绸的水准之高，旧时清河坊鳞次栉比的绸庄更见证了丝绸经济的繁荣。2011 年 9 月 19 日，原国家质检总局批准对“杭州丝绸”实施地理标志产品保护。

（2）苏州丝绸。苏州丝绸是中国传统丝织业中的珍品，苏州是丝绸的故乡，素有“丝绸之府，锦绣之地”的美誉。太湖流域留存有新、旧石器时代的遗址，经考古发掘得到家养桑蚕丝织成的古绢残片、丝绳等，见证着丝绸历史的悠久。著名的文化古城苏州，不仅是一座园林之城，而且也是一座丝绸之府。唐宋时期，苏州就是全国丝绸中心；明清时期，皇家高级丝绸织品大多数出自苏州织工之手。

知识链接

苏州丝绸博物馆

苏州丝绸博物馆是中国第一座丝绸专业博物馆，1991 年落成开放，馆藏文物 6457 件/套。苏州丝绸博物馆是联合国人类非遗代表作、国家级非遗“宋锦织造技艺”、省级非遗“苏州漳缎织造技艺”、市级非遗“手工工艺旗袍”“古织机制作技艺”保护单位，也是“中国丝绸织绣文物复制中心”和“可移动文物（织绣类）修复一级资质单位”，致力于在学术研究、文物保护、非遗传承、陈列展览、社会教育等方面提供优质公共文化服务。

（资料来源：https：//cci. ifeng. com/c/7zE7TNVmjSq 更新：2020-08-25 创建者：凤凰网文创）

2. 民族服装

具有传统民族形式的服装。又称民俗服。是民族政治、经济、思想、文化的反映，体现着民族心理素质。民族服装在特定的社会生活及自然环境中形成，符合民族的生活习惯和审美意识。其民族特征主要表现于服装的造型、款式、色彩、材料和服饰件等方面。

文化是旅游的灵魂，旅游是文化的重要载体；没有文化的旅游就没有魅力，而没有旅游的文化则缺少活力。服饰作为各民族文化的主要载体之一，无论是历史文化还是民俗文化与其都有不可分割的渊源，它是体现文化内涵不可或缺的载体。近几年来伴随中华传统文化元素在大众媒体上的广泛传播，民族服装也成了各地拉动旅游业、文化消费产业的新生力量。

知识链接

西塘汉服文化周

西塘汉服文化周是由方文山发起的汉服文化活动，以中华传统服饰文化、礼仪文化的弘扬及传承为根本目的，是中华传统服饰和传统礼仪文化大规模的呈现。西塘汉服文化周创办于 2013 年，每年 10 月底至 11 月初在浙江省嘉兴市嘉善县西塘古镇举办，每年都能吸引数以万计的游客和汉服爱好者参与，通过汉服与古镇的结合，弘扬民族文化，让全世界的汉服同袍了解西塘，热爱西塘。把汉服文化周打造成为西塘的文化名片，提起汉服，就想到西塘。越来越多的中国人穿着汉服上街，不仅是开启一场汉服的复兴，更代表国人发自内心的文化自信。

资料来源：https：//cci. ifeng. com/c/7zE7TNVmjSq 更新：2020-08-25 创建者：凤凰网文创

二、旅游装备产品

旅游装备产品包括：木屋及配套设施、室内外游乐设施、儿童游乐设施、水陆空游乐设施、滑翔跳伞设备、景观设备、安全设备、照明设备、电子设备、指示系统、园林机械、养护机械、园艺工具、灌溉设备、生态环保设备、航空客舱用品等。

第三节　手工工艺品

案例　导入

日照农民画绣在优雅转身中传承

说起日照农民画绣的产生，不得不提日照农民画，这一传统艺术始于20世纪五六十年代，日照市也是国家文化部首批命名的三大农民画乡之一，与上海金山、陕西户县齐名。“构图饱满、色彩艳丽、造型夸张”，是日照农民画的特点。

农民画作为一类独特的民间艺术品类，诞生于新中国社会主义改造的时代背景下，在政治意识形态的催发下以社会宣传教育工具的身份而登上历史舞台。农民画具有典型的地域色彩，各地的农民画多以原产地命名，如户县农民画、金山农民画、东丰农民画等。世界上每个国家的民间艺术都是本国文化传统的一种体现，它强调各自国家和民族的独特精神，并借助民间信仰、民俗生活等在社会中拥有一席之地。伴随着时代发展和生活变迁，农民画所产生、发展的社会经济文化环境也随之变迁，其表征与叙事亦发生嬗变与再生产。

作为一种地方民俗文化现象，日照农民画被塑造为日照市地标性文化符号广泛传播，这种地方特色成为旅游购物品的核心卖点。作为典型的旅游城市，日照市在完善旅游产品体系中，日照农民画完成了“从功能性艺术转变成旅游购物品的迁衍”，得到了复兴。日照农民画中的渔业生产、田园劳动和自然风情的景观叙事，写实而又夸张的造型、质朴而又细腻的趣味吸引着各地的游客，成为重要的旅游资源，旅游叙事也成了日照农民画文化身份的核心依托，促使其完成了文化转向与身份转换，成为“民间艺术自身的一种生存方式”，焕发了新的生机。

资料来源：人民网－山东频道（有删减）

手工工艺品在我国民间有着悠久的制作历史，是中华民族文化艺术的瑰宝，她以其悠久的历史、精湛的技艺、丰富的门类、传世佳作蜚声海内外，几千年来，传统手工艺产品始终是代表中华民族的一大特色产业。

手工工艺品主要包括文房用品、织品、染织、家具、陶瓷、雕刻制品、金石器、纸艺与灯艺、画作等。

一、文房用品

文房用品是指中国独有的书法绘画工具（书画用具），即笔、墨、纸、砚。人们通常称其为“文房四宝”。历史上，“文房四宝”所指之物屡有变化。在南唐时，“文房四宝”特指安徽宣城诸葛笔、安徽徽州李廷圭墨、安徽徽州澄心堂纸、安徽徽州婺源龙尾砚。自宋朝以来“文房”则特指宣笔（安徽宣城）、徽墨（安徽徽州歙县）、宣纸（安徽宣城泾县）、歙砚（安徽徽州歙县）、洮砚（甘肃卓尼县）、端砚（广东肇庆，古称端州），元代以后湖笔（浙江湖州）渐兴，宣笔渐衰，改革开放后，宣笔渐渐恢复了生机。

（一）湖笔

湖笔产于浙江省湖州市善琏镇。古属湖州府，故称湖笔。湖笔自元代以后取代了宣笔的地位，湖笔选料讲究，工艺精细，品种繁多，粗的有碗口大，细的如绣花针，具有尖、齐、圆、健四大特点。“尖”指笔锋尖如锥状；“齐”指笔锋撮平后，齐如刀切；“圆”指笔头圆浑饱满；“健”指笔锋挺立，富有弹性。湖笔分羊毫、狼毫、兼毫、紫毫四大类；按大小规格，又可分为大楷、寸楷、中楷、小楷四种。湖笔被赞为“毛颖之冠”。

（二）徽墨

徽墨产于安徽省黄山市歙县和休宁县等地，因历史上属于徽州，故名。徽墨创始人是河北易州制墨名家奚氏。唐末五代奚超携子奚廷珪来到歙州，利用当地茂密的松林，总结了北方制墨的经验，改进捣松、和胶、配料等技术，制出了“丰肌腻理，光泽如漆”的好墨，南唐后主李煜赐其国姓李。宋宣和二年（1120 年）歙州改称徽州，“徽墨”之名从这年始定。明代徽墨制造形成了以歙州地区为中心的“歙派”和以休宁地区为中心的“休派”两大派系。自清代初年开始，形成了清代墨界的四大家。道光以后唯胡开文一家，独领墨艺风骚。从此徽墨驰名天下，其特点是色泽黑润，经久不褪，素有“落纸如漆，万载存真”之誉。

（三）宣纸

宣纸产于安徽省宣城市泾县，因历史上属宣州府，故名。宣纸始产于唐代，它的原料是青檀皮。清代掺和稻草，改变了用料比例。宣纸分生熟两种，生宣渍水渗化，作写意画最好；熟宣经过胶矾浸染，不渗化，宜于工笔，细描细写，为书画最理想的用纸。宣纸具有纸质柔韧，洁白平滑、细腻匀整，不起皱、不掉毛，不怕舒卷，抗老化、久不变色、不蛀不腐、卷折无损等特点，便于收藏，因此有“纸寿千年”的说法。安徽宣纸造纸技艺已被列入《人类非物质文化遗产代表作名录》。

（四）端砚

端砚产于广东省肇庆市，因隋在肇庆设端州府，所以称端砚。端石是一种水层岩，开采于唐，宋代已为世所重，其特点是石质细，易发墨，墨汁细稠而不滞，不易干涸。端石以紫色为主，名贵的石品有青花、鱼脑冻、蕉叶白、苏青、冰纹等。端砚贵有石眼，是天然生长在砚石上的石核形状的眼，人们利用石眼花纹雕刻的砚台尤为名贵，有“端石一斤，价值千金”之说。端石块大的不多，故多随形雕刻，追求气韵。端砚为四大名砚之首。

二、织品、染织

（一）著名织锦工艺品

织锦，是我国古代传统的用彩色提花工艺织成的各种图案花纹的熟丝织品。南京云锦、四川蜀锦、苏州宋锦并誉为当代三大名锦。

1. 云锦

云锦，主要产于江苏省南京，因其绚丽多姿、美如云霞而得名，已有近千年的历史，始于南北朝，形成于元代，成熟于明代，发展于清代。元、明、清三朝都指定云锦为皇室御用贡品，使云锦在制作中不惜工本代价，织锦工艺因此达到登峰造极的地步。清康熙、雍正年间，南京云锦生产达到高峰，产量空前。2009 年南京云锦织造工艺被列入《人类非物质文化遗产代表作名录》。

2. 蜀锦

蜀锦，因产于四川成都而得名，故成都有“锦城”之称。西汉时，花色品种繁多的蜀锦已行销全国。到了唐代，蜀锦已通过丝绸之路远销西方各国，通过海运外销日本。蜀锦是纯真丝织品，织造紧密坚韧，质地轻薄柔软、色泽艳丽、结构严谨、古朴典雅、牢固耐用，很适宜做衣料被面。蜀锦图案纹饰富于民族特色和地方风格，深受国内外人民欢迎，是四川目前重要的出口产品之一。2006 年，蜀锦织造技艺经国务院批准列入第一批《国家非物质文化遗产名录》。蜀锦也是日本国家级传统工艺品京都西阵织的前身。

3. 宋锦

宋锦，产于江苏苏州，有“锦绣之冠”之美称，因始织于北宋时期而得名。最初是专供装裱书画之用，后来随着织锦艺术的不断发展，逐渐形成了用途不同、风格各异的三个大类，即大锦、合锦、小锦。2009 年 9 月，联合国教科文组织将宋锦列入《人类非物质文化遗产保护名录》。

（二）刺绣

刺绣是用针引线在绣料上穿刺出一定图案和色彩花纹的装饰织物。明代上海顾名世家的刺绣品顾绣尤其闻名。江苏省苏州市的苏绣、湖南省湘绣、广东省粤绣、四川省蜀绣，既继承古老的优良传统，又有所创新，各具特色，被誉为我国四大名绣。

1. 苏绣

苏绣主要产于江苏苏州、南通一带，因产地苏州而得名。苏绣始于春秋时期，清代是苏绣的全盛时期，可谓流派繁衍，名手竞秀。苏绣具有图案秀丽、构思巧妙、绣工细致、针法活泼、色彩清雅的独特风格，地方特色浓郁。绣技具有“平、齐、和、光、顺、匀”的特点。最能体现苏绣艺术特征的是“双面绣”，使人可以从两面观赏。

2. 湘绣

湘绣是湖南省长沙市一带绣品的总称。它是在湖南民间刺绣工艺的基础上，吸取了苏绣和粤绣的精华而发展起来的刺绣工艺品，形成了自己独特的风格，强调写实，质朴而优美，形象生动。湘绣在配色上善于运用深浅灰及黑白色，加上适当的明暗对比，增强了质感和立体感，结构上虚实结合，善于利用空白，突出主题，形成了湘绣水墨画般的素雅品质。

3. 粤绣

粤绣是产于广东地区的刺绣品。据传始创于少数民族，明中后期形成特色。它以布局饱满、图案繁茂、场面热烈、用色明快、对比强烈、讲求华丽效果而著称。粤绣多用金线作刺绣花纹的轮廓线，金银线垫绣是粤绣中具有特色的手法之一，绣上的景物形象并且富有立体感。

4. 蜀绣

蜀绣是以四川省成都市为中心的刺绣品的总称。蜀绣以软缎、彩丝为主要原料，其刺绣技法甚为独特，有100种以上精巧的针法绣技，如五彩缤纷的衣锦纹满绣、绣画合一的线条绣、精巧细腻的双面绣和晕针、纱针、点针、覆盖针等都是十分独特而精湛的技法。

三、家具

我国家具在发展过程中，明代是它发展的历史高峰，它形成了鲜明、独特的民族风格，在北京、苏州、广州等主要产地又形成了强烈的地方特色。因此保持着我国家具的传统做法和传统式样，继承这些做法和式样的家具，都被称为传统家具。传统家具具有怀旧情调、天然纯朴、大气充溢等特征。

中国传统红木家具的设计理念以“尊严”为本，在家具的设计上，通常以显示人的尊严为主，而不是以人为本，由明清时期的家具就可以看得出来。如清朝的宝座，椅面设计宽大，类似一张婴儿床，宝座的靠背和扶手分别垂直于椅面，上面的雕刻繁复精美，这和清朝追求奢华之风是分不开的。人们喜欢用一些镶嵌、彩绘、镂空等技法来显示皇室的帝王之气，皇帝坐在上面威慑朝野，官员无不俯首朝拜，从而显示了皇帝一统天下，至高无上的权威。家具在古代首先是一种身份、尊严和权势的代表。

在家具的制作工艺上，中国传统家具尽量保持木质的原色，一般是榫卯结构，没有一枚铁钉，而且尽量不使用胶。这样制作出来的家具木质天然，清新秀丽，结构精巧，历经百年而不变形。

中国古典家具发展到明清时期，达到鼎盛，种类已经齐全，根据家具使用功能，大致可以分为桌案类、椅凳类、床榻类、柜橱类、架具类、其他类等。

（1）桌案类：方桌、炕桌、香几、炕几、炕案、案桌（如书案、画案）、酒桌。

（2）椅凳类：宝座、交椅、圈椅、官帽椅、玫瑰椅、靠背椅、长凳、圆凳、马扎、绣墩。

（3）床榻类：榻、罗汉床、架子床和拔步床。

（4）柜橱类：亮格柜、圆角柜、方角柜、闷橱。

（5）架具类：架格、镜架、镜台、衣架、面盆架、灯台。

(6) 其他类：如屏风、衣箱、印匣、药箱、枕凳、滚凳、甘蔗床等。

四、陶瓷

(一) 陶瓷器概述

陶瓷器是陶器制品和瓷器制品的总称。

陶器是用黏土成形，经 1000~1200℃的炉温焙烧而成的无釉或上釉的日用品和陈设品。陶器的发明，是人类历史上最早通过火的作用使一种物质改变成另一种物质的创造性活动。陶器的出现，标志着新石器时代的开始，使人类的定居生活更加稳固。

瓷器是在陶器的基础上制成的器物，具有以下特点：第一，瓷器胎料的成分主要是高岭土，瓷胎烧结后，胎色白，质地致密，胎体吸水率不足 1%，具有透明或半透明性，叩之发出清脆悦耳之声。第二，瓷器的烧成温度必须在 1200℃以上，胎釉经高温烧结后，不易脱落。我国陶瓷制造历史悠久，早在七八千年前的新石器时代，我国的先民就已经制造和使用陶器，瓷器更是中国古代的伟大发明，早在商代就烧出原始瓷器，东汉时期烧制出真正的瓷器。经魏晋南北朝隋唐时代的发展，至宋元明清，我国制瓷业进入兴盛时期。中国素有“瓷国”之称，陶瓷是中国著名的三大特产之一，从西汉开始走向世界。唐宋以来，中国瓷器大量远销世界各地，瓷器制作技艺也随之传到各国。

(二) 中国著名陶瓷器

1. 宜兴紫砂器

江苏宜兴被认为是中国的“陶都”，创始于宋代，至明清时代有了很大的发展，享有天下“神品”之称。紫砂器是用质地细腻、含铁量高的特殊陶土制成的无釉细陶器，呈赤褐、浅黄或紫黑色。紫砂茶具胎壁无釉多孔，有较强的吸附力，泡茶数天后仍能保持茶香；传热慢，不烫手，耐热性能好，严寒天用沸水泡茶不必担心炸裂；造型美观，色彩古朴、淡雅，是精致的手工艺品。

2. 洛阳唐三彩

“唐三彩”是一种盛行于唐代的陶器，以黄、绿、褐为基本釉色，所以，后来人们习惯地把这类陶器称为“唐三彩”。它以造型生动、色泽艳丽和富有生活气息而著称。迄今为止，“唐三彩”精品多出土于洛阳地区，洛阳出产的仿“唐三彩”器物精美逼真，因此人们称其为“洛阳唐三彩”。

3. 淄博美术陶瓷

山东淄博陶瓷生产历史悠久，汉代已能生产翠绿、栗黄、茶黄、淡绿四种颜色釉陶。现代以生产传统的名贵色釉雨点釉、茶叶末釉等美术陶瓷著称。

4. 景德镇名瓷

景德镇瓷器造型优美、品种繁多、装饰丰富、风格独特，以“白如玉，明如镜，薄如纸，声如磬”的独特风格驰名中外。青花瓷、玲珑瓷、粉彩瓷、颜色釉瓷并称为景德镇四大传统名瓷。其中的青花瓷，烧造历史最为悠久，位居四大名瓷之首，享有“瓷国明珠”之美誉。

5. 醴陵釉下彩瓷

湖南醴陵瓷器起源于清朝雍正年间，迄今已有250多年的历史。该瓷器釉面犹如罩上一层透明的玻璃罩，无铅毒、耐酸碱、耐摩擦，洁白如玉，晶莹润泽，虽长期存放，花纹始终保持原来色彩。醴陵釉彩瓷是醴陵日用瓷中具有独特艺术风格的传统产品。

6. 德化白瓷

福建德化是我国白瓷著名产地，德化窑是我国古代南方著名瓷窑，因窑址位于德化县而得名。德化窑历史悠久，历经千年历史，在中国陶瓷史上留下了光辉的一笔，在世界陶瓷史上“中国白”一词也成了德化白瓷的代名词。

7. 龙泉青瓷

龙泉位于浙江西南部，龙泉青瓷是中国汉族传统制瓷珍品。龙泉青瓷传统上分两种：一种是白胎和朱砂胎青瓷，称“弟窑”或“龙泉窑”。“弟窑”青瓷釉层丰润，釉色青碧，光泽柔和，晶莹滋润，胜似翡翠，有梅子青、粉青、月白、豆青、淡蓝、灰黄等不同釉色。另一种是釉面开片的黑胎青瓷，称“哥窑”。“哥窑”青瓷以瑰丽、古朴的纹片为装饰手段，如冰裂纹、蟹爪纹、牛毛纹、流水纹、鱼子纹、鳝血纹、百圾碎等，加之其釉层饱满、莹洁，素有“紫口铁足”之称，与釉面纹片相映，更显古朴、典雅，堪称瓷中珍品。

五、雕刻制品

（一）玉雕

玉雕是中国最古老的雕刻品种之一。玉石经加工雕琢成为精美的工艺品，称为玉雕。玉雕的品种很多，主要有人物、器具、鸟兽、花卉等大件作品，也有别针、戒指、印章、饰物等小件作品。在当代，中国的玉雕工艺分布在很多省市，如北京、上海、新疆、江苏的扬州和苏州、河南南阳、广东、云南、辽宁、陕西、青海等地，主要做成首饰、配饰、把玩件、摆件等。

（二）石雕

石雕讲究造型逼真，手法圆润细腻，纹式流畅洒脱。它的传统技艺始于汉，成熟于魏晋，在唐朝流行开来。主要有园林雕塑、建筑雕塑、雕像、石雕工艺品几大类。雕刻产品主要有壁炉、花盆、栏板、喷泉、浮雕、龙亭龙柱、琼楼玉阁等各种精品雕刻。既富古老艺术的魅力，又有典雅明快的现代艺术风格，在海内外享有“巧夺天工”之盛誉。

（三）木雕

木雕可以分为立体圆雕、根雕、浮雕三大类。一般选用质地细密坚韧、不易变形的树种如楠木、紫檀、樟木、柏木、银杏、沉香、红木、龙眼等。中国传统木雕取材广泛，雕刻题材丰富。据材料不同可分为红木雕刻、白木雕刻、黄杨木雕及龙眼木雕等。

(四) 竹刻

竹刻通常指用竹根、竹材雕刻成的雕塑工艺品。竹刻主要流行于中国南方各地，明代时的江南竹刻艺术已达到全盛时期，发展为各具特色的两大流派，一个是以南京竹刻为代表的“金陵派”；一个是以上海嘉定竹刻为代表的“嘉定派”。竹雕作品依据品种和产地的不同，在工艺上各有所长。建筑多浮雕，摆件多圆雕，糕板雕则都是阴刻，宁波以骨嵌著称，潮州则以透雕见长。

六、金石器

金石器是指用金属、石料制成的具有观赏价值的器物，主要包括花丝镶嵌、景泰蓝等。

(一) 花丝镶嵌

花丝镶嵌，又叫“细金工艺”。它是用金、银等材料，镶嵌各种宝石、珍珠，或用编织技艺制造而成。花丝镶嵌分为两类，花丝，是把金、银抽成细丝，用堆垒、编织技法制成工艺品；镶嵌则是把金、银薄片锤打成器皿，然后錾出图案，镶以宝石而成。花丝镶嵌工艺早在春秋时代就已有雏形，在明代达到高超的艺术水平。清代，有了更大的发展，名品不断涌现，很多成为宫廷贡品。

花丝镶嵌工艺以北京、成都最负盛名。北京的花丝镶嵌，以编织、堆垒见长，还常用点翠工艺，即把翠鸟的蓝绿色羽毛贴于金银制品之上。成都的花丝镶嵌以银丝工艺为主，常以无胎成形。成都花丝镶嵌中的银烧蓝、错金银等金银工艺，都独具特色。

(二) 景泰蓝

景泰蓝有 5 道主要制作工序：首先把紫铜片拼焊成胎，再用镊子把扁铜丝掐成各种纹样粘焊在胎上，接着把各色釉料按设计填充上去，放进炉火中反复烘烤烧结，最后进行抛光和镀金。这种工艺品晶莹夺目，金碧辉煌，具有浑厚持重、富丽典雅的艺术特色。北京景泰蓝是驰名中外的工艺美术品之一，由于北京景泰蓝是一种铜和珐琅相结合的工艺品，故又称“铜掐丝珐琅”。它和福建省福州市脱胎漆器、江西省景德镇市瓷器并称中国传统工艺“三绝”。

七、纸艺与灯艺

(一) 纸艺

纸艺广义上指包括造纸艺术在内的所有与纸有关的工艺；狭义指的是以各种纸张、纸材质为主要材料，通过剪、折、撕、刻、拼、叠、揉、编织、压印、裱糊、印刷、装帧，装置或者高科技（如激光）等手段制作而成的平面或者立体的艺术品和纸艺作品。

1. 传统纸雕

传统纸雕是以纸为素材，使用刀具塑型的工艺艺术，其结合了绘画及雕塑之美，并且较平面艺术多了立体发展的空间，产生了有趣的光影变化。通过切、剪、折、卷、叠、粘等技法，可以创作出变化无穷的纸雕作品。纸雕广泛应用在场景布置、装饰美化、广告招贴、贺卡等方面。

2. 剪纸

剪纸，顾名思义就是用剪刀将纸剪成各种各样的图案，如窗花、门笺、墙花、顶棚花、灯花等，是一种镂空艺术，其在视觉上给人以透空的感觉和艺术享受。其载体一般是纸张、金银箔、树皮、树叶、布、皮、革等片状材料。剪纸在中国是历史悠久、流传很广的一种民间艺术形式。这种民俗艺术的产生和流传与中国的节日风俗有着密切关系，逢年过节，抑或新婚喜庆，人们把美丽鲜艳的剪纸贴在雪白的窗纸或明亮的玻璃窗上、墙上、门上、灯笼上，节日的气氛便被渲染得非常浓郁喜庆。

3. 折纸

折纸是一种以纸张折成各种不同形状的艺术活动。折纸不只限于使用纸张。世界各地的折纸爱好者在坚持折叠规范的同时，使用了各种各样的材料，如锡箔纸、餐巾纸、醋酸薄片等。

4. 纸艺包装

随着生活水平的不断提高，礼盒、生活用品等的包装越来越受到欢迎与重视，形形色色的纸张也就成为包装的主要材料之一，给生活带来更多的美丽与惊喜。

5. 纸藤花

纸藤花顾名思义就是说用纸做成的花，而且是立体的。最早出现在日本，近些年来在中国台湾地区十分盛行，又与台湾的纸藤工艺相结合，形成现在的纸藤花。

（二）灯艺

灯艺即灯彩，又叫“花灯”，是起源于中国的一种汉族传统民俗工艺品。在古代，其主要作用是照明。灯艺由纸或者绢作为灯笼的外皮，骨架通常使用竹或木条制作，中间放上蜡烛或者灯泡，成为照明工具。受我国文化的影响，在亚洲许多国家的庙宇中，灯笼也是相当常见的物品。

灯艺体现了中华民族的才智巧思，它融抽象构成、拟形雕塑、平面书画、复合装饰和光动机制于一体，是一种具有浓郁民族特色的综合空间艺术。

八、画作

（一）绘画工艺画

绘画工艺画是以绘画为主要表现手法的工艺画。包括瓷板画、烙画、卵石画、竹帘画、彩蛋画等。瓷板画是以彩釉在瓷板上绘画，产地以江西南昌为主。卵石画是以当地出产的雨花石、三峡石等卵石为原料，因材施艺，在利用卵石自然色彩和纹理的基础上稍加描绘，构成山水风景等画面，天趣自成，主要产于江苏南京、宁夏银川、河南等地。竹帘画是在编织精细的竹帘上彩绘图画，主要产于浙江温州、四川梁平、广西苍梧、湖南常德等地。

（二）拼贴工艺画

拼贴工艺画是以拼贴工艺为主要表现手法的工艺画。主要有牛角画、贝雕画、羽毛画、软木画、麦秆贴画、树皮画、邮票贴画等。牛角画以透明的牛角为材料，经雕琢后，拼贴成动物图案，作品晶莹而生动，主要产于广西、黑龙江等地。树皮画是以白桦树皮拼贴而成的工艺画，主要产于吉林、山东等地。白桦树树干端直，树皮柔软、色泽、纹理美观，可以分层剥落，是制作工艺品的良好材料。邮票贴画由杭州人吴江于 20 世纪 20 年代创制，是将废旧邮票按色彩分类，根据画稿设计要求，选取符合构图和色彩要求的邮票，加以剪裁、拼贴在素色绫缎上而成的工艺画，主要产于武汉。

（三）木版年画

年画是我国传统的民俗艺术品。木版年画出现于雕版印刷术发明之后的宋代，明代中叶起已成为一种独立的艺术形式，清乾隆年间更为盛行，其内容大多含祝福新年的意思，也有描绘农事场面的内容。中国的雕版印刷技艺已被列入《人类非物质文化遗产代表作名录》。苏州桃花坞、天津杨柳青、山东潍坊杨家埠和四川绵竹，是我国著名的四大民间木刻年画产地。

本章小结

本项目包含三个学习任务，围绕农业产品、工业产品、手工工艺品等内容展开讲解，具体讲述了种植业产品及制品、林业产品及制品、畜牧业产品及制品、水产品及制品、养殖业产品及制品的特点和代表性产品；日用品工业、旅游装备产品的概念及类型；文房用品、染织品、家具、陶瓷、雕刻制品、金石器、纸艺与灯艺和画作的内涵等内容。通过针对性地导入案例、拓展链接等介绍，有助于学生学习、领悟和牢固掌握中国旅游购品的相关知识，并把所学知识灵活应用到将来的实际工作中，达到提升职业素养和增强岗位胜任能力的目的。

思考题

1. 中国农业产品旅游资源的构成包括哪些类型？
2. 举例说明我国有哪些传统名茶？

3. 请简要说明我国文房四宝之首的名称及特点。
4. 请你说一说中国的三大名锦指的是哪几类?
5. 你知道中国的四大名绣包括哪些吗?它们的代表作分别是什么?
6. 我国典型的粮食作物产品有哪些?它们各自具有什么特点?
7. 根据酿造工艺,可以把酒分为哪些类型?

本章实训

一、实训目的

通过收集资料、整理和相关讲解,使学生加深对本项目内容的理解,提升学生的导游词撰写能力和语言表达能力。

二、实训内容

项目名称	“江苏‘鉴宝’观光三日游”情境模拟	模拟地点	×××
工作岗位	地陪导游、全陪导游、购物店讲解员	工作对象	老年旅游团
工作讲解	导游讲解	工作方法	情境模拟
项目背景及描述	某老年旅游团到江苏进行“鉴宝”观光三日游,请模拟江苏某购物场所介绍以下风物特产:扬州玉雕、苏州玉雕、宜兴紫砂器、云锦、宋锦、苏绣、扬州镶嵌漆器、苏州桃花坞年画等		
项目咨询重点	中国玉器、陶瓷器的产地、代表及特色;中国丝织刺绣品的产地、主要代表作品及特色;中国漆器、金属工艺的主要产地与特色;中国文房四宝、年画的代表及特色		
项目能力分解目标	要求将中国旅游购品旅游资源相关知识运用到导游讲解过程中: (1)能够利用已获得知识完成任务中旅游商品的讲解工作 (2)能够规范、自然、熟练地进行导游讲解服务		

三、实训要求

1. 学生每3~5人为一组,选择不同的中国旅游购物、旅游资源典型代表进行介绍。
2. 结合教师讲解,学生以小组为单位,从网上查找资料,选取典型图片,制作PPT,撰写讲解词,练习后进行讲解。
3. 各组汇报,由学生和老师共同组成现场评议小组进行点评。

第九章
举世无双——历史遗迹

知识目标

1. 了解历史遗迹旅游资源的含义。
2. 熟悉历史遗迹旅游资源的主要类型。
3. 掌握各类历史遗迹旅游资源的典型代表和其旅游价值。

技能目标

1. 能够运用历史遗迹旅游资源知识准确识别各类历史遗迹旅游资源。
2. 能够凭借已获得知识进行历史遗迹旅游资源导游词的简单组织及基本讲解。

思政目标

1. 提升学生的民族自尊心和自豪感，树立民族文化认同感，培养学生的爱国热情。

2. 引导学生对中华民族优秀历史文化的继承和传承，树立正确的世界观、人生观、价值观。

第一节　历史遗迹概述

案例导入

共同守护吴哥古迹

2022 年 11 月初，作为吴哥古迹保护中国工作队的成员，时隔两年后我再次来到吴哥。

踏入考古公园，蝴蝶扇动着闪光的翅膀掠过长满青苔的石墙；湿热的空气中回荡着巨大的蝉鸣声，与此起彼伏的鸟鸣、僧人的诵读声交织在一起，融入郁郁葱葱的雨林。旺盛的生命力在这片热带土地上化作一年四季绽放的花朵与层叠的绿色。100 多年前，博物学家亨利·穆奥就是在寻找珍稀蝴蝶的时候偶然发现了掩藏在热带雨林中的吴哥古迹，由此开启了世人探索与保护吴哥古迹的全新旅程。

穿过东神道，由吴哥古迹保护中国工作队修复完成的茶胶寺，逐渐露出了壮观的全貌。象征着宇宙之海的环壕已经干涸，铺满了枯黄的树叶。两层台基之上是金字塔状的须弥台，5 座高大壮观的砂岩塔耸立在须弥台上。寺庙东塔门入口的铭文上，那些古高棉文已经无法被现代人识别。茶胶寺是阇耶跋摩五世国王为自己建造的国寺。因为在建造过程中曾遭雷击，国王遂失去了建造它的兴趣。于是，历经千年光阴，茶胶寺仍保持着未完成的原貌。

2010 年，中国文物保护工作者来到茶胶寺，开始实施保护修复工程。2022 年 11 月 10 日，茶胶寺修复项目实体移交典礼在暹粒举办。随着“中国政府援助柬埔寨吴哥古迹茶胶寺保护修复项目竣工移交”纪念铭牌隆重揭牌，全场响起了热烈掌声，也标志着修复后的茶胶寺正式移交给了柬方。

资料来源：袁濛茜．共同守护吴哥古迹［N］．人民日报海外版，2022-12-26（011）．（部分改动）

历史遗迹是人类智力的集中体现，它直观地反映了人类社会发展的这一重要过程，具有历史、社会、科技、经济和审美价值，是社会发展不可或缺的见证。寻求历史遗存是当今旅游的一种风尚。认识和理解历史遗迹，明确其对旅游发展的重要意义是进行旅游资源科学调查和评价的前提。

一、历史遗迹与历史遗迹旅游资源

历史遗迹是人类社会发展历史过程中所留下来的物质性遗迹、文物和非物质性传统文化、习俗等。历史遗迹是在历史发展的进程中人类活动的产物，是人类的智慧结晶。历史遗迹昭示着特定的历史时代特征，是重要的旅游资源。因此，对历史遗迹的保护，就是保护人类文化的传承，培植社会文化的根基，维护文化的多样性和创造性，保护社会不断向前发展。

与历史遗迹相对应，历史遗迹旅游资源是对旅游者产生吸引力，满足旅游者探幽访古、寻根问祖、乡愁体验、科普研学等需求，能够为旅游业所利用并产生经济效益、环境效益、社会效益的物质及非物质历史遗迹资源。通过合理的旅游开发和利用能够满足旅游者了解人类历史演变、了解传统文化深刻内涵、探寻历史秘密与追忆过往等现实需求。

二、历史遗迹旅游资源的特点

从历史遗迹的属性角度分析，历史遗迹旅游资源具有以下特点。

（一）唯一性

历史遗迹旅游资源是历史的产物，反映出一个国家或地域特定时期的社会民俗、建筑形态的基本风貌，是历史长期发展过程中的沉淀。因此，历史遗迹旅游资源无法复制。如世界中古七大奇迹之一的中国长城，是中国古代的军事防御工事，是一道高大、坚固而且连绵不断的长垣。中国长城代表了古代社会生产力、军事建筑，以及艺术工艺水平等，其对我国乃至世界都具有无可替代的历史价值。

（二）不可移动性

历史遗迹旅游资源是先民在历史、文化、建筑、艺术上的具体遗产或遗址。包含古建筑物、传统聚落、古市街、考古遗址及其他历史文化遗迹，涵盖了某一国家或区域的政治、军事、宗教、祭祀、居住、生活、娱乐、劳动、社会、经济、教育等多个领域。历史遗迹区别于历史文物的一个最大特点就是对历史遗迹进行移动非常困难，其往往具有一定的规模，如北京故宫、十三陵等。

（三）历史性

历史遗迹旅游资源的历史性即历史遗迹旅游资源的时代特点，其含有某一特定历史时期社会生活状态、生产力水平及意识形态的体现。对历史遗迹旅游资源的研究可以更好地了解某一历史时期社会的发展与变迁，这是历史对我们人类的馈赠。

（四）不可再生性

历史遗迹作为人类文明的宝贵遗产，承载着丰富的历史、文化和艺术价值，它们不仅是时间的见证者，也是连接过去与未来的桥梁。这些珍贵的资源具有不可再生性，一旦遭受破坏，其损失往往是永久性的，即使经过精心修复，也无法还原其当时的物质组成。

三、历史遗迹在旅游业中的作用

在旅游业的发展中，历史遗迹旅游资源发挥着其独特的作用，吸引着众多的旅游者，同时，也为当地的经济发展带来了巨大的旅游收益。历史遗迹旅游资源具有以下作用。

（一）反映特定时期的社会历史

历史遗迹是历史留给现在的痕迹，反映当时社会经济、政治、科技、文化等方面的社会价值。历史遗迹对现代人来说具有极强的吸引力，可以让人们更加了解历史的演变、思古忆古和追寻人类社会发展的历史真谛。同时，随着时间的推移，历史场景无法再现，历史遗迹就成为社会历史发展重要的真实写照。通过历史遗迹，可以让人们更直观地追溯历史，了解一个国家或民族的灿烂文化，因此具有极强的吸引力。

（二）人类文化的集中体现

历史文化的发展衍生出了现代文化。因此，要想充分地了解现代文化，就需要对历史文化有一定的了解。这是因为人类文化具有继承性、异化性。历史遗迹是记录历史文化和基本特征的忠实载体，它们集中展现了人类历史文化的演变。通过历史遗迹，我们能够从侧面了解历史，并窥探历史的全貌。通过国际游客互访历史遗迹，可以加深对异域文化的了解与认识，增进各国间的友谊，拉近关系。

（三）代表了古代先进的科技发展

古代遗迹能够体现一个国家或区域当时最先进的科学技术，客观地反映出当时科学和生产力的水平，是古代人民聪明智慧的结晶。如古代工程建设、古代科学思想、古代科技创造等。历史遗迹是古代人类科技成果的高度浓缩，历史遗迹具有极大的历史科学价值。如古埃及金字塔、北京故宫均能体现出当时人类较高的数学、物理知识，这对当今的科技发展仍有较高的借鉴意义。因此，历史遗迹旅游资源是开展研学旅行、亲子旅行的重要资源。

（四）展示了景观美学

在不同时代美学观念的指导下，人们在建筑、陵墓、园林等方面都凝聚着浓厚而独特的美学思想，如凝重与精巧、对称与变化、高耸与宽广等，具有较高的美学观赏价值。历史遗迹充分地展示出景观的美学形象，表现出丰富的造型美、质地美、色彩美、意境美、环境美等美学内涵，令人百看不厌，回味无穷。

四、历史遗迹旅游资源分类

根据《旅游资源分类、调查与评价》（GB/T 18972—2017），历史遗迹旅游资源分为物质类文化遗存、非物质类文化遗存 2 个亚类、8 个基本类型（见表 9-1）。

表 9-1　生物景观旅游资源分类表

主类	亚类	基本类型
F 历史遗迹	FA 物质类文化遗存	FAA 建筑遗迹
		FAB 可移动文物
	FB 非物质类文化遗存	FBA 民间文学艺术
		FBB 地方习俗
		FBC 传统服饰装饰
		FBD 传统演艺
		FBE 传统医药
		FBF 传统体育赛事

第二节　物质类文化遗存

案例　导入

保护历史遗存　延续城市文脉

在城市化进程中，我们应重视文化认同。尽管城市日新月异，但一个城市传统的消解常被视为负面效应。然而，我们应以更豁达的态度看待城市发展，视其为文化传承的积极力量。现代性的发展，实际上促进了传统在大城市的汇聚，例如，在广州和上海，通过会展活动而建立的博物馆和美术馆，促使了文化传统以新形式的发展。这意味着摩天大楼和历史文化遗产并非相互排斥，而是可以相互融合、提升人们的生活品质的。

在现代化建设中，我们应客观对待城市发展的现实与意义，并正确理解“文化”的深层含义。避免偏执和狭隘，将文化融入城市建设，使人们认识到文化在城市建设中的重要性。无论对国家还是个体，这都是一件至关重要的事。关心城市就是关心自己，弘扬文化就是拥抱美好生活。保护和传承历史遗存是实现族群认同、凝聚民族精神的重要方式。在全球化时代，只有坚守文化内核，才能应对外部挑战。我们应细致辨析文化认同，激发全民族的文化创新活力。

新时代的文化建设，需要坚定文化自信，坚持走中国特色社会主义文化发展道路。在保护历史遗存、延续城市文脉的过程中，我们既要重视那些深厚、一脉相承的伟大传统，也要重视与区域文化相伴而生的独特、特色鲜明的地方传统，使它们在现代文化生活中和谐共存、交相辉映。同时，我们也应该将中华文化的大传统和小传统恰当地结合起来，在当代生活中发现历史的价值，在历史的借鉴中看清当代的发展，从而在全面建设社会主义现代化国家的新征程中，书写出民族复兴的时代华章。

资料来源：王洪琛．保护历史遗存　延续城市文脉［N］．中国社会科学报，2021-05-20（007）．（部分改动）

物质类文化遗存，也称为物质文化遗产、有形文化遗产，即传统意义上的文化遗产。物质类文化遗存是指人们可直接触摸、鉴赏、体验或参观的实体性历史遗迹类旅游资源。它们是历史文化的精华与综合体，具有丰富的文化内涵。物质类文化遗存既是历史的见证，又是旅游者探知、审美的对象。物质类文化遗存包括建筑遗迹（FAA）和可移动文物（FAB），共2个基本类型。与非物质类文化遗存最大的区别在于，物质类文化遗存具有典型的实体性、稳定性与可存储性。

一、建筑遗迹

建筑遗迹是指具有地方风格和历史色彩的历史建筑遗存。对于建筑遗迹的分类在学术界目前并没有统一权威的划分。如郎富平、陈友军（2020）根据建筑遗存的功能将建筑遗迹划分为生活型建筑遗迹、经济生产型建筑遗迹、公共服务型建筑遗迹和防卫型建筑遗迹；魏丽英、路科（2019）结合《旅游资源分类、调查与评价》（GB/T 18972—2003）对遗址遗迹的划分方式，将建筑遗迹划分为人类活动遗址、文化层、文物散落地、原始聚落、废弃生产地、交通遗迹、废城与聚落遗迹、长城遗迹、烽燧等。结合目前国内外对建筑遗迹的分类方式，并综合考虑事物分类的多元性、唯一性和完整性等原则，故本教材选择了郎富平、陈友军的分类方式：生活型建筑遗迹，如宫殿遗址、居址、寺庙址、墓址等；经济生产型建筑遗迹，如山地矿穴、窑穴、水渠、水井等；公共服务型建筑遗迹，如码头、车站、道路等；防卫型建筑遗迹，如壕沟、边塞烽燧、长城、界壕等。

知识链接

人类活动遗址

人类活动遗址是史前人类聚居、生产、生活的场所，如元谋人遗址、蓝田人遗址、良渚古城遗址、西安半坡遗址。

1. 元谋人遗址

元谋人遗址位于云南省元谋县大那乌村北约 500 米的山腰，距离县城 7000 米。元谋人化石是中国发现的最早的人类化石之一，后被正式命名为“直立人元谋新亚种”，简称“元谋人”。元谋人遗址是已发现的中国人最早的祖先遗址。

2. 蓝田人遗址

蓝田人遗址位于陕西省蓝田县的公主岭和陈家窝村两地，相距约 30 千米。1963 年和 1964 年，在两地的红土层底部分别发现了古人类化石。经测定，公主岭发现的古人类化石距今 115 万年至 110 万年，属于第四纪更新世早期。由于化石发现于蓝田县，且属于亚洲人种，因此，按国际惯例，被定为“直立人蓝田亚种”，通常称为“蓝田猿人”或“蓝田人”。

3. 良渚古城遗址

良渚古城遗址位于浙江省杭州市余杭区瓶窑镇凤都路，占地面积 3 平方千米。该遗址属于新石器时代晚期。良渚文化的年代为距今 5300—4300 年，持续发展了约 1000 年。在长江下游地区共发现了 136 个遗址，其中包括高等级墓地、祭坛、玉礼器系统和大型宫殿基址 300 余处。良渚古城遗址被誉为“中华第一城”，而良渚古城外围水利系统则是迄今所知中国最早的大型水利工程，同时也是世界上最早的水坝。

4. 西安半坡遗址

西安半坡遗址位于陕西省西安市浐河东岸，是新石器时代仰韶文化的聚落遗址，历史悠久，约有 6000~6700 年历史。该遗址占地面积广阔，约 50 000 平方米，于 1953 年被发现。1954~1957 年，由考古学家石兴邦主持进行了 5 次较大规模发掘，总发掘面积达 10 000平方米。在遗址中发现了众多遗迹，包括 45 座房屋、2 座圈栏、200 多个窖穴、6 座陶窑和 250 多座墓葬，同时还出土了约 1 万件生产工具和生活用具。

资料来源：www. baidu. com（内容有改动）

二、可移动文物

可移动文物是指各时代的珍贵实物、艺术品、文献、手稿、图书资料，以及代表性实物等，可分为珍贵文物和一般文物。珍贵文物分为国家一级、二级和三级文物。这些文物主要由博物馆、纪念馆、图书馆或民间收藏。截至 2022 年，中国国有可移动文物数量达到 1.08 亿件（套）。这些文物通常体积较小，种类繁多，根据其体量和珍贵程度，被收藏在文物库房、文物柜或文物囊匣内。由于其体量小，可以根据保管、研究和陈列的需要而随意移动，并不会对其价值造成影响，反而有助于更好地发挥其作用。可移动文物的种类非常丰富，包括青铜器、陶瓷、玉器、雕塑、书画、景泰蓝、漆器、金银器、钱币、织绣、家具、文房四宝、铜镜、古籍善本、玺印、竹木骨角雕刻、紫砂器、古董钟表、鼻烟壶、宣德炉、科技文物等。

例如，以下几种我国具有代表性的可移动文物。

（一）《清明上河图》

《清明上河图》是中国十大传世名画之一，属国宝级文物，现藏于北京故宫博物院。清明上河图是北宋画家张择端仅见的存世精品，宽 24.8 厘米，长 528.7 厘米，绢本设色，以长卷形式记录了北宋都城东京的景象。它采用散点透视构图法，生动展现了社会各阶层的生活情景，见证了北宋时期的繁荣，也是北宋城市经济发展的写照。画卷中绘制了大量人物、牲畜、车辆、船只和建筑，体现了宋代建筑的特征。《清明上河图》具有很高的历史价值、艺术价值，有“中华第一神品”之誉。

（二）圆明园十二生肖兽首铜像

圆明园的十二生肖兽首铜像原为其海晏堂外喷泉的一部分，设计于清乾隆年间，由意大利人郎世宁主持设计、法国人蒋友仁监修、宫廷匠师以红铜铸成。然而，1860 年的英法联军侵略导致这些铜像流失海外。截至 2020 年 12 月，七尊兽首铜像已经通过不同方式回归祖国，包括牛首、猴首、虎首、猪首、鼠首、兔首和马首。其中，猪首和马首由何鸿燊先生购买后归还给国家。2013 年 4 月 26 日，法国皮诺家族宣布将鼠首和兔首无偿捐赠给中国。至于龙首、蛇首、羊首和鸡首的下落，目前仍不明确。

（三）铜奔马

铜奔马是东汉时期的青铜器，也称“马踏飞燕”或“马超龙雀”。它在 1969 年 10 月于甘肃省武威市雷台汉墓出土，现藏于甘肃省博物馆。铜奔马昂首嘶鸣，有着壮实的躯干、修长的四肢和轻捷的腿蹄。铜奔马三足腾空，一足踏在飞燕上，飞驰向前，小飞燕则吃惊地回过头来观望，表现了骏马凌空飞腾、奔跑疾速的雄姿。

1983 年，铜奔马被国家旅游局（现更名为中华人民共和国文化和旅游部）确定为中国旅游标志，并在 2002 年被列入首批禁止出国展览的珍贵文物。从 2021 年 12 月 1 日起，铜奔马在每年的 5 月 1 日至 10 月 15 日在甘肃省博物馆丝绸之路文明展厅展出，其余时间则在库房进行维护保养。

（四）商后母戊鼎

商后母戊鼎，又称“司母戊鼎”或“司母戊大方鼎”，是商后期的铸品。1939 年在河南省安阳市武官村出土，现藏于中国国家博物馆。该鼎重 832.84 千克，高 133 厘米，口长 110 厘米，口宽 79 厘米，是中国古代已知最重的青铜器。器厚立耳，折沿，腹部为长方形，下承四柱足。器腹四转角、上下缘中部、足上部均置扉棱，形制巨大，工艺精巧，造型雄伟庄严。

（五）商周太阳神鸟金饰

商周时期的金器商周太阳神鸟金饰于 2001 年在金沙村出土，现被收藏于成都金沙遗址博物馆。该金饰整体为圆形薄片，外径为 12.5 厘米，内径为 5.29 厘米，厚度 0.02 厘米，重为 20 克。

商周太阳神鸟金饰图案分为内外两层，内层有 12 条等距分布的旋转齿状光芒，外层由 4 只逆时针飞行的鸟组成。金饰图案被列为中国文化遗产标志，并被列入《第三批禁止出国（境）展览文物目录》。

（六）《五牛图》

《五牛图》是唐朝韩滉创作的黄麻纸本设色画，也称《唐韩滉五牛图》，现藏于北京故宫博物院。《五牛图》纵 20.8 厘米，横 139.8 厘米。从右边到左边依次画了五条神态、性格和年龄各异的牛。

第一头为棕色老牛，一边咬着东西一边在杂木旁蹭痒，意态悠闲；第二头为黑白杂花牛，身躯壮大，翘首摇尾，步履稳健；第三头为深赭色老牛，瘦骨嶙峋，纵峙而鸣，老态龙钟；第四头为黄牛，躯体高大，峻角耸立，回首而顾；第五头牛，络首而立，凝神若有所思，双眼流露出倔强的个性。《五牛图》是中国十大传世名画之一，也是现存最古的纸本中国画。

第三节 非物质类文化遗存

案例导入

“非遗+旅游”为文旅融合注入强劲动力

在 2021 年 9 月 15—17 日这三天，来到山海关古城参观的游客们获得了一份意外的惊喜。在山海关古城的四条大街上，三百项非遗纷纷亮相，展示了精湛的手艺、美味的食品和独特的医术。这些非遗项目向游客和市民展示了优秀传统文化的无穷魅力，让他们在欣赏“天下第一关”的雄姿之余，也能亲身体验和感受到传统文化的独特魅力。

在丁记藤艺展位前，精美的藤艺作品如藤篮、藤椅和藤筐，吸引了众多游客的目光。丁记藤艺的第四代传承人丁新霞表示，自20世纪50年代起，丁记藤艺的第三代传承人便在北戴河进行藤艺编织，其作品一直深受秦皇岛客户的喜爱。丁新霞提到，过去的产品主要被宾馆和疗养中心等单位订购，而这次来到山海关古城，发现普通游客也对藤艺编织艺术和作品情有独钟。丁新霞表示，未来将更多地参与非遗集中展示活动，让更多人了解和欣赏藤艺编织艺术。

在现场观摩中，与会代表和专家学者指出，非遗源于生产和生活的紧密结合，与衣、食、住、行等日常生活息息相关。如果非遗仅停留在文化展示层面，就会失去其原有的生活和生产属性，同时也可能失去其在市场中的价值和意义。所以，在旅游业不断升级的过程中，“非遗+旅游”的模式具有巨大的潜力。

资料来源：马彦铭．“非遗+旅游”为文旅融合注入强劲动力．河北新闻网，2021-09-08.（部分改动）

非物质类文化遗存，又称非物质文化遗产，简称“非遗”。非物质类文化遗存是各族人民世代相传并视为其文化遗产组成部分的各种传统文化表现形式，以及与传统文化表现形式相关的实物和场所。非物质文化遗产是一个国家和民族历史文化成就的重要标志，是优秀传统文化的重要组成部分。非物质类文化遗存包括民间文学艺术（FBA）、地方习俗（FBB）、传统服饰装饰（FBC）、传统演艺（FBD）、传统医药（FBE）、传统体育赛事（FBF）6个基本类型。与物质类文化遗存最大的区别在于，非物质文化遗产是以人为载体的表现形态且具有共享功能，是始终处于过程中的文化。

一、民间文学艺术

民间文学艺术是民间对社会生活进行形象的概括而创作的文学艺术作品，是由特定的民族、族群或者社群内不特定成员集体创作和世代传承，并体现其传统观念和文化价值的文学艺术表达，通常包括神话、史诗、民间传说、民间故事、民间歌谣、民间叙事诗、民间小戏、说唱、谚语、谜语、曲艺、仪式诵词，也包括书面文献、经卷、宝卷、唱本、戏文、图案造型艺术、音乐舞蹈、岁时节日、电子媒介与互联网等媒介载体。据中国非物质文化遗产网官网（https：//www. ihchina. cn/）数据显示，截至2021年，在我国国家级非物质文化遗产代表性项目名录中，民间文学共计167个（见表9-2）。

表9-2　民间文学项目统计表（单位：个）

年份	批次	新增项目
2006年	第一批	31
2008年	第二批	53

续表

年份	批次	新增项目
2011 年	第三批	41
2014 年	第四批	30
2021 年	第五批	12
合计		167

数据来源：中国非物质文化遗产网官网

我国具有代表性的民间文学有《白蛇传传说》《阿诗玛》等。

（一）白蛇传传说

《白蛇传传说》是江苏省镇江市和浙江省杭州市的地方传统民间文学，被列为国家级非物质文化遗产之一。它描述了修行千年的白蛇化身为白娘子，与青蛇化身的小青一同来到杭州西湖，与药店伙计许仙相遇、相恋。然而，在和尚法海的干涉下，他们的爱情之路充满了波折。《白蛇传传说》不仅反映了人们对婚姻自由和爱情生活的向往，也表现出人们对人性解放的追求。

《白蛇传传说》肇始于唐、五代时期，经过南宋、元代的文人改编，明代冯梦龙的拟话本《白娘子永镇雷峰塔》为其最早的完整文本。在明清至现代，这一传说在民间口头文学与各类民俗文艺的融合中，逐渐成为故事、歌谣、戏曲、电视、电影、连环画、动漫、舞蹈等各种文艺形式的经典题材，其流传地区广泛，是汉民族流传较广的四大传说之一。

（二）《苗族古歌》

苗族古歌，是贵州省台江县和黄平县的传统民间文学，也是国家级非物质文化遗产之一。其内容广泛，涵盖了宇宙起源、人类和其他物种的诞生、开天辟地、苗族大迁徙和日常生产生活等内容。《苗族古歌》不仅是一部古代神话的总汇，也反映了苗族古代社会的历史和文化。在各种传统节日、婚丧活动、鼓社祭等场合，中老年人、巫师和歌手都会演唱古歌。苗族古歌古词神话不仅是一个民族的心灵记忆，也是苗族古代社会的百科全书，具有历史学、民族学、哲学和人类学等多方面的重要价值。

（三）《玛纳斯》

《玛纳斯》是新疆克孜勒苏柯尔克孜自治州的传统民间文学。同时，《玛纳斯》也是世界非物质文化遗产之一。这部作品描述了英雄玛纳斯及其七代子孙如何不畏艰险、前赴后继地与外来侵略者和邪恶势力进行斗争的故事。它深刻地展现了柯尔克孜人民顽强的民族性格、团结一致的精神。据记载，《玛纳斯》在 16 世纪就开始流传，历经千百年，一直依靠口耳相传的方式传承至今。

（四）《阿诗玛》

《阿诗玛》是云南省石林彝族自治县的民间文学，以口传诗体语言讲述、演唱阿诗玛的故事。这个故事描述了阿诗玛与强权势力的斗争。它反映了彝族撒尼人的民族性格和民族精神，是撒尼人民集体智慧的结晶。《阿诗玛》使用五言句传唱，运用伏笔、夸张和讽刺等手法和谐音、顶针、拈连、比喻等技巧。最终实现其内容与形式的完美统一。它可以作为叙事诗来讲述或传唱，没有固定的传唱场合，可以在婚嫁、祭祀、葬仪、劳动，以及生活等多种场合中传唱和讲述。

二、地方习俗

地方习俗是指社会文化中长期形成的风尚、礼节、习惯及禁忌等，是特定社会文化区域内历代人们共同遵守的行为模式或规范。地方习俗因其独特的地方特色与神奇魅力，能够满足旅游者猎奇、探知、体验、休闲等多种需求。地方习俗主要包括民族风俗、节日习俗，以及传统礼仪等方面。如春节、元宵、清明、端午、中秋、重阳等传统节日，在不同的地区都有着较大的差异。截至 2021 年，我国国家级非物质文化遗产代表性项目名录中的民俗共计 183 个。

我国具有代表性的少数民族地方习俗有傣族泼水节、锡伯族西迁节等。

（一）傣族泼水节

傣族泼水节是云南省傣族人民的重要传统节日，也是国家级非物质文化遗产之一。泼水节也称“浴佛节”，一般在傣历六月中旬，即农历清明节前后十天左右举行。这个节日在西双版纳和德宏地区的傣族中被称为“尚罕”“尚键”，意为周转、变更和转移。除了傣族，阿昌族、德昂族、布朗族、佤族等少数民族也过这个节日。另外，柬埔寨、泰国、缅甸和老挝等一些国家也过这一节日。泼水节活动丰富多样，包括泼水、赶摆、赛龙舟、浴佛、诵经、章哈演唱、孔雀舞、白象舞表演等。

（二）锡伯族西迁节

锡伯族西迁节是流行于新疆维吾尔自治区锡伯民族的西迁戍边纪念日，是国家级非物质文化遗产之一。锡伯族西迁节也叫“四一八节”“怀亲节”，新疆锡伯族同胞称为“杜音拜专扎坤”。每年农历四月十八日，新疆锡伯族群众就会欢聚一堂，享用野餐，载歌载舞，以纪念祖辈驻防戍边的英雄业绩。庆祝活动包括野炊、射箭、比武、唱歌和跳舞等丰富多彩的内容。

（三）火把节（彝族火把节）

彝族火把节，是云南、贵州、四川等地彝族地区的传统节日，也是国家级非物质文化遗产之一。除彝族外，白族、基诺族、纳西族、拉祜族等少数民族也过火把节。这一节日的起源与人们对火的崇拜有关。举办火把节的目的是希望用火驱虫除害，保护庄稼生长。在节日期间，各村寨会扎起大、小火把，入夜点燃后，整个村寨都会被照亮。同时，人们还会手持小型火把绕行田间、住宅，将火把和松明子插于田间地头。青年男女会在大火把周围弹唱、跳舞，彻夜不息。此外，节日期间还有赛马、摔跤、拔河、斗牛、射箭、荡秋千等娱乐活动。

（四）鄂伦春族古伦木沓节

鄂伦春族主要分布在黑龙江流域、大小兴安岭的密林深处，以狩猎和游猎为生。古伦木沓节是鄂伦春族的传统节日，由祭祀火神的仪式演变而来。鄂伦春族古伦木沓节是国家级非物质文化遗产之一。鄂伦春人常在年节或吉日燃起篝火，焚香跪拜祷告，祈求火神保佑平安，并在饭前向火塘洒酒抛肉以示供奉。这种传统习俗代代相传。鄂伦春族古伦木沓节节日期间的活动内容丰富多彩，包括射箭、赛马、摔跤、射击等体育活动，以及唱歌、跳舞等文艺表演。夜间还会燃起篝火，请萨满跳神，进行祭神祭祖的仪式。

（五）瑶族盘王节

瑶族盘王节是瑶族人民居住地流行的传统节日，其中包括广西、湖南、云南、广东、贵州和江西等省。这个节日起源于农历十月十六日的盘王节歌会。在这一天，瑶民会聚集在一起，载歌载舞，纪念盘王。随着时间的推移，盘王节逐渐发展成为庆祝丰收的联谊会，青年男女也借此机会以歌传情，寻找意中人。现代的盘王节已经超越了传统的宗教和历史意义，成为瑶族人民展示文化、交流感情和欢庆丰收的重要场合。

三、传统服饰装饰

传统服饰装饰是指具有地方和民族特色的衣饰。所谓服饰，是装饰人体的物品总称，包括服装、鞋、帽、围巾、手套、袜子、领带、佩饰等。服饰主要具有御寒、遮羞和装饰等方面的作用。作为中国传统文化重要的组成部分之一，中华传统服饰是中华民族乃至人类社会创造的宝贵财富。同时，特色传统服饰也成为旅游地重要的吸引力要素之一。

我国具有代表性的传统服饰装饰有很多，如下所述。

（一）瑶族服饰

瑶族曾因其居住和服饰特点有多个自称和他称，如“过山瑶”“红头瑶”“平头瑶”“蓝靛瑶”等。瑶族在风俗习惯上一直保持本民族的传统特点，特别是在男女衣着上。瑶族妇女善于刺绣，衣襟、袖口和裤脚都绣有精美的图案、花纹。男子则蓄发盘髻，以红布或青布包头，穿无领对襟长袖衣，衣外斜挎白布“坎肩”，下着大裤脚长裤。瑶族男女长到十五六岁要换掉花帽改包头帕，以此标志身体发育成熟。瑶族服饰在一定程度上反映了他们的年龄、婚否、爱情，以及社会地位等状况。

（二）回族服饰

回族服饰独具特色，包括坎肩、戴斯达尔、麦赛海袜、准白、礼拜帽和盖头等多种服饰。坎肩采用布、绸、绢、麻等原料，分为夹、棉、单等多种类型，适合不同季节穿着，方便实用。戴斯达尔源于波斯语，是“缠头巾”的意思，源于伊斯兰教创始人穆罕默德所缠的头巾，戴斯达尔以白、黄为主色。麦赛海袜是阿拉伯语中“皮袜子”的意思。麦赛海袜由牛皮加工而成，干净耐用。准白是阿拉伯语中“袍子”的意思。准白采用棉布、化纤和毛料制作，有单、夹、棉、皮四种款式，类似于现代长大衣。礼拜帽又称回回帽，是一种无檐小圆帽，以白、黑为主色。盖头是穆斯林妇女传统的头巾，用于遮盖头发、耳朵和脖子，只露出面孔。

（三）惠安女服饰

惠安女服饰是福建省泉州市惠安县的独特民俗服饰。惠安女服饰也是国家级非物质文化遗产之一。惠安女子的服饰别具一格，头戴金色斗笠、披着花头巾，上身穿着湖蓝色的斜襟短衫，下身则穿着宽大的黑裤。这种服饰的特色在于花头巾，通常是小朵的蓝色花，配以白底，显得清新亮丽。头巾紧捂双颊，只露出眉眼、嘴鼻，展现出惠安女子的含蓄与恬静之美。惠安女子的特色服饰在中国少数民族女子服饰中独树一帜，被誉为“巾帼服饰中的一朵奇葩”，具有很高的实用艺术价值与民俗文化研究价值。

（四）苏州甪直水乡妇女服饰

生活在苏州以东吴县甪直、胜浦、唯亭、陆墓一带的农村妇女，一直保留着传统的民俗服饰，她们以梳愿摄头、扎包头巾、穿拼接衫、拼裆裤、束倔裙、裹卷膀、着绣花鞋为主要特征的传统服饰，颇具江南水乡特色，获得了苏州“少数民族”之称。

四、传统演艺

传统演艺是指民间各种传统表演方式。包括传统音乐、传统舞蹈、传统戏剧和曲艺等。

传统音乐绵延几千年，包含诸多审美品格，它是一定音乐思想特殊本质的集中体现，是音乐思想意识的结晶，一个国家、一个民族的思维习惯，对其审美意识的形成和发展有不可低估的作用。传统舞蹈的范围较广，大凡依附于各民族传统风俗活动的舞蹈，如生产劳动、岁时节令、婚丧礼仪、信仰崇拜等民俗传统活动中的舞蹈都包含在内。传统戏剧，指以语言、动作、舞蹈、音乐、木偶等形式达到叙事目的的舞台表演艺术的总称，尤以戏曲和话剧、杂剧为主，是中华民族文化的一个重要组成部分。曲艺是中华民族各种“说唱艺术”的统称，它是由民间口头文学和歌唱艺术经过长期发展演变形成的一种独特的艺术形式。

据中国非物质文化遗产网官网（https：//www. ihchina. cn/）数据显示，截至2021年，我国国家级非物质文化遗产代表性项目名录中传统音乐共计189个，传统舞蹈共计144

个，传统戏剧共计 171 个，曲艺共计 145 个（见表 9-3）。

表 9-3 传统演艺项目统计表（单位：个）

年份	批次	传统音乐	传统舞蹈	传统戏剧	曲艺
2006 年	第一批	72	41	92	46
2008 年	第二批	67	55	46	50
2011 年	第三批	16	15	20	18
2014 年	第四批	15	20	4	13
2021 年	第五批	19	13	9	18
合计		189	144	171	145

数据来源：中国非物质文化遗产网官网

我国具有代表性的传统演艺有很多，如下所述。

（一）左权开花调

左权县古时称为辽州、辽县，位于太行山主脉西侧，山西省的东部边缘。据《辽州志》记载，宋元以来，当地就有“闹元宵”“闹社火”等传统风俗，这些活动逐渐发展出多种民间音乐体裁。左权民歌在隋代开始形成。在 20 世纪 30 年代，左权开花调从左权民歌中派生出来。左权开花调歌词构思精巧，感染力强。由于歌词中常以“开花”为比兴，因此得名开花调。这种民歌主要分布在左权、武乡、襄垣、和顺等县，以左权开花调最为出色。左权开花调代表曲目，如《桃花红，杏花白》《会哥哥》《有了心思慢慢来》等。

（二）蒙古族长调民歌

蒙古族长调民歌是蒙古族一种独特的民歌形式，是北方草原游牧民族在畜牧业生产劳动中创造出的民歌。它在蒙古族社会生活中占有重要地位，常见于那达慕大会、婚礼、庆典等传统社交与宗教节庆活动中。蒙古族长调民歌的特点是旋律悠长舒缓，意境开阔，气息绵长，具有鲜明的游牧文化和地域文化特征。这种民歌形式具有极高的研究价值，是民族学、音乐学等学科的重要研究对象。著名的长调民歌曲目有《走马》《辽阔的草原》《小黄马》《辽阔富饶的阿拉善》等。

（三）京西太平鼓

京西太平鼓是北京市门头沟区的一种民间舞蹈，具有广泛的群众基础以及深厚的历史渊源，在当地的民俗活动中扮演着重要的角色。这种舞蹈是老百姓自娱自乐、集体传承的舞蹈，其起源可以追溯到明代，当时太平鼓在北京就已经流传开来。到了清初，太平鼓在京城内外极为盛行，人们取其“太平”之意，祈求社会安定和平。在每年的腊月和正月，太平鼓表演最为活跃，常常吸引大量观众前来观看。百姓们击打太平鼓不仅是为了娱乐，更是对太平盛世、国泰民安的期盼。

（四）昆曲

昆曲是中国古老的戏曲声腔和剧种，也被称为昆山腔、昆腔或昆剧等。昆曲是汉族传统戏曲中最古老的剧种之一。昆曲起源于14世纪的苏州昆山，经过魏良辅等人的改良后走向全国，明代中叶以来独领中国剧坛近300年。它融合了唱念做打、舞蹈及武术等元素，曲词典雅。昆曲剧目包括《琵琶记》《牡丹亭》《长生殿》《红梨记》《玉簪记》《司马相如》《南唐遗事》《班昭》等。

（五）梨园戏

梨园戏是中国福建省的戏曲之一，起源于宋元时期的泉州。它与浙江的南戏并称为“搬演南宋戏文唱念声腔”的“闽浙之音”，拥有八百余年的历史，被誉为“古南戏活化石”。梨园戏广泛流传于福建泉州、厦门、漳州、广东潮汕、香港、澳门、台湾等地区，以及东南亚各国闽南语系华侨居住地。至今，梨园戏仍然活跃在舞台上，并基本保留其原始的戏剧样式。代表剧目有《朱文》《蔡伯喈》《刘文龙》《王魁》等25种。

（六）潮剧

潮剧，主要是用潮汕方言进行演唱的地方剧种。潮剧也被称为泉潮雅调、潮州戏、潮音戏和白字戏。这一传统戏剧形式流传于广东省汕头市、揭阳市、潮州市以及福建省云霄县等地，有四百多年的历史。潮剧是宋元南戏的分支，在发展过程中吸收了弋阳、昆曲、皮黄和梆子戏等多种戏曲的特长，并融入了潮州当地的民间艺术，最终形成了自己独特的艺术风格。传统潮剧剧目有两千多部，不仅是中华民族优秀文化的重要代表，也具有深刻的历史意义和极高的审美价值。著名的潮剧剧目有《琵琶记》《苏六娘》《金花女》《荆钗记》《林则徐烧英鸦片烟》《姐妹花》等。这些剧目不仅展示了潮剧的艺术魅力，也反映了深厚的历史文化底蕴。

五、传统医药

传统医药是各民族在历史上创造和应用的生命认知及医药技能所构成的知识体系。传统医药是非物质文化遗产名录中的重要一项内容。中国传统医药由中医药、民族医药、民间医药三个部分组成。2019年5月25日，第七十二届世界卫生大会上审议通过的《国际疾病分类第十一次修订本》，首次将起源于中医药的传统医学纳入其中。千百年来，中医药不仅为中华民族的繁衍昌盛作出了不可磨灭的贡献，也维护了人民群众的健康、促进了我国经济社会的发展。

据中国非物质文化遗产网官网（https：//www. ihchina. cn/）数据显示，截至2021年，我国国家级非物质文化遗产代表性项目名录中传统医药共计23个（见表9-4）。

表 9-4　传统医药项目统计（单位：个）

年份	批次	新增项目
2006 年	第一批	13
2008 年	第二批	4
2011 年	第三批	4
2014 年	第四批	2
2021 年	第五批	0
合计		23

数据来源：中国非物质文化遗产网官网

我国具有代表性的传统医药有多种，如下所述。

（一）中医诊法

中医诊法是中医学的重要组成部分，并被列为国家级非物质文化遗产。该方法主要运用“四诊法”对疾病进行诊察。“四诊法”是中国古代战国时期的名医扁鹊根据民间流传的经验和自己多年的医疗实践，总结出来的诊断疾病的四种基本方法，即“望、闻、问、切”四种诊法。“望诊”是通过观察病人的外部表现来推断疾病；“闻诊”则是通过听觉和嗅觉感知病人的声音和气味；“问诊”是通过与病人或其家属的交流来了解病人的病情；“切诊”就是切脉，是对病人体表部位的触诊。中医切脉主要在桡动脉处进行，通过观察脉象来了解病人的内在变化。四诊法并不是四种独立的方法，而是需要综合运用这四种方法对病人进行全面科学诊断。中医学在长期医疗实践中形成了一套完备的诊断疾病的理论、方法、技术以及实物，这体现了中国传统文化和鲜明的地域特征。

（二）中医生命与疾病认知方法

中医对生命与疾病的认知是基于中华民族传统文化产生的认识人体生命现象和疾病规律的一种医学知识。中医生命与疾病的知识起源于传说中的远古黄帝、岐伯时代。中医生命与疾病知识主要包括阴阳、五行、经络、脉象、疾病与证候、病因病机、辨证、治则治法、五运六气等内容。中国传统医药把“中医生命与疾病认知方法”作为重要内容，扩大、深化了“非遗”的内涵，最能够体现“非遗”的精神和灵魂，是传统医药非物质文化遗产的总纲。

（三）针灸

针灸是我国古代劳动人民创造的一种独特的医疗方法，有着悠久的历史。人们利用金属针具或艾柱、艾卷，在人体特定的部位进针施灸，用以治疗疾病，解除病痛，并由此创立了独具特色的人体经络腧穴理论，在世界上享有盛誉。针灸由“针”和“灸”构成，是中医学的重要组成部分之一。针灸这一医疗方法具有鲜明的中华民族文化与地域特征，是基于中华民族文化和科学传统产生的宝贵遗产。

（四）同仁堂中医药文化

北京同仁堂，始建于1669年，是中国传统医药中闻名遐迩的老字号。同仁堂中医药文化体现在"同修仁德，济世养生"的价值观、"炮炙虽繁必不敢省人工，品味虽贵必不敢减物力"的质量观、"讲信义，重人和"的经营理念、"童叟无欺，一视同仁"的职业道德，以及同仁堂的品牌和特有标记。2006年5月20日，同仁堂中医药文化被列入第一批国家非物质文化遗产名录传统医药类。

六、传统体育赛事

传统体育赛事一般是指某一区域定期举行的传统体育比赛活动，如体育健身比赛、竞技活动等。中华民族传统体育是由中华民族人民世代实践、产生、发展并流传至今的体育。这些丰富多彩的传统体育项目是中华民族宝贵的文化遗产。在中华民族传统体育项目中，既有广为流传的体育项目，如武术、太极拳、骑马、射箭、围棋、龙舟竞速、舞龙舞狮等，也有特色鲜明、具有丰富民族风格和地方特色的项目，如苗族的划龙舟、打手毽，维吾尔族的达瓦孜、叼羊，布依族的丢花包，壮族的投绣球，朝鲜族的跳板，藏族的赛牦牛，布朗族的打竹球等。在我国古代举办的体育活动主要是为达到祛病、健身、习武和娱乐等目的。

据中国非物质文化遗产网官网（https：//www. ihchina. cn/）数据显示，截至2021年，我国国家级非物质文化遗产代表性项目名录中传统体育、游艺与杂技共计109个（见表9-5）。

表9-5　传统体育、游艺与杂技项目统计（单位：个）

年份	批次	新增项目
2006年	第一批	18
2008年	第二批	37
2011年	第三批	15
2014年	第四批	12
2021年	第五批	27
合计		109

数据来源：中国非物质文化遗产网官网

我国具有代表性的传统体育有少林功夫、蹴鞠、跳板、荡秋千等。

（一）少林功夫

少林功夫，是指在河南登封嵩山少林寺这一特定佛教文化环境中形成，以佛教神力信仰为基础，充分体现佛教禅宗智慧，以少林寺僧人修习的武术为主要表现形式的一个传统文化体系。少林是中华武术中体系最庞大的门派，少林功夫具有完整的技术和理论体系，它以武术技艺、套路为表现形式，以佛教信仰、禅宗智慧为文化内涵。目前，少林寺留传的少林功夫拳术、器械和对练等套路合计有255种。

（二）蹴鞠

蹴鞠，也被称为“蹋鞠”“筑球”“蹴圆”“蹴球”“踢圆”等。“蹴鞠”是指以脚蹴、蹋、踢皮球的活动，类似今日的足球。蹴鞠是中国一项古老的体育运动，有直接对抗、间接对抗、白打等三种形式。据史料记载，早在战国时期中国民间就流行娱乐性的蹴鞠游戏，而从汉代开始又成为兵家练兵之法，宋代又出现了蹴鞠组织与蹴鞠艺人，清代开始流行冰上蹴鞠。因此，可以说蹴鞠是中国古代流传久远、影响较大的一项体育活动。

（三）朝鲜族跳板、秋千

朝鲜族是一个爱好体育运动的民族，跳板和荡秋千是朝鲜族妇女喜爱的民间传统体育运动。作为一种体育竞技游戏，跳板流行于吉林省延边朝鲜族自治州及全国其他朝鲜族聚居的地方，跳板活动一般在元宵节、端午节和中秋节等喜庆日子举行。在农闲时期、端阳节等节日会举行大型的荡秋千竞技比赛，众多的朝鲜族妇女会穿着节日的盛装参加比赛。因此，朝鲜族跳板、秋千也成为一种旅游资源，吸引着众多的游客前往。

本章小结

本章围绕历史遗迹旅游资源内容展开讲解，包含三个学习章节，不仅具体进行了历史遗迹的总体概述，还对物质类文化遗存、非物质类文化遗存这两大历史遗迹亚类的概念、分类及其典型代表进行了介绍。有助于学生学习、领悟和牢固掌握历史遗迹旅游资源的相关基础知识，并把所学知识灵活应用到将来的实际工作中，达到提升职业素养和增强岗位胜任能力的目的。

思考题

1. 历史遗迹旅游资源具有什么特点？
2. 历史遗迹在旅游业中具有什么作用？
3. 我国历史遗迹旅游资源如何分类？
4. 清明上河图具有怎样的艺术价值？
5. 地方习俗对发展旅游具有哪些意义？

6. 瑶族服饰有哪些特点？
7. 什么是传统演艺？
8. “四诊法”分别指的是什么？
9. 中国传统体育项目包括哪些？

本章实训

一、实训目的

1. 了解历史遗迹的概念、分类；掌握历史遗迹各亚类的典型景区（景点）及其特点。
2. 能够发现历史遗迹类旅游资源开发中存在的问题，并能提出针对性的解决对策。
3. 锻炼团队成员的收集与分析材料能力、团队合作能力、个人表达等能力。
4. 通过该实训，使学生了解我国历史遗迹的基本状况，树立学生的民族文化认同感，引导学生对中华民族优秀历史文化的继承和传承。

二、实训内容

将班级同学分组，每一组同学选择表 9-6 中的一个主题，结合自己家乡（或老师指定某个城市/地区）历史遗迹旅游资源情况，通过书刊、报纸、网络等渠道收集信息，结合视频、文字、图片等方式进行材料整合。小组成员选出代表在全班进行案例讲解，其他小组匿名打分，最后评选出表现最优的小组。

表 9-6　实训作业

团队名称：　　　　　　　　组长：　　　　　　　　团队成员：

小组选择项目			各小组总结研究发现
F 历史遗迹	FA 物质类文化遗存	FAA 建筑遗迹	
		FAB 可移动文物	
	FB 非物质类文化遗存	FBA 民间文学艺术	
		FBB 地方习俗	
		FBC 传统服饰装饰	
		FBD 传统演艺	
		FBE 传统医药	
		FBF 传统体育赛事	

三、实训组织

1. 指导教师布置或学生自选实训项目，提示相关注意事项及要点。
2. 将班级成员分组，成员可自由组合。小组人数划分视班级总人数而定。由教师给每组分配所要阐述的途径，每组选出组长一名。

3. 以小组为单位，通过书刊、报纸、网络等渠道收集典型案例若干。对于收集的材料，小组内部先充分展开讨论。讨论时间长度可视情况而定，课堂讨论或课外讨论均可。选择最能反映所选行业的案例作为参考，并能够最终提出小组的集体观点（如存在问题、发展建议等）。

4. 各小组在班级进行宣讲，每组宣讲时间以不超过 15 分钟为宜。

四、实训步骤

1. 指导教师布置任务，指出实训要点、难点和注意事项。

2. 结合教师讲解，学生选取任务中的一项，并从网上查找资料，选取典型图片，制作 PPT，撰写讲解词，练习后进行当众讲解。

3. 各组汇报，由学生和老师共同组成现场评议小组进行点评。

4. 对于得分最高的团队，适当进行鼓励和奖励。

第十章 旅游资源调查与评价

知识目标

1. 掌握旅游资源调查的程序与方法。
2. 熟悉旅游资源评价的内容、评价体系与计分方法。
3. 了解大数据在旅游资源评价中的应用。

技能目标

1. 能够制订旅游资源调查的方案。
2. 能够根据旅游资源调查与评价的实际需要，有针对性地使用各类调查工具进行现场工作。
3. 能够修正、完善旅游资源单体预填表。
4. 能够有效整理现场调查或勘测所获取的各项资料，并进行旅游资源的定级评价。

思政目标

1. 培养学生的实践能力、创新精神，全面落实立德树人。
2. 培养学生发现问题、分析问题、解决问题、探求真理的能力。
3. 培养学生尊重和认同中华优秀传统文化，培养人文素质和家国情怀。
4. 培养学生团队意识和互助精神，培养社会责任感，形成高尚情操和人生观。

第一节 旅游资源调查

案例导入

湖南邵阳鸡公岩国家石漠公园本底资源调查与分析

湖南邵阳鸡公岩国家石漠公园东起永兴村的黎木冲，西至源头村的英古山，南到五皇村的红花院，北及永兴村的新鸭塘，距邵阳县城区 28 千米，总面积 368.2 公顷。公园内山峦起伏，景色宜人，有石林、溶洞、峰丛、天坑、漏斗、悬崖等岩溶地貌，属典型的低山峰丛地貌。公园原生地带性植被良好，能保障岩溶生态系统的完整性与生态安全，公园内保存的植被是岩溶区域典型代表。

在相关数据基础上，采用标准地调查和样线调查相结合的调查方法。标准地调查用于确定植物群落的结构特征，样线调查用于表征植物或植物群落的水平或垂直分布。在优势物种明显的地区选择地块，结合现有数据，利用卫星遥感中的谷歌地球（Google Earth），确定每种植被的类型和范围。在对场地布局进行观察、记录和详细调查的过程中，特别注意植物群落的特征，包括各层植物的类型、群落的结构、群落的外观和优势种。

调查的内容主要是对不同群落类型的外貌特征进行定性判断、定量观测和数码摄影记录；对不同群落立地条件信息，如经纬度、海拔高度、坡向和坡度、坡位进行记录。测量树高、胸径、冠幅等，并记录适当的冠密度。对于灌木、草本植物和层间植物，记录物种、株数、盖度、平均高度等。对野外不能鉴定到种的要采集标本，带回鉴定，最终形成调查区域内完整的植物名录。

对公园野生动植物资源进行实地调查，走访调查常住居民，收集并整理公园规划范围区域以及邻近区域的现有动植物，在综合分析现有资料的基础上，记录有维管束植物共 611 种，隶属 97 科 381 属，裸子植物 6 科 7 属 8 种，双子叶植物 75 科 285 属 491 种，单子叶植物 16 科 89 属 112 种；野生脊椎动物有 5 纲 23 目 53 科 121 种。通过调查与分析，摸清了公园内本底资源的现状与发展趋势，为公园的建设与发展提供有力的技术支撑。

资料来源：宋柯承，郭友良，唐水红．湖南邵阳鸡公岩国家石漠公园本底资源调查与分析［J］．绿色科技，2022，24（22）：26-31.（部分改动）

旅游资源综合调查是合理开发利用旅游资源的科学工具和方法，有针对性地、系统地收集、记录、汇编、分析、总结有关旅游资源及相关因素的信息和资料，以确定旅游资源存量状况，为旅游资源的开发和管理提供客观的决策依据。

一、旅游资源调查的概念

旅游资源调查是指按照旅游资源分类标准对单项旅游资源进行调查登记。确定旅游资源状况，全面、系统地确定旅游资源的数量、质量、分布、组合状况、成因和价值，为旅游资源评价、分类和规划做好准备。

二、旅游资源调查的目的与意义

（一）旅游资源调查的目的

旅游资源调查的目的是按照既定的分类体系，运用科学、合理、经济的研究方法，对目标地区的旅游资源进行有系统、有目的的研究，发现旅游资源的需求。查清目标区旅游资源的类型、数量、质量、特征、水平、性质、未来经济价值、未来开发潜力以及周边政治、经济、生态环境，为未来规划、开发提供信息，作为管理、保护和培育的依据。

（二）旅游资源调查的意义

1. 获得丰富的一手资料

通过对旅游资源的调查，可以充分了解研究区旅游资源的类型、特征、规模和开发潜力，为其评价和开发奠定基础，提供可靠的第一手资料。基于所获得的基础信息，可以为各级旅游资源数据库的建立提供全面的信息，对区域经济发展和旅游资源管理、开发和保护具有重要的参考价值。

2. 为相关部门提供决策依据

通过深入研究旅游资源本身及其外部开发条件，可以充分了解旅游资源开发、利用和保护的现状和存在的问题，确定旅游资源的开发方向和顺序。动态、全面掌握旅游资源开发和保护情况，有效评估保护影响和开发效益，为旅游管理部门和其他有关部门提供及时、准确的信息。

3. 为旅游开发提供创意来源

通过旅游资源调查获得的基础信息和环境背景条件，可以为旅游开发和规划过程提供多种创新创意源泉，有助于充分把握区域旅游文化的内涵。

三、旅游资源调查的分类

（一）旅游资源详查

1. 适合范围和要求

适用于整个区域旅游资源全面情况的调查。应完成全部旅游资源调查程序中的调查准备和实地调查。对全部旅游资源单体进行调查，提交全部“旅游资源单体调查表”。

2. 调查准备

团队成员须具备研究该调查区旅游环境、旅游资源和旅游开发的专业知识。按照国家标准《旅游资源分类、调查与评价》（GBT 18972—2017）的要求进行技术培训。准备好现场勘察所需的设备，如定位工具、简易测量仪器、影像设备等。

3. 资料收集范围

与旅游资源单体及其环境有关的各类文字资料，包括地方志、旅游区介绍、规划和专题报道等；与旅游资源区有关的各类图文资料，重点是描绘旅游环境和旅游资源的专题地图；与旅游资源调查区和旅游资源单体相关的各种图像、视频资料。

4. 实地调查程序和方法

（1）确定调查区内的调查小区和调查线路

可将整个调查区分为“调查小区”。调查小区一般按行政区划分（如省一级的调查区，可将地区一级的行政区划分为调查小区；地区一级的调查区，可将县级一级的行政区划分为调查小区），也可按现有或规划中的旅游区域划分。调查线路应贯穿调查区内所有调查小区和主要旅游资源单体所在的地点。

（2）选定调查对象

①宜选定下述单体进行重点调查：具有旅游开发前景，有明显经济、社会、文化价值的旅游资源单体；集合型旅游资源单体中具有代表性的部分；代表调查区形象的旅游资源单体。

②对下列旅游资源单体暂时不宜进行调查：品位低下、无开发利用价值的；与国家现行法律、法规相违背的；开发后有损社会形象的或可能造成环境问题的；影响国计民生的；某些位于特定区域内的。

（3）填写《旅游资源单体调查表》

应对每一调查单体分别填写一份《旅游资源单体调查表》（见表 10-1）。

表 10-1 旅游资源单体调查

基本类型：

代号	；其他代号：① ；②
行政位置	
地理位置	东经 ° ′ ″，北纬 ° ′ ″

性质与特征（单体性质、形态、结构、组成成分的外在表现和内在因素，以及单体生成过程、演化历史、人事影响等主要环境因素）

续表

旅游区域及进出条件（单体所在地区的具体部位、进出交通、与周边旅游集散地和主要旅游区［点］之间的关系）
保护与开发现状（单体保存现状、保护措施、开发情况）
共有因子评价问题（你认为本单体属于下列评价项目中的哪个档次，应该得多少分，在最后的一列内写上分数）

续表

评价项目	档次	本档次规定得分	你认为应得的分数
单体为游客提供的观赏价值，或游憩价值，或使用价值	全部或其中一项具有极高的观赏价值、游憩价值、使用价值	30-22	
	全部或其中一项具有很高的观赏价值、游憩价值、使用价值	21-13	
	全部或其中一项具有较高的观赏价值、游憩价值、使用价值	12-6	
	全部或其中一项具有一般的观赏价值、游憩价值、使用价值	5-1	
单体蕴含的历史价值，或文化价值，或科学价值，或艺术价值	同时或其中一项具有世界意义的历史价值、文化价值、科学价值、艺术价值	25-20	
	同时或其中一项具有全国意义的历史价值、文化价值、科学价值、艺术价值	19-23	
	同时或其中一项具有省级意义的历史价值、文化价值、科学价值、艺术价值	12-6	
	历史价值，或文化价值，或科学价值，或艺术价值具有地区意义	5-1	
物种珍稀性，景观奇特性，现象遍在性在各地的常见性	有大量珍稀物种，或景观异常奇特，或此类现象在其他地区罕见	15-13	
	有较多珍稀物种，或景观奇特，或此类现象在其他地区很少见	12-9	
	有少量珍稀物种，或景观突出，或此类现象在其他地区少见	8-4	
	有个别珍稀物种，或景观比较突出，或此类现象其他地区较多见	3-1	
个体规模大小，群体结构丰满性和疏密度，现象常见性	独立型单体规模、体量巨大；组合型旅游资源单体结构完美、疏密度优良级；自然景象和人文活动周期性发生或频率极高	10-8	
	独立型单体规模、体量较大；组合型旅游资源单体结构很和谐、疏密度良好；自然景象和人文活动周期性发生或频率很高	7-5	
	独立型单体规模、体量中等；组合型旅游资源单体结构和谐、疏密度较好；自然景象和人文活动周期性发生或频率较高	4-3	
	独立型单体规模、体量较小；组合型旅游资源单体结构较和谐、疏密度一般；自然景象和人文活动周期性发生或频率较小	21	
自然或人为干扰和破坏情况，保存完整情况	保持原来形态和结构	5-4	
	形态与结构有少量变化，但不明显	3	
	形态与结构有明显变化	2	
	形态与结构有重大变化	1	
知名度和品牌度	在世界范围内知名，或构成世界承认的名牌	10-8	
	在全国范围内知名，或构成全国性的名牌	7-5	
	在本省范围内知名，或构成省内的名牌	4-3	
	在本地区范围内知名，或构成本地区名牌	2-1	

续表

评价项目	档次	本档次规定得分	你认为应得的分数
适游时间或服务游客情况	适宜游览的日期每年超过 300 天，或适宜于所有游客使用和参与	5-4	
	适宜游览的日期每年超过 250 天，或适宜于 80%左右游客使用和参与	3	
	适宜游览的日期超过 150 天，或适宜于 60%左右游客使用和参与	2	
	适宜游览的日期每年超过 100 天，或适宜于 40%左右游客使用和参与	1	
受污染情况，环境条件及保护措施	已受到严重污染，或存在严重安全隐患	-5	
	已受到重度污染，或存在明显安全隐患	-4	
	已受到轻度污染，或存在一定安全隐患	-3	
	已有工程保护措施，环境安全得到保证	3	

本单体得分		本单体可能的等级	级	填表人		调查日期	年　月　日

注 1：单体序号是指由调查组确定的旅游资源单体顺序号码。

注 2：单体名称是指旅游资源单体的常用名称。

注 3：“代号”项是指代号用汉语拼音字母和阿拉伯数字表示，即“表示单体所处位置的汉语拼音字母-表示单体所属类型的汉语拼音字母-表示单体在调查区内次序的阿拉伯数字”。

如果单体所处的调查区是县级和县级以上行政区，则单体代号按“国家标准行政代码（省代号 2 位-地区代号 3 位-县代号 3 位，参见 GB/T 2260）-旅游资源基本类型代号 3 位-旅游资源单体序号 2 位”的方式设置，共 5 组 13 位数每组之间用短线“-”连接。

如果单体所处的调查区是县级以下的行政区，则旅游资源单体代号按“国家标准行政代码（省代号 2 位-地区代号 3 位-县代号 3 位，参见 GB/T 2260）-乡镇代号（由调查组自定 2 位）-旅游资源基本类型代号 3 位-旅游资源单体序号位”的方式设置，共 6 组 15 位数，每组之间用短线“-”连接。

如果遇到同一单体可归入不同基本类型的情况，在确定其为某一类型的同时，可在“其他代号”后按另外的类填写。操作时只需改动其中“旅游资源基本类型代号”，其他代号项目不变。

填表时，一般可省略本行政区及本行政区以上的行政代码。

注 4：“行政位置”项填写单体所在地的行政归属，从高到低填写政区单位名称。

注 5：“地理位置”项填写旅游资源单体主体部分的经纬度（精度到秒）。

注 6：“性质与特征”项填写旅游资源单体本身个性，包括单体性质、形态、结构、组成成分的外在表现和内在因素，以及单体生成过程、演化历史、人事影响等主要环境因素，提示如下：

①外观形态与结构类：旅游资源单体的整体状况、形态和突出（醒目）点；代表形象部分的细节变化；整体色彩和色彩变化、奇异华美现象，装饰艺术特色等；组成单体整体各部分的搭配关系和安排情况，构成单体主体部分的构造细节、构景要素等。

②内在性质类：旅游资源单体的特质，如功能特性、历史文化内涵与格调、科学价值、艺术价值、经济背景、实际用途等。

③组成成分类：构成旅游资源单体的组成物质、建筑材料、原料等。

④成因机制与演化过程类：表现旅游资源单体发生、演化过程、演变的时序数值；生成和运行方式，如形成机制、形成年龄和初建时代、废弃时代、发现或制造时间、盛衰变化、历史演变、现代运动过程、生长情况、存在方式、展示演示及活动内容、开放时间等。

续表

评价项目	档次	本档次规定得分	你认为应得的分数

⑤规模与体量类：表现旅游资源单体的空间数值，如占地面积、建筑面积、体积、容积等；个性数值，如长度、宽度、高度、深度、直径、周长、进深、面宽、海拔、高差、产值、数量、生长期等；比率关系数值，如矿化度、曲度、比降、覆盖度、圆度等。

注 7："旅游区域及进出条件"项是指包括旅游资源单体所在地区的具体部位、进出交通、与周边旅游集散地和主要旅游区（点）之间的关系等。

注 8："保护与开发现状"项是指旅游资源单体保存现状、保护措施、开发情况等。

注 9："共有因子评价问答"项是指旅游资源单体的观赏游憩价值、历史文化科学艺术价值、珍稀或奇特程度、规模丰度与概率、完整性、知名度和影响力、适游期和使用范围、污染状况与环境安全。

（二）旅游资源概查

1. 适用范围和要求

适用于了解和掌握特定区域或专门类型的旅游资源调查。

2. 调查技术要点

参照旅游资源详查要求。简化工作程序，不需要组建调查组，调查人员由其参加的项目单位协调任命；资料收集限定在与专门目的所需要的范围；可以选择填写"旅游资源单体调查表"。

四、旅游资源调查的程序

（一）准备阶段

准备阶段是旅游资源调查工作的开始，准备是否充分直接关系到整个旅游资源调查结果的质量好坏。

1. 组建调查小组

旅游资源调查是一项非常系统的工作。为了更好地做好这项工作，首先必须组建一个调查小组。调查组通常由旅游资源调查主管部门或单位组建，招募各管理部门人员、各专业人员和普通调查人员组成调查组。团队应有明确的组织关系，以及明确的协调配合机构，并进行基本的现场培训，如野外方向辨别、伤情急救处理、基础资料收集等，以应对突发事件，确保调查顺利完成。

2. 明确调查目标及重点对象

明确旅游资源调查的目的，将调查目标明确化、具体化，并进一步研究调查所应采用的方式及调查重点对象。应将具有较好旅游资源开发前景及具有显著的经济价值、社会价值和文化价值的资源单体，代表调查区形象的旅游资源单体，集合型旅游资源单体中具有代表性的部分，作为重点调查对象。而对于那些资源价值品位低、没有特色、历史文化内涵模糊、体量小、不完整、不具有开发价值的资源单体，暂缓调查。

3. 制订调查方案和工作计划

在开始正式调查前，应制订调查方案和工作计划，具体包括调查目的、调查区域范围、调查项目、主要调查方法、调查工作时间安排、调查精度要求、调查分工团队及调查结果的表现形式、人力财力预算等。

4. 拟定旅游资源分类体系、编制旅游资源单体统计表

调查小组以国家标准《旅游资源分类、调查与评价》（GB/T 18972—2017）为依据，根据调查区域的旅游资源分布、类型、数量的基本情况，拟定旅游资源分类方案，设计旅游资源单体统计表。

5. 确定调查小区

为便于实际操作可将整个调查区分为若干“调查小区”。调查小区一般按行政区划分：省级调查区，可将地市州级的行政区划分为调查小区；地市州级的调查区，可将县级行政区划分为调查小区；县一级的调查区，可将乡镇一级的行政区划分为调查小区；也可视具体情况按现有或规划中的旅游区域划分。

6. 确定调查线路

调查线路根据实际需要设计，一般要求贯穿调查区内所有调查小区和主要旅游资源单体所在的地点。根据调查对象范围的大小，选取比例尺适中的地图，编制与调查工作计划相配套的野外考察线路图。

（二）实施阶段

本阶段的主要任务是在前期工作的基础上，系统地收集第二手和第一手的资料数据，填写旅游资源单体调查表。

1. 收集第二手资料

调查工作应注意收集已有的第二手资料，主要包括有关调查区域内的与旅游资源单体及其依托环境有关的各类文字描述资料，与旅游资源调查区和旅游资源单体有关的各种照片、图片及影像资料。在此基础上，对调查区域内的基本情况要形成一个大概的基本印象，对于第二手资料中介绍详尽的旅游资源，可直接用于填写旅游资源单体调查表，以便野外考察时比较、变更，查漏补缺。

2. 收集第一手资料

第一手资料又称实地调查资料，它是调查人员为了目前的调查目的专门搜收的各种原始资料。虽然第二手资料是实地调查的基础，也可以得到实地调查无法获得的某些资料，并能鉴定第一手资料的可信度，但第二手资料不能取代第一手资料，必须搜收一定数量的第一手资料加以补充。

3. 填写旅游资源单体调查表

填写旅游资源单体调查表是调查实施阶段最重要的工作步骤，表格承载了旅游资源最核心的内容，调查者在旅游资源调查准备阶段中收集到的各类旅游资源资料和数据，本阶段对旅游资源的实地研究和验证，都要在这一张表格中体现出来。填写的主要内容包括单体序号、单体名称、代号、行政区划位置、地理位置、性质与特征、单体保护与开发现状、共有因子评价问答等。

（三）整理阶段

完成数据收集工作后，将所调查的资料全部汇总分析，最后完成图文资料的编辑，呈送相关部门审阅并参考执行。

1. 整编调查资料

资料的整理主要是把收集的零星资料整理成有条理的、能说明问题的情报，包括对文字资料、照片、影像资料的整理，以及图件的编绘等。在完成了资料的整理工作之后，调查人员要借助科学的统计分析技术对经过整理后的资料、数据和图件进行分析、解释，从而为该项调查结果提出合理的行动建议。

2. 绘制旅游资源分布现状图

整理反映旅游资源调查工作过程和工作成绩的手绘草图，选取形象直观的图例，经过编辑，绘制到选定的地理地图上，形成旅游资源分布现状图。

3. 编写旅游资源调查报告

旅游资源调查报告是体现调查工作综合性成果的图文材料。外界可以通过该报告认识调查区内旅游资源的总体特征，并从中获取各种专门资料和数据。如针对旅游规划进行的旅游资源调查报告，是编制旅游规划的重要依据，因此，该报告也可作为调查区规划的重要附件收录。

五、旅游资源调查提交文（图）件

（一）文（图）件内容和编写要求

全部文（图）件应包括《旅游资源调查区实际资料表》《旅游资源图》《旅游资源调查报告》。

旅游资源详查和旅游资源概查的文（图）件类型和精度不同，旅游资源详查应完成全部文（图）件，包括填写《旅游资源调查区实际资料表》，编绘《旅游资源地图》，编写《旅游资源调查报告》。旅游资源概查应编绘《旅游资源地图》，其他文件应根据需要选择编写。

（二）文（图）件内容和编写要求

1. 文（图）件产生方式

（1）《旅游资源调查区实际资料表》的填写

调查区旅游资源调查、评价结束后，应由调查组填写，并按照表 10-2 规定的栏目填写。栏目内容包括：调查区基本资料，各层次旅游资源数量统计，各主类、亚类旅游资源基本类型数量统计，各级旅游资源单体数量统计，优良级旅游资源单体名录，调查组主要成员，主要技术存档材料。《旅游资源调查区实际资料表》同样适用于调查小区实际资料的填写。

（2）《旅游资源图》的编绘

《旅游资源图》分“旅游资源图”和“优良级旅游资源图”。“旅游资源图”体现五级、四级、三级、二级、一级旅游资源单体。“优良级旅游资源图”体现五级、四级、三级旅游资源单体。

《旅游资源图》编绘程序与方法，准备等高线地形图和调查区政区地图等工作底图。

等高线地形图：比例尺视调查区的面积大小而定，较大面积的调查区为（1∶50 000）~（1∶200 000），较小面积的调查区为（1∶5000）~（1∶25 000），特殊情况下为更大比例尺。

调查区政区地图：在工作底图的实际位置上标注旅游资源单体（部分集合型单体可将范围绘出）。单体符号一侧加注旅游资源单体代号或单体序号。

（3）《旅游资源调查报告》的编写

各调查区编写的旅游资源调查报告，基本篇目如下：前言；第一章调查区旅游环境；第二章旅游资源开发历史和现状；第三章旅游资源基本类型；第四章旅游资源评价；第五章旅游资源保护与开发建议；主要参考文献；附图，《旅游资源图》或《优良级旅游资源图》。

表 10-2　旅游资源调查区实际资料

调查区名称		调查时间	年　月　日至　　年　月　日
行政位置			
A. 调查区基本资料			
调查区概况（面积、行政区划、人口、所处的旅游区域）			
调查工作过程（工作程序和调查重点，提交主要文件、图件）			
调查区旅游开发现状和前景（总体情况、产业地位、旅游开发潜力、旅游开发现状）			
B. 各层次旅游资源数量统计			
系列	标准数目	调查区	
		数目	占全国比例（%）
主类	8		
亚类	23		
基本类型	110		
C. 各主类、亚类旅游资源基本类型数量统计			
地文景观	17		
自然景观综合体	4		
地质与构造形迹	4		

续表

地表形态	6		
自然标记与自然现象	3		
水域景观	13		
河系	3		
湖沼	3		
地下水	2		
冰雪地	2		
海面	3		
生物景观	8		
植被景观	4		
野生动物	4		
天象与气候景观	5		
天象景观	2		
天气与气候现象	3		
建筑与设施	39		
人文景观综合体	9		
实用建筑与核心设施	16		
景观与小品建筑	14		
历史遗迹	8		
物质类文化遗存	2		
非物质类文化遗存	6		
旅游购品	15		
农业产品	5		
工业产品	2		
手工工艺品	8		
人文活动	5		
人事活动记录	2		
岁时节令	3		

D. 各级旅游资源单体数量统计

等级	优良级旅游资源			普通级旅游资源		未获等级
	五级	四级	三级	二级	一级	
数量						

续表

E. 优良级旅游资源单体名录（不敷需要时请另加纸）

五级	
四级	
三级	

F. 调查组主要成员

责任	姓名	专业	职称	分工	责任	姓名	专业	职称	分工
组长					成员				
副组长					成员				
成员					成员				
成员					成员				
成员					成员				
成员					成员				

G. 主要技术存档材料（不敷需要时请另加纸）

类别	
文字资料（出版物、内部资料）	
调查记录（采访记录、测试数据）	
调查图件（原始地图、实际资料图）	
影像资料	

填表人		联系方式	单位： 电话： 电子信箱：	填表日期： 年 月 日

第二节 旅游资源调查的内容与方法

案例导入

巴彦淖尔市旅游资源调查

巴彦淖尔市位于中国北疆，内蒙古自治区西部。中国科学院地理科学与资源研究所接受委托为巴彦淖尔市做旅游发展总体规划，在《旅游资源与评价专题报告》中对巴彦淖尔市旅游资源类型空间分布特征作如下分析：

一、旅游资源分布类型丰富

巴彦淖尔市各旅游资源单体在全国旅游资源类型分布中的地位，分别见表1、表2。

表1 巴彦淖尔市旅游资源单体所属类型占全国的比例

	主类	亚类	基本类型
全国	8	31	155
巴彦淖尔市	8	27	77
比例	100	87.10	49.68

通过对调查的238个旅游资源单体类型进行分类（见表1），全国旅游资源8个主类巴彦淖尔市全部具备；31个亚类中拥有27种，155个基本类型中拥有77种，分别占全国旅游资源亚类和基本类型的87.1%和49.68%（见表2）。这说明巴彦淖尔市旅游资源主类齐全。

二、旅游资源主类丰富，但分布极不均衡

巴彦淖尔市8大旅游资源主类所拥有的基本类型差别很大，旅游资源单体分布比较集中（见表2）。从表2可知，巴彦淖尔市77种旅游资源基本类型中共有238个单体，其中主要集中在建筑与设施主类内，共有110个单体，占全市旅游资源基本类型单体总量的46.22%，其后依次为遗址遗迹主类（28个单体，占单体总量的11.76%），人文活动主类（27个单体，占单体总量的11.34%），地文景观主类（26个单体，占单体总数的10.92%），旅游商品主类（16个单体，占单体总数的6.72%），生物景观（15个单体，占单体总数的6.30%）和水域风光主类（13个单体，占单体总量的5.46%），天象与气候景观主类最少仅3个单体。由此可见，巴彦淖尔市旅游资源在主类中分布较为集中，各主类所拥有的旅游资源单体相差悬殊，主要集中在建筑与设施主类内，有110个旅游资源单体，而天象与气候景观主类只有3个旅游资源单体。

资料来源：内蒙古自治区巴彦淖尔市旅游局《巴彦淖尔市旅游发展总体规划》（2005—2020年）。（部分改动）

表 2　巴彦淖尔市不同类型旅游资源单体数量构成

主类	各主类拥有基本类型数量			各主类拥有的旅游资源单体	
	全国	全市	市在全国中所占比例/%	数量	占全市旅游资源单体总量的/%
地文景观	37	14	37.8	26	10.92
水域风光	15	7	46.7	13	5.46
生物景观	11	6	54.5	15	6.30
天象与气候景观	8	2	25.0	3	0.13
遗址遗迹	12	9	75.0	28	11.76
建筑与设施	49	25	51.02	110	46.22
旅游商品	7	4	57.1	16	6.72
人文活动	16	10	62.5	27	11.34
合计	155	77	49.68	238	100.00

一、旅游资源调查的内容

旅游资源调查的内容主要包括旅游资源形成条件调查、旅游资源本体调查、旅游资源开发环境调查。

（一）旅游资源形成条件调查

旅游资源形成条件的调查主要是了解和掌握区域内的基本情况，从而找出资源的整体特色及内在联系。涉及内容有：调查区的地貌特征、水文特征、动植物特征、气象、气候和环境因素、历史沿革。

（二）旅游资源本体调查

旅游资源本体调查主要是深入细致地根据旅游资源的属性进行调查，为开发提供基本素材。涉及内容有：自然景观的调查、人文景观的调查。

（三）旅游资源开发环境调查

旅游资源开发环境调查主要是对特定区域的旅游资源开发环境进行深入分析，为科学规划与开发提供数据支持与决策依据。涉及内容有：旅游要素调查、客源市场调查、区域内与邻近资源的关系调查。

二、旅游资源调查的方法

（一）资料收集法

对已有第二手资料的收集是旅游资源调查工作顺利开展的重要基础和开端。资料收集法是通过收集旅游资源的各种现有信息数据和情报资料，从中筛选与旅游资源调查项目有关的内容，进行分析提炼的一种方法。

通过科学的方法对所收集的文案资料进行归类和分析统计，并对其权威性、准确性、可利用性进行评价和比较，在此基础上对旅游资源的分布状况进行一些必要的预测，拟出实地调查提纲，编写下一步具体调查的工作部署、人员配备、考察方法等计划书，为实地调查做好准备工作。

（二）实地考察法

实地考察法是指调查人员通过观察、测量、记录等方式直接接触现场旅游资源，从而获得旅游资源信息的调查方法。采用实地调查法可以获得宝贵的第一手资料以及专业人员较为客观的认识，信息真实性高，结果详细可靠。调查过程中，要求调查人员勤于观察、善于发现，并做好总结工作。

（三）询问调查法

询问调查法是旅游资源调查的一种辅助方法，运用这种方法，可以向旅游资源所在地部门、居民及游客及时了解旅游资源客观事实和难以发现的事物和现象。可通过面谈调查、电话调查、邮寄调查、留置问卷调查等形式进行询问访谈，获取需要的资料信息。

（四）遥感调查法

采用遥感技术调查方法，可以收集多种比例尺、不同时期的遥感影像，与地形图、地质图等相匹配，并通过 ArcGIS 等地理信息软件进行解译，不仅能对旅游资源的类型定性，而且能成为旅游资源的定量标志，并发现一些野外考察中不易发现的潜在旅游资源。同时，通过遥感卫星照片、航拍照片等遥感影像的整体性，全面掌握调查区旅游资源的现状、判断各景点的空间布局和组合关系，为开发旅游资源提供可靠线索，有利于进行旅游资源的主体观察和定量测量，实现景观信息的提取，特别是能对人迹罕至、山高林密及常规方法无法达到的地区进行资源调查。

（五）统计分析法

各类旅游资源的调查与评价，均须对其数量、等级、长宽、深浅、角度、含量、盐度、温度、直径、周长、种类等相关数据进行统计分析，尤其是涉及地方国民经济发展水平、客源市场需求特征等方面时，对确定某一个旅游资源集聚区的旅游特色、旅游价值等具有重大意义，也是设计旅游环境和生态系统的重要依据。

（六）分类分区法

调查区域内的各种旅游资源景观美感各异，把调查区域内的旅游资源，按照存在形态、内在属性、吸引力等加以分类，并进行调查研究，与同类型或不同类型的旅游资源区域加以比较、评价，得出该区域旅游资源的分类、一般特征与独特特征等，以便于制订开发规划和建立旅游资源信息库。

（七）现代科技手段法

现代科技手段的应用为旅游资源的调查工作带来了诸多方便。在野外实地考察中，使用现代声像摄录设备，如照相机、摄像机等，可以将野外调查过程全面记录下来，真实显示出旅游地的原貌。这种记录手段不仅能将旅游景观静态描述出来，而且还能通过声音和图像，让人们领略到动态的景观效果。

（八）综合考察法

旅游资源的分布总是在一定的地域范围之内，而对旅游资源分布的位置、规模、数量、特色、类型、结构、功能、旅游价值等内容的了解和认识，只有通过对调查区域实地的综合考察和全面系统的分析才可以得到。

第三节　旅游资源评价

案例导入

对新时期文化和旅游资源普查与评价工作的思考

“十四五”时期，文化和旅游（以下简称“文旅”）行业要立足新发展阶段、贯彻新发展理念、构建新发展格局，着力推动文旅发展迈上新台阶。文旅资源是开展文旅活动、发展文旅产业的重要基础，是提高文旅供给质量，满足人民群众美好生活需求，促进消费升级、畅通国民经济循环的重要载体。文旅资源普查与评价作为一项重要的基础性工作，既是文旅资源保护和整合利用的重大现实需要，也是深化文旅资源研究、促进文旅融合和高质量发展的重要命题。

针对文旅融合新要求、文旅资源新类型、科技发展新态势和资源普查新问题，文旅资源普查与评价研究应重点关注以下问题：

第一，文旅资源的科学内涵与分类体系。依据文化结构理论、文化资本理论、大众文化理论、文化记忆理论、旅游吸引物理论、人地关系理论等，运用新的资源观，深入解构文旅资源的科学内涵，准确界定文旅资源的概念，深入分析现行的文旅资源分类与调查规范的优点及不足。

第二，文旅资源普查技术规范与评价体系。在上述研究的基础上，充分考虑文旅资源的特点，研制体现文旅融合特色的文旅资源分类、调查、评价规范，建立科学的文旅资源评价体系，并在评价中注重实用性、可持续性及游客的需求和体验，关注其综合价值。

第三，文旅资源管理信息系统建构。借助现代信息技术，在地理信息系统支撑下，开发集数据采集填报、数据审核、在线评价、任务分配、进度监管、统计分析、数据展示等集多功能于一体的文旅资源普查管理信息系统，并进一步拓展资源信息共享、宣传推广、咨询服务等功能，力求实现对传统资源普查方式和管理手段的新突破，为文旅资源综合保护、开发、利用和监管提供有力的数字化支撑与应用体系。

第四，基于普查数据的文旅资源分析与应用。选择典型案例，通过文旅资源普查建立数字化管理系统。运用普查数据对文旅资源的数量、品质、功能、潜力等进行科学分类、深入分析和合理评价，并对其空间分布、结构特征、演化过程、动力机制、空间效应等进行研究，揭示资源禀赋特征、价值与潜力及其地域特征和空间规律，提出资源规划与保护、利用与创新、监督与管理等政策与对策建议，提高文旅资源保护利用与管理水平，推动中华优秀传统文化创造性转化和创新性发展。

资料来源：黄震方．对新时期文化和旅游资源普查与评价工作的思考［N］．中国旅游报，2021-09-03（003）．（节选）

一、旅游资源评价的概念

旅游资源评价是在旅游资源调查的基础上，对旅游资源的规模、质量、等级、开发前景及开发条件进行科学分析和可行性研究，为旅游资源的开发规划和管理决策提供科学依据。

旅游资源的评价直接影响区域旅游资源开发利用的程度和旅游地的前途与命运。因此，客观而科学地评价旅游资源是旅游区综合开发的重要环节。

二、旅游资源评价的原则

（一）客观实际原则

旅游资源是客观存在的事物，旅游资源的评价工作，要从客观实际出发，即在旅游资源调查的基础上，对旅游资源的形成、本质、属性、价值、功能等核心内容做出实事求是的评价。

（二）全面系统原则

旅游资源的价值和功能是多方面、多层次、多类型的，就其价值而言，有文化价值、美学价值、科考价值等，功能上有观光功能、度假功能、娱乐功能等，因此，评价时要全面、系统地衡量。对涉及旅游资源开发的自然、社会、经济、环境和区位、投资、客源、施工等开发条件要全面综合考虑。

（三）动态发展原则

旅游资源的特征以及开发的外部社会经济条件是不断变化和发展的。这就要求旅游资源的评价工作不能只局限于现状，必须用动态发展的眼光，考察不同阶段旅游资源所呈现的变化趋势和其变化规律，从而对旅游资源及其开发利用前景做出积极、全面和正确的评价。

（四）综合效益原则

旅游资源评价的最终目的是开发利用，开发利用的首要目的是能够取得效益。因此，在进行旅游资源开发利用效益评价时，要兼顾经济效益、社会效益和环境效益，既要保证增加旅游经济收入，促进当地经济发展，又要做到美化环境，为人们提供一种有利于身心健康的空间场所，为旅游地提供绿色、文明、健康的生活环境和社会环境。

三、旅游资源评价的内容

（一）旅游资源的系列要素评价

1. 旅游资源的密度

旅游资源的密度又称旅游资源丰富度，指在一定的地域旅游资源集中的程度。

2. 旅游资源的容量

旅游资源的容量又称旅游承载力或旅游饱和度，指在一定的时间条件和空间范围内的旅游活动容纳能力。

3. 旅游资源的特质

旅游资源的特质又称旅游资源的个性，是指旅游资源的特色。特色是衡量一个地区对旅游者吸引力大小的重要因素，是一个区域旅游开发的生命线，也是区域资源效应的内力。

4. 旅游资源的价值和功能

旅游资源的价值主要包括艺术观赏价值、文化价值、科学价值、经济价值、美学价值等方面。旅游资源的功能一般是与它的价值相呼应的。艺术、美学价值高的旅游资源，其旅游功能主要表现在观光方面。文化价值和科学价值高的旅游资源，其旅游功能主要是科学考察和历史文化遗产保护等。

5. 旅游资源的地域组合特点

不同类型旅游景点的布局和组合，是旅游地资源优势和特色的重要反映。旅游资源密度较大，相距甚近，又有多种类型资源的协调配合，并呈线形、闭环形或马蹄形旅游线排列，是一个风景区最佳的组合态势。

6. 旅游资源的性质

任何风景资源都有自己特定的性质，评价时必须加以确立和明示。因为旅游资源的性质将决定该资源的利用功能、开发方向，同时对区域开发规模、程度及旅游设施也有一定的影响。

（二）旅游资源开发条件评价

1. 区位条件

区位条件即旅游资源所在地区的地理位置和交通条件。

2. 客源条件

客源数量是维持和提高旅游资源效应的重要因素。没有最低限度数量的旅游者，风景资源再好，也难以开发和利用。

3. 经济发展条件

一个地区旅游资源的开发，必须有坚实的经济基础作后盾，因为旅游地的建设需要一定的资金、物资、人力和科技素质。这些条件均与该地区的经济发展水平密切相关。

4. 建设施工条件

旅游资源的开发必须有一定的设施场地。这种场地主要用于建设游览、娱乐设施和接待、管理设施。这些设施要求不同的地质、地形、土地、供水等条件。

5. 旅游开发顺序

在对旅游资源系列要素和开发利用条件的评价完成后，应做一个总的开发顺序排列，即根据已经得出的各种量的指标，确定旅游资源开发的难易程度及不同类型之间的关联程度，决定各项旅游资源开发的先后顺序。

（三）旅游资源的环境条件评价

1. 自然环境条件

自然环境条件作为旅游资源区域整体感知形象的主要影响因素和旅游活动的重要外部环境条件，包括自然条件和环境生态两方面。在自然条件方面，主要涉及气候、生物、地质地貌、水文等环境要素，评价指标有绿化率、舒适指数、环卫指数、环境容量系数等。在环境生态方面，主要涉及生态度、植被度、珍稀度等。相关的评价内容及指标包括生态垂直分带性、生物多样性、生态结构特殊性、生态环境原始性、环境生态协调性、环境生态美观度等。

2. 社会环境条件

旅游资源自身价值越高，社会环境条件越好，其开发利用价值越高。若其所处的社会环境条件不利，开发利用价值就会明显降低。社会环境条件评价内容主要包括交通条件、通信条件、政治环境、经济条件、城镇分布与功能、基础设施、投资环境、施工条件等。

3. 投资环境条件

旅游资源的投资环境条件主要包括旅游资源所在区域投资渠道的畅通程度、政府对于旅游投资的政策等。投资环境条件越优越的地区，在旅游资源开发的资金筹集方面往往越能够获得有力的保证。

四、旅游资源评价的方法

（一）定性评价法

定性评价法也被称为经验性评价，是评价者在对旅游地资源进行了详细考察后，凭借自己的经验知识，对旅游地资源所做的主观色彩较浓厚的结论性描述。

1. 一般体验性评价法

一般体验性评价法是指由游客或旅游专家根据自己的亲身体验对某一旅游资源单体或一系列的旅游地，就其整体质量进行定性评估的方法。统计问卷上大量游客对旅游资源的优劣排序，或统计旅游资源在报刊、旅游指南、书籍上出现的频率，或邀请各相关领域的专家讨论评议等，通过这些方式形成一个国家或地区最优旅游资源的评价序列，这一排序结果能够大致表明旅游资源（地）的整体质量和知名度。

2. 美感质量评价法

美感质量评价法是一种专业的旅游资源美学价值的评价方法，对自然风景视觉质量评价较为成熟，通常是在对游客或专家体验深入分析的基础上，建立规范化的评价模型。评价的结果多为具有可比性的定性尺度或数量指标。目前已发展出四个公认的学派，即专家学派、心理物理学派、认知学派和经验学派。

（1）专家学派。专家学派以受过专业训练的观察者或者专家为主体，以艺术、设计、生态学以及资源管理为理论基础，对景观进行评价。强调形体、线条、色彩和质地四个基本元素在决定风景质量时的重要性，以丰富性、奇特性等作为风景质量评价的指标。目前，美国及加拿大等国的土地管理部门、林务部门及交通运输部门多采用专家学派的评价方法进行风景评价。

（2）心理物理学派。心理物理学派主要研究如何建立环境刺激与人类的反应之间的关系。把“风景-审美”的关系看作“刺激-反应”的关系，主张以群体的普遍审美趣味作为衡量风景质量的标准，通过心理物理学方法制定反映“风景-审美”关系的量表，然后将这一量表与风景各要素之间建立定量化的关系模型——风景质量估测模型。心理物理学派的评价方法在小范围森林风景的评价研究中应用较广。

（3）认知学派。认知学派把风景作为人的生存空间，主张以进化论思想为依据，从人的生存需要和功能需要出发来评价风景。强调风景在人的认识及情感反应上的意义，试图用人的进化过程和功能需要解释人对风景的审美过程。

（4）经验学派。经验学派把人的主观作用提到了绝对高度，用历史的观点，以人及其活动为主体来分析景观的价值以及产生背景，而对客观景观本身并不注重，把人对风景审美的评判看作是人的个性及文化、历史背景、志向与情趣的表现。

3. 卢云亭的“三三六”评价法

“三三六”评价体系是由卢云亭先生提出的，可以概括为“三大价值”“三大效益”“六大条件”。

“三大价值”是指旅游资源的历史文化价值、艺术观赏价值和科学考察价值。

“三大效益”是指经济效益、社会效益和环境效益。

“六大条件”是指旅游资源分布区的地理位置和交通条件、景物和景类的地域组合条件、景区旅游容量条件、施工难易条件、投资能力条件、旅游客源市场条件。

4. 黄辉实的“六字七标准”评价法

“六字七标准”是指在对旅游资源进行评价时，根据旅游资源本身的特点提出六个字的评价标准，以及根据旅游资源所处的环境提出七个标准。

首先，就旅游资源本身而言，采用六个字的评价标准，即“美、古、名、特、奇、用”；其次，就旅游资源所处的环境而言，采用七个评价标准，即季节性、环境污染状况、与其他旅游资源之间的联系性、可进入性、基础结构、社会经济环境和客源市场。

（二）定量评价法

定量评价法是指根据评估对象的特点和评估目的，采用一种或多种数学、经济、社会定量模型、方法，对评估对象的主要因素进行定量模拟分析和预测，从而为评价对象的认知、开发、保护与利用提供客观依据的评价方法，评价结果为数据指标，便于同类或不同类旅游资源的评价和分析。

1. 层次分析法（AHP）

层次分析法最早是由美国运筹学家托马斯·塞蒂（T. L. Saaty）提出的，在国内，应用这一研究方法的领域很广泛。其将复杂的问题分解成若干层次，在比原问题简单得多的层次上逐步分析，将人的主观判断用数量形式表达出来。

2. 主成分分析法（PCA）

主成分分析作为一种多变量数学分析方法，可以将许多具有复杂关系的指标简化为少数综合指标（主成分），每个主成分是几个原始指标的线性组合。通过适当调整线性函数的系数，可以使各主成分相对独立，丢弃重叠信息，又能将各原始指标所包含的不十分明显的差异集中地表现出来，使研究对象在主成分上的差异反应明显，便于做出比较直观的分析判断。主成分分析法既吸收了传统专家打分法的优点，又消除了各指标的冗余信息，是旅游资源实体级评估的重大进步。

3. 模糊数学法

模糊数学法采用模糊数学模型，须先进行单项指标的评价，然后分别对各单项指标给予适当的权重，最后应用模糊矩阵复合运算的方法得出综合评价的结果。这是运用模糊数学理论和方法构筑旅游决策模型提出的旅游区开发价值综合评价的方法。

五、旅游资源评价的总体要求与评价体系

（一）旅游资源评价的总体要求

第一，依据国家标准《旅游资源分类、调查与评价》（GB/T 18972—2017）的旅游资源分类体系对旅游资源单体进行评价。第二，应采用打分评价方法。第三，评价应由调查组完成。

（二）旅游资源评价体系

根据“旅游资源共有因子综合评价系统”赋分；系统设“评价项目”和“评价因子”两个档次；评价项目为“资源要素价值”“资源影响力”“附加值”。

六、旅游资源评价的计分方法

（一）基本分值

旅游资源评价项目和评价因子用量值表示（见表 10-3）。资源要素价值和资源影响力总分值为 100 分。“附加值”中“环境保护与环境安全”，分正分和负分。每一评价因子分为 4 个档次，其因子分值相应分为 4 档。

表 10-3　旅游资源评价赋分标准

评价项目	评价因子	评价依据	赋值
资源要素价值（85 分）	观赏游憩使用价值（30 分）	全部或其中一项具有极高的观赏价值、游憩价值、使用价值	30–22
		全部或其中一项具有很高的观赏价值、游憩价值、使用价值	21–13
		全部或其中一项具有较高的观赏价值、游憩价值、使用价值	12–6
		全部或其中一项具有一般的观赏价值、游憩价值、使用价值	5–1
	历史文化科学艺术价值（25 分）	同时或其中一项具有世界意义的历史价值、文化价值、科学价值、艺术价值	25–20
		同时或其中一项具有全国意义的历史价值、文化价值、科学价值、艺术价值	19–13
		同时或其中一项具有省级意义的历史价值、文化价值、科学价值、艺术价值	12–6
		历史价值，或文化价值，或科学价值，或艺术价值具有地区意义	5–1
	珍稀奇特程度（15 分）	有大量珍稀物种，或景观异常奇特，或此类现象在其他地区罕见	15–13
		有较多珍稀物种，或景观奇特，或此类现象在其他地区很少见	12–9
		有少量珍稀物种，或景观突出，或此类现象在其他地区少见	8–4
		有个别珍稀物种，或景观比较突出，或此类现象在其他地区较多见	3–1
	规模、丰度与概率（10 分）	独立型旅游资源单体规模、体量巨大；集合型旅游资源单体结构完美、疏密度优良；自然景象和人文活动周期性发生或频率极高	10–8
		独立型旅游资源单体规模、体量较大；集合型旅游资源单体结构很和谐、疏密度良好；自然景象和人文活动周期性发生或频率很高	7–5
		独立型旅游资源单体规模、体量中等；集合型旅游资源单体结构和谐、疏密度较好；自然景象和人文活动周期性发生或频率较高	4–3
		独立型旅游资源单体规模、体量较小；集合型旅游资源单体结构较和谐、疏密度一般；自然景象和人文活动周期性发生或频率较小	2–1
	完整性（5 分）	形态与结构保持完整	5–4
		形态与结构有少量变化，但不明显	3
		形态与结构有明显变化	2
		形态与结构有重大变化	1

续表

评价项目	评价因子	评价依据	赋值
资源影响力（15 分）	知名度和影响力（10 分）	在世界范围内知名，或构成世界承认的名牌	10–8
		在全国范围内知名，或构成全国性的名牌	7–5
		在本省范围内知名，或构成省内的名牌	4–3
		在本地区范围内知名，或构成本地区名牌	2–1
	适游期和使用范围（5 分）	适宜游览的日期每年超过 300 天，或适宜于所有游客使用和参与	5–4
		适宜游览的日期每年超过 250 天，或适宜于 80% 左右的游客使用和参与	3
		适宜游览的日期超过 150 天，或适宜于 60% 左右的游客使用和参与	2
		适宜游览的日期每年超过 100 天，或适宜于 40% 左右的游客使用和参与	1
附加值	环境保护与环境安全	已受到严重污染，或存在严重安全隐患	–5
		已受到中度污染，或存在明显安全隐患	–4
		已受到轻度污染，或存在一定安全隐患	–3
		已有工程保护措施，环境安全得到保证	3

注：“资源要素价值”项目中含“观赏游憩使用价值”“历史文化科学艺术价值”“珍稀奇特程度”“规模、丰度与概率”“完整性”等 5 项评价因子。“资源影响力”项目中含“知名度和影响力”“适游期或使用范围”等 2 项评价因子。“附加值”含“环境保护与环境安全”1 项评价因子。

（二）计分与等级划分

根据对旅游资源单体的评价，得出该单体旅游资源共有综合因子评价赋分值（见表 10–4）。依据旅游资源单体评价总分，将旅游资源评价划分为五个等级。未获等级旅游资源得分小于或等于 29 分。

表 10–4 旅游资源评价等级与图例

旅游资源等级	得分区间	图例	使用说明
五级旅游资源	≥90 分	★	1. 图例大小根据图面大小而定，形状不变； 2. 自然旅游资源（主类 A、B、C、D）使用蓝色图例；人文旅游资源（主类 E、F、G、H）使用红色图例
四级旅游资源	75–89 分	■	
三级旅游资源	60–74 分	◆	
二级旅游资源	45–59 分	▲	
一级旅游资源	30–44 分	●	

注：五级旅游资源称为“特品级旅游资源”；五级、四级、三级旅游资源通称为“优良级旅游资源”；二级、一级旅游资源通称为“普通级旅游资源”。

第四节　大数据在旅游资源评价中的应用

案例　导入

大数据重构旅游商业模式与消费生态

当前，国人消费面临升级，在线旅游消费日渐普及，而线上旅游消费平台有助于游客边玩边查，尤其是自由行市场。此外，人们在网络和移动网络上通过照片、文字、视频等分享自己的旅行经历和感受，这些数据的整理、分类和分析，一旦技术手段允许，就成为可利用的行业大数据，可以给旅游目的地、景区和旅游企业带来巨大财富。

发展数字旅游是我国经济进入“高质量发展”阶段的必要条件。麦肯锡发布的中国数字经济报告显示，我国电子商务、数字支付已经处于世界领先地位，未来我国数字化将继续保持世界领先。一方面，当前我国旅游业步入大众化、产业化发展新阶段，旅游消费呈现多元化、体验化、个性化，借助大数据精准营销是赢得市场的关键；另一方面，数字技术的发展带来信息海量增长，借助大数据统筹协调线上线下，准确进行运筹谋略，也是组织管理变迁、供给侧改革的需要。

数字旅游的发展可以重构旅游商业模式。旅游大数据分析包括总体分布统计、客源统计、游客出行分析、线路分布分析、行为历史分析、景区游客情况、预警等领域。数据挖掘的最大难点在于科学有效的数据挖掘方法。例如，杭州市旅游委与“个旅”联合打造了旅游大数据管理平台，通过智能化、可视化大屏展示城市和景区的客流情况。数据分析包括区域人口热图、用户画像、客流趋势对比等多个维度。数据帮助政府和旅游管理机构实现实时动态监测、预警和决策。游客轨迹分析系统包括旅游目的地的分布和顺序，以及游客在跨省流动时所走路线的比例，对于旅游组织全面了解旅游趋势具有重要参考价值。

资料来源：张苗荧．大数据重构旅游商业模式与消费生态［N］．中国旅游报，2017-12-29（003）．（节选）

作为旅游核心载体的景观，其评价机制有着尤为重要的作用。旅游资源评价中体系与景观功能相关的指标有以下几种：旅游者对旅游地的整体印象、旅游资源的特色吸引力、旅游魅力活动、旅游食宿接待质量等。结合旅游资源的评价和大数据的背景，能帮助研究景观评价和认识，形成以游客视域为基础的景观评价机制。

一、大数据的概念

何谓大数据，目前业界还没有公认的说法，比较典型的有以下几种。

全球著名研究机构高德纳认为大数据是一种海量、多样化和高增长率的信息资产，能够产生强大的决策力、洞察力和流程优化能力，但需要借助新的模式才能处理。

麦肯锡认为大数据是指在一定时间内无法用传统数据库软件工具采集、储存、管理和分析的数据集合。

维基百科认为大数据体量非常大，无法通过当前主流的软件和工具在合理的时间内收集、管理和处理，但它能够有效地帮助企业进行经营决策。

综合而言，“大数据”一词不仅仅指一种巨大规模的数据形式，也指一种全新的技术体系，在这个技术体系内，对大规模数据的获取、存储、管理、计算、挖掘等工作能够有效的开展，快速地获得有价值的信息。

二、大数据的特征

大数据的特征可以用 4V 来概括，即规模性（Volume）、多样性（Variety）、实时性（Velocity）、价值性（Value）。

数据规模大（Volume）。数据规模大是大数据的基本属性，大数据是随着大规模的互联网用户而产生的，巨大的互联网用户基数使得数据的获取、分享变得相当容易，从而也使得数据的获取变得方便。这之前，数据的获取需要付出大量的人力物力和财力成本。

数据种类多（Variety）。大数据不仅体现在数量大，也体现在数据类型多。除了传统的数据形式，现在能够用于分析的数据还包括未加工的、半结构化和非结构化的数据，如电子地图数据、手机信令数据、网站日志数据、银行交易数据、社交媒体中的文本数据等。

处理速度快（Velocity）。大数据产生得快，更新得也快，这是它与传统数据挖掘相区别的最显著特征。例如，全国用户每时每刻都在产生和更新的微博、微信数据，城市中各种探头、传感器收集的数据等，都要求数据处理的速度要快。

数据价值高但价值密度低（Value）。数据量在呈现几何级数增长的同时，有价值的信息却没有呈现相应比例的增长，反而需要从更加繁杂的信息中去提取有用的信息，对信息处理的技术和能力要求进一步提高。

此外，大数据还具有其他一些特征。例如，数据细节丰富；数据间存在相关性，不同类型的数据具备整合的可能性；数据有弹性，链接其他的数据和增减数据规模易于实现；多数大数据都携带了空间属性；数据来源不明晰，难以控制数据质量和样本抽取规则。

三、大数据的数据类型

（一）按照数据结构分类

按照数据结构分类，数据可分为结构化数据、半结构化数据与非结构化数据。

1. 结构化数据

结构化数据的特点是任何一列数据都具有相同的数据类型。所有关系型数据库中存储的都是结构化数据。

2. 半结构化数据

半结构化数据一般是纯文本数据，可以通过某种特定的方式解析得到每项数据。半结构化数据的每条记录可能会有预先定义的规范，但是每条记录包含的信息则不尽相同。

3. 非结构化数据

无结构的数据，没有固定的标准格式，无法直接解析出相应的值。常见的无结构化数据有网页、文本文档、多媒体等。

（二）按照数据生产方式分类

简单来看，按照数据的产生方式分类，“大数据”可以大致划分为直接观测型、自动获取型与自愿贡献型。

1. 直接观测型数据

主要是指由各种电子探头（如 ETC 收费、道路摄像头等）直接观测的数据，往往针对某一特定地点或人群。

2. 自动获取型数据

由于电子信息设备的使用而留下的网络“痕迹”，或称为“数字足迹”。例如，网页中留下的搜索与浏览记录、网络购物交易数据、快递包裹转运记录、电子地图记录的行车路线等。

3. 自愿贡献型数据

自愿贡献型数据是指人们自愿在网络上发布或分享的信息。例如，社交网站签到数据、社交关系网络、评论信息、照片信息等。

四、应用大数据评价旅游资源的目的与意义

应用大数据评价旅游资源可以探索数据获取和数据可视化的方法；利用旅游大数据优化景观评价分析方法，弥补公众传统数据收集难度大、时间人力成本高、样本容量少等缺陷；优化传统景观评价方法，对景观进行评价分析，从多方面体现大数据对景观评价的正面影响力。

对旅游大数据的分析，通过数据可视化，能准确、科学、直观地反映景观资源和景观现状各方面的整体情况。通过旅游大数据的获取、处理、分析，综合产生景观评价，在传统主观的景观评价中，加入理性参数指标，降低误差概率，为未来景观规划和提升提供重要的科学理论依据，为景观管理等提供科学决策支持。

五、应用大数据评价旅游资源的步骤

以网络爬取的旅游大数据为数据基础，结合文献调研，抽取出资源评价形容词库。采用 SD 语义差异法构建基于大数据的语义分析模型。随后用因子分析对评价指标优化归纳特征因子，对资源评价样本进行分析和总结。具体如下：

设计完成大数据语义分析建模流程，并确认计算机自然语言处理可用于 SD 语义差异

法，作为资源评级的数据基础。大数据语义分析流程可分为：处理爬取数据、清洗数据、分词标注、统计词频、提取形容词对建模和断句的情感评分、筛选词句获评价得分表、因子分析。该流程可以科学合理地对资源评价大数据进行分析，在减轻问卷和大范围实地调研的时间和人力成本的同时，准确高效地反映出当地资源规划问题。

以 SD 语义差异法和因子分析，得出适用资源评价的评价体系。模型中的评价指标形容词对可结合项目实际需求选取。再通过因子分析抽取特征因子，并对资源的每个特征因子得出优秀、良好、中等、较差四级评级。最后用 GIS 分析法得出旅游资源分布和游客分布关系，多层次、全方位地完善旅游资源评价体系。

六、大数据在旅游资源评价中的数字资源管理

景观数据库包括基本的地理空间数据库、景观规划数据库、景观状态数据库和元数据库，便于以统一的方式管理空间和属性数据，确保空间和非空间的数据整合。大数据平台上具有全文搜索功能，利用图片、视听电影等多种形式收集数据，以各种形式综合利用适合人群使用的地图、文字、声音和图像来建立。数据库具有强大的可伸缩性，可以随时添加、删除和修改数据库。将风景名胜资源数据库建立为网页模型，并在适当的时候传输到网站，以方便更多的用户在线查询和使用数据。

这些数据根据各个景点的介绍信息进行数字化处理，全文检索方便用户在数据库内按关键词进行搜索，支持内容索引，有利于景观数字资源和其他数字资源的相关查询。

本章小结

本章共包含四节学习任务，分别围绕旅游资源调查与评价展开讲解。具体讲述了旅游资源调查的概念、目的、意义、分类、程序、提交图件；旅游资源调查的内容与方法；旅游资源评价的概念、原则、内容、方法，旅游资源评价的总体要求、评价体系、计分方法；大数据在旅游资源评价中的应用。通过本章学习，使学生掌握旅游资源调查与评价工作的基本规律、主要内容与注意事项，加深对旅游资源的基础性认识。

思考题

1. 旅游资源调查的意义有哪些？
2. 旅游资源调查的程序是什么？
3. 旅游资源调查的方法有哪些？
4. 旅游资源评价的内容有哪些？
5. 旅游资源评价的原则有哪些？

6. 旅游资源评价的方法中定性评价法有哪些？
7. 大数据的数据类型有哪些？
8. 简述应用大数据评价旅游资源的目的与意义。

本章实训

一、实训目的

1. 了解旅游资源调查的概念。
2. 学会实地调查程序和方法。
3. 锻炼团队成员的收集与分析材料能力、团队合作能力、实地调研能力等。
4. 通过该实训，使学生了解旅游资源调查的基本程序，学会在自然考察和社会调查中认知国情国力。

二、实训内容

将班级同学分组，选择离学校较近的一个4A或5A级旅游景区，开展旅游资源的实地调查与调研工作，对该景区旅游资源进行评价。

三、实训组织

1. 指导教师布置实训项目，提示相关注意事项及要点。
2. 将班级成员分组，成员可自由组合。小组人数划分视班级总人数而定。由教师给每组分配所要阐述的途径，每组选出组长一名。
3. 以小组为单位，开展旅游资源实地调研与评价。
4. 各小组在班级进行宣讲，每组宣讲时间以不超过15分钟为宜。

四、实训步骤

1. 指导教师布置任务，指出实训要点、难点和注意事项。
2. 结合教师讲解与实地调研，制作PPT，练习后进行当众讲解。
3. 各组汇报，由学生和老师共同组成现场评议小组进行点评。
4. 对于得分最高的团队，适当进行鼓励和奖励。

第十一章
旅游资源的开发

知识目标

1. 掌握旅游资源开发的概念。
2. 熟悉旅游资源数字化开发、联合开发的内容。
3. 了解康养、医疗、修学、红色等新型旅游资源。

技能目标

1. 能够在实际中运用旅游资源开发的原则。
2. 能够将资源评价理论应用于旅游资源开发中。

思政目标

1. 培养学生集体主义和勇于担当的精神，提升自身全面发展。
2. 培养学生集体荣誉、团结互助、遵守纪律等意识和习惯。
3. 培养学生自我发展、健康生活、团队合作等素养。
4. 培养学生与人交流分享，从中获得成功体验，形成乐于实践、敢于探索、实事求是的科学态度和创新意识。

第一节 旅游资源的数字化开发

案例导入

加快推进各行业数字化转型 提高传统产业绿色发展水平

随着互联网、信息技术的高速发展，中国经济也逐渐步入数字经济时代。2022年12月2日，《中共中央国务院关于构建数据基础制度更好发挥数据要素作用的意见》（即“数据二十条”）发布，可以视作中央在实践层面为数字经济的发展指明方向。

数字经济新形态源于信息技术的快速发展，尤其是互联网技术的发展，其本质特征在于数据作为关键生产要素，网络作为载体平台、信息技术应用的核心驱动力。尽管对数字经济的定义还没有完全达成共识，且存在不少认知误区，但基本共识已初步形成。国务院发布的《“十四五”数字经济发展规划》将数字经济定义为“以数据资源为关键要素，以现代信息网络为主要载体，以信息通信技术融合应用、全要素数字化转型为重要推动力，促进公平与效率更加统一的新经济形态”。我国比较通俗的说法是，数字经济包括数字产业化和产业数字化两大部分，其中人工智能、物联网、云计算等IT产业，均归为数字产业化部分。

大数据热潮开始至今已有10年，大数据相关技术、产品、应用和标准快速发展，逐渐形成了覆盖数据基础设施、数据分析、数据应用、数据资源与API、开源平台与工具等板块的大数据产业格局。大数据产业发展热点基本保持两年一变，历经从基础技术和基础设施、分析方法与技术、行业领域应用、大数据治理到数据生态体系的多次变迁。

目前，大数据理论、方法与技术仍处于发展的早期阶段，需要进一步在大数据基础理论与基础器件、大数据获取、大数据管理，以及大数据处理技术、大数据分析、可视化与交互技术、大数据安全与隐私保护技术等方面加大研究力度。同时，积极探讨从“计算为中心”向“数据为中心”的技术体系重构。

体系的构建是一个较长周期不断完善的过程，需要保持耐心和定力。历史经验告诉我们，任何新技术、新事物的出现都可能是“双刃剑”，在带来便利、发展的同时，也会伴生不少负面影响。需要通过实践试错，在发展中不断解决问题。同时，也需要呼吁数字经济相关的所有市场主体，牢记必要的社会责任和科技向善的理念，方能走得更稳更远。

资料来源：黄宗彦．中国科学院院士梅宏：加快推进各行业数字化转型，提高传统产业绿色发展水平［N］．每日经济新闻，2022-12-27（005）．（节选）

作为现代社会发展和信息技术变革的必然产物，数字技术在社会经济的各个领域中广泛被应用，不仅推动各个产业融合和持续创新，还通过数据流通和共享疏通产业供应链上下游，提升产业价值链，成为推动经济增长的主要动力。文化和旅游部提出，在旅游领域大力发展信息技术，通过创新智慧旅游服务模式加快数字经济与旅游业的融合，推进旅游数字化转型升级。因此，旅游资源数字化开发，是数字经济时代发展旅游业的应有之义。

一、旅游资源数字化开发的相关概念

（一）旅游资源开发

旅游资源开发是指人类向旅游资源施加物化劳动，使之成为可以被旅游者所利用或享用的对象的技术经济过程。

（二）数字化

数字化一词源于计算机专业术语，通过计算机系统将模拟信息转换为二进制编码 0 和 1 的过程。数字化是把信号、图像和声音等通过数字来表示的过程，运用信息系统、各类传感器、机器学习与编码等现代信息通信技术手段，把物理世界中纷繁多样的信息数据、知识理论、艺术文化转换为各种二进制代码，并输入计算机系统内，产生大量可辨识、可保存、可统计的数字和数据，再依赖这些数字和数据构建起相应的数据模型，并加以统一管理、分类、使用。

（三）旅游资源数字化开发

旅游资源数字化开发，依托数字技术将信息数字技术应用到旅游资源开发中，运用高新技术将旅游资源信息转化成数字信息，使旅游资源数字化，让旅游资源直接详尽地表现。数字技术在旅游资源开发中的应用，有利于资源的统计与规划开发，同时节省游客时间与开发资金，实现旅游资源数字化管理，为旅游消费者提供个性化最优服务。

二、旅游资源数字化开发的社会效益分析

旅游资源开发与数字信息技术的结合已成为不可阻挡的时代发展趋势。

第一，旅游资源数字化开发是实现旅游资源数字化保护的重要手段。虚拟现实技术与创意互动的完美结合，让原本静态的旅游景点变得栩栩如生，将旅游资源中的特色视点转化为活生生的景观。

第二，旅游资源数字化开发有利于促进区域内相关产业协调发展，实现共赢。旅游资源数字化开发符合现代社会文化发展的潮流，满足人们更高层次的旅游需求，为智慧旅游创新发展开辟新思路，为智慧旅游提供更高水平的技术支撑。

第三，旅游资源数字化开发有利于促进虚拟旅游网站的全面发展和广泛应用。聚焦旅游资源数字化开发和保护，重视打造理念独特、设计新颖、制作精良、内容全面丰富、服务优质、程序智能化的虚拟旅游系统。

第四，旅游资源数字化开发有利于带动相关产业跨越式发展。虚拟旅游通过运用数字

信息技术等高科技手段，承载着丰富的传统旅游文化，不仅是对传统旅游发展短板的有益补充，也为推动传统旅游业实现跨越式发展提供了高效的开发和宣传形式。

三、旅游资源数字化开发的内容

（一）数字化的线路打造

在“互联网+”和“大数据”的时代，探索旅游结合数字化的发展模式，更加有利于保护与开发相关旅游资源。将旅游资源的详细信息，如方位、文化背景、建筑特征、景观特征等，进行数字化整理以及统筹分类；将同一类别或者相似类别的资源进行归纳整理，打造不同的特色线路，以不同的特色旅游路线吸引不同的目标人群。

（二）数字化的平台打造

通过搭建数字化综合服务平台，对旅游资源的数据进行集中收集，形成数据库对内、对外开放的数字化开发策略。

对内从景区管理、景区规划等方向出发，通过对整条旅游路线的数据收集，如各个景区节点的游客停留时间、受欢迎程度、游客意见反馈、淡季旺季游客数量等，根据数据决定整条旅游路线的先后游览顺序、景区维护、节点扩建、活动策划，等等。

对外开放大众点评、最美景点评选等让游客加入互动。同时，向游客提供平台综合的有效信息，如旅游景点背景信息、导游信息、周边宾馆信息、交通路线情况、旅游突发公共情况指挥信息和通知等。

通过数字化手段，结合互联网打造专属旅游线以及专属数字化平台，以健康理念及实时游客大数据分析为数据基础，打造新概念旅游体验。解决游客旅游路线僵化、观景而不知景的旅游现状，整合旅游资源，给予游客以更好的游览体验。

（三）数字化的扩展现实

利用数字化的扩展现实（XR）技术实现远程虚拟旅游，或在现有真实场景下挖掘、展示创新内容，提高附加值。扩展现实技术可以利用计算机将真实与虚拟结合，创造出人机互动的体验环境，包括增强现实（AR）、虚拟现实（VR）以及混合现实（MR）。

增强现实（AR）是指通过摄影机影像的位置及角度精算、图像分析技术，实现虚拟世界与现实世界结合、交互的技术。AR 互动可以重新为资源赋能，“扫扫明信片获取 3D 立体模型”等 AR 互动方式提高了传统特产及纪念品的文化与娱乐价值，可以提高旅游产业的经济附加值。

虚拟现实（VR）是利用电脑模拟产生三维空间的虚拟世界，提供用户视觉等感官模拟的数字化技术。虚拟现实系统在沉浸、交互与构想上具有极大的发展潜力，有利于特定环境的概念深化与创新萌发。2020 年新冠疫情给全球的旅游业造成了重创，如中国在 2020 年全年的国内旅游人次呈现了负增长。在这种出行受限的情况下，虚拟现实技术为文旅产业的创新提供了新的思路。例如，VR 智慧景区，就是一个立体、全景的景区展示平台，游客无论在哪里，都可以随时随地欣赏美景。这在一定程度上可以提升景区的形象，延续甚至提高景区的曝光度，带动景区的后续到访量。同时，虚拟现实技术还可以帮助游客了解景点特征，根据需求制定、记录个性化路线，提高出行效率与游客满意度，促进文旅产业线下线上一体化的发展。

混合现实（MR）是指融合增强现实（AR）与虚拟现实（VR）技术，结合真实和虚拟环境创造新的可视化环境的一种技术。例如，孔庙景区所应用的 MR 数字文旅融合体验项目，就使用了多项数字核心技术，不仅获得了大批年轻游客的好评，更是凭借其简单的操作及自动跟随步伐的模式赢得了中老年群体的欢迎。更进一步，如果将全息技术与混合现实（MR）技术相融合，还能打造出无须穿戴设备的沉浸式交互体验，使得科技与文化、旅游的边界无限淡化，打造非凡的新体验。

四、旅游资源开发的步骤

无论是一个单项的旅游资源还是一个地区旅游资源的开发，其开发过程一般要经过下面几个步骤。

1. 通过调查得出概念

通过市场、资源、基础设施及社会经济结构和政策等方面的调查，得出关于市场来源、开发规模以及将来主要形象的概念。

2. 做出草拟的项目

草拟项目是拟订体现形象的具体项目及可选择的主要设施规划、提出布置的草图并做出成本估算和人才培养及资金筹措计划。

3. 做出最后的设计

以草图为基础，通过抉择和进一步调查，确定分阶段实施规划、基础设施的细节以及建筑物和景观或活动的明显特点。

4. 做出开发规划

最好有两项规划：一是最后的开发规划；二是财务规划。

第二节 旅游资源的联合开发

案例导入

联合开发旅游资源　共建生态旅游区

第四届川滇藏“中国香格里拉生态旅游区”协调会在拉萨召开，这是继首届川滇藏“中国香格里拉生态旅游区”座谈会之后召开的又一次重要会议，对川滇藏三省区进一步联合开发旅游资源，大力发展旅游经济，加快经济社会跨越式发展具有重要意义。

西藏自治区区委常务副书记、自治区主席向巴平措在会上作重要讲话。向巴平措在讲话中指出，联合创建“中国香格里拉生态旅游区”是川滇藏三省区实施西部大开发战略的一项重要举措，也是三省区各级党委、政府实践“三个代表”重要思想的具体体现。经过三省区的共同努力，目前“中国香格里拉生态旅游区”的开发建设呈现出4个方面的特点：一是“中国香格里拉生态旅游区”共建工作迈出了实质性的步伐，已经进入实质性的推进阶段；二是对“中国香格里拉生态旅游区”的开发建设已经达成了共识，充分调动了这一区域群众依托旅游资源优势发展经济的积极性，为全面建设小康社会奠定了良好的基础；三是“中国香格里拉生态旅游区”的影响力进一步提升，受到了社会各界的广泛关注；四是“中国香格里拉生态旅游区”的宣传力度不断加大，打响了“香格里拉”这一知名品牌，其知名度已享誉海内外。

为进一步推进“中国香格里拉生态旅游区”建设，向巴平措建议三省区要进一步加强协作，相互交流，不断加大开发建设力度；积极配合国家有关部门做好综合开发总体规划；联合加快基础设施建设；加大宣传力度，吸引更多游客到“中国香格里拉生态旅游区”旅游观光。

资料来源：高玉洁．联合开发旅游资源　共建生态旅游区［N］．西藏日报，2005-09-28（001）．（稍有改动）

一、旅游资源联合开发的概念

旅游资源联合开发，是根据一定区域内的各种旅游资源的地理位置、文化属性、旅游功能的相近或互异，采取的一种相互有影响的旅游开发方式，最大限度地发挥旅游资源的开发价值。

二、旅游资源联合开发的内容

（一）旅游景区景点建设

旅游景点是旅游区划中的最小单位，一个旅游区的吸引力和旅游效益主要取决于景点的开发程度和管理水平。旅游景区景点建设主要包括两个方面：一是新景区、新景点的开辟和对原有景区、景点的更新和再开发。二是硬件和软件的建设。硬件建设是指旅游资源的自然景色、人造景观、与环境的协调等；软件建设是指旅游景区、景点工作人员的专业技术水平、职业道德等。

（二）旅游地的可进入性建设

可进入性是指旅游资源与外界的联系程度和内部的交通便利程度。旅游地的可进入性建设，不仅包括道路、火车站、机场、码头等必要交通设施的建设，还包括交通设施的运营安排，即既要保证可进入性的硬件条件，也要有相应的软件基础。

（三）旅游地相关设施建设

旅游目的地的成功开发需要相关旅游设施的开发建设，改善目的地的旅游环境。旅游目的地的相关设施涵盖内容广泛，不仅包括旅游设施的食、住、行、游、购、娱等方面，还包括交通、水、电、通信等基础设施。完善、优质的设施可以促进旅游业发展，提高当地经济和社会生活水平。

（四）旅游服务建设

旅游业是服务性很强的产业，开发旅游资源时必须注重旅游服务水平。旅游服务的内容主要包括旅行社的导游、翻译服务，交通运输部门的旅客运输服务，旅馆餐饮业的餐饮住宿服务，商业部门的购物服务以及各种信息服务。

为了给游客留下良好的印象，增加旅游资源的吸引力，就必须提高旅游服务人员的素质和水平。

三、旅游资源联合开发的原则

（一）特色性原则

特色性原则是旅游资源开发的中心原则，特色与吸引力密切相关，旅游资源独特性越强，或旅游地与旅游者原来所熟悉的环境区别越大，就越有吸引力。

（二）保护性原则

旅游活动的开展难免对旅游资源造成一定的破坏。因此，处理好开发与保护旅游资源的关系十分重要，尤其是那些具有特殊价值，一旦遭到破坏难以恢复的旅游资源，更加需要保护。在开发的过程中，要将保护工作放在首位，切实加强保护措施。

（三）经济性原则

旅游业是一种经济产业，在对旅游资源进行开发的过程中，应注重提高它的使用价值和吸引力，力求以较少的投资和较短的建设周期获得较大的经济效益。

（四）市场导向原则

由于市场的需求处于动态的变化之中，这就要求在开发旅游资源的时候，既要认清现实的基本需求，又要注意对市场因素的研究，了解长期的发展方向，预测潜在需求的变化趋势，从而用一种动态的战略方针指导旅游资源开发。

四、旅游资源联合开发的类型

（一）空间比邻型旅游资源的联合开发

空间比邻型旅游资源的联合开发多表现为中小尺度，旅游资源共生是其开发的理论基础。这类开发形式可分为两种情况：一是旅游资源丰富的地区联合开发，各种旅游资源紧密相关，形成一个庞大的整体。比如，湖南张家界通过联合开发，扩大了整体范围；一个地区（如某个县城或都市圈）的旅游资源在地理上相距不远，通过联合开发，可以形成多种组合，提高该地区的旅游水平。这种类型的共同开发通常需要从一两个领先优势来推动。例如，广东省肇庆市“千里旅游走廊”的开发中，著名的七星岩山和鼎湖山就是市区的龙头，以交通线为轴，形成环形旅游线，改变了各地旅游开发长期处于“温冷状态”的局面。

（二）空间隔离型旅游资源的联合开发

空间隔离型旅游资源的联合开发，分别存在于国内省与省之间、省内区（市）之间，在空间上多数表现为大中尺度。区域空间相互作用理论是这类联合开发的理论基础。具体又分为两种情况：一是各地均存在某种文化属性相近或相同的旅游资源，空间相距较远，出于旅游发展的共同需要而进行联合开发。这种情况下的旅游资源联合开发，广泛存在于国内省际之间，如长江三角洲三省市（上海、江苏、浙江）对各专项旅游资源（江南园林、水乡古镇、江南名人故居等）进行的联合开发。二是各地旅游资源虽处于空间分割状态，且缺乏某种内在相似的性质，但地理或区位分布上仍具有某种共性，如处于同一河流、湖泊，处于同一交通线路，也可通过联合开发建立若干旅游线路。

五、旅游资源联合开发的作用

（一）有利于建成世界级巨型旅游区

旅游资源联合开发，可以实现优质、垄断性强的旅游资源的整合开发，实现各一流景区、风景名胜区的联动，各条黄金旅游线路的联动，产生组合效应和旅游资源优势，提高旅游业的知名度、美誉度和吸引力，最终将全区建设成为广阔的世界级旅游区。

（二）有利于带动温冷景点和开发新的旅游区

旅游资源联合开发，实现区域资源配置，有利于区域内旅游资源优势互补，实现最佳配置，结合更加突出的旅游线路，前往一些温冷景区，推动一些新景区的开发创建。

（三）有利于拓展市场空间

一方面，可以扩大延伸市场空间；另一方面，在联合开发的区域内，各方共同开拓旅游市场、统一形象设计、统一开发管理，避免互相诋毁、削价竞争等现象发生，促进旅游业向专业化和集团化方向发展，逐步实现开发、管理和营销一体化，降低旅游企业成本，提高整体竞争力，从而赢得更多的市场机会。

（四）有利于促进以交通为主的旅游基础设施建设

区域旅游联合发展，要克服限制区域间旅游发展的交通“瓶颈”，建设与旅游相适应的旅游基础设施和服务设施。

第三节 新型旅游资源开发

案例导入

打造红色品牌 传承红色基因

南宁红色旅游资源丰富。毛泽东、邓小平、邓颖超等著名历史人物都在南宁留下了历史足迹。辖区内有广西学生军抗日烈士纪念碑、南宁革命烈士纪念碑、毛主席接见广西各族人民纪念馆、中共广西省委第二次代表大会旧址等。文物古迹 84 处，故居 19 处，烈士纪念碑 879 座。

目前，正在不断完善红色旅游景区的道路、旅游厕所、标志牌、游客中心等基础设施，已推出南国抗战之旅、邕江两岸红色之旅、邕城腾飞之旅等 5 条红色旅游线路。党史学习教育开展以来，南宁市打造红色主题游船，进一步弘扬“红船精神”，开发“百年党旗红启航新征程”邕江红色主题游船项目。用创新的载体、生动的形式，描绘党的百年奋斗史和南宁改革发展的历程，为广大党员群众更好地了解国家情、区域情、市场情、把握发展动力提供了一个窗口。

同时，依托南宁博物馆、邓颖超纪念馆等红色阵地，不断挖掘邓小平、邓颖超等党和国家领导人的功绩风采，再现伟大历史，通过馆藏文物、珍贵照片、手稿等史料，展现中国共产党的全貌。

资料来源：莫岚远．打造红色品牌传承红色基因［N］．南宁日报，2022-04-06（001）．（节选）

一、康养旅游资源

（一）康养旅游的概念

康养旅游是以健康、养生、养老和旅游的结合为基础，将放松、调整、健康、健美、益智、延年等需求与旅游行为相结合，以加强个人身体、心灵健康，获得健康的生活方式、预防疾病、释放压力为目标的一种旅游方式。

（二）康养旅游的特点

1. 高度依赖外部自然和人文环境

追求健康、舒适、幸福是康养旅游的基本出发点和主要目标，决定健康和幸福的因素有很多，包括环境、设施、产品内容、服务和组织管理等。自然环境是健康旅游目的地选择和开发最重要的资源。环境主要由自然生态和气候组成，包括舒适的环境温度和湿度、新鲜的空气、清洁健康的饮用水、丰富的地表水和地下水以及美丽的自然景观——温泉、冰雪、湖泊、溪流、海水等。人文环境，包括当地人的热情好客、和谐、亲近，以及风土人情、文明礼仪，整体社会环境应包括舒缓的生活节奏、富有内涵的生产劳动和风俗文化，并且可从多个角度予以体现，游客能够参与体验和真实感受。

2. 以产品特色和服务质量为核心

除对自然和人文环境进行外部甄选外，康养旅游作为一种专项旅游，其自身的特色和产品的品质也极为重要。首先，结合外部的自然生态环境和人文环境，策划开发具有特色的康养旅游活动是拓展市场、形成竞争优势的关键。该特色可以来自独特的资源禀赋，或是创意的策划与整体性开发，如医疗旅游、体育休闲旅游等。其次，康养旅游策划应坚持资源与市场导向相结合的原则，注重产品价格和服务质量的匹配度、项目配置安排的合理性、人性化服务的细节性、文化内涵展示与挖掘的程度、区位和交通的便利性等内容。

3. 旅游行为高黏性、重复性

与观光旅游和其他专项旅游相比较，康养旅游的淡旺季差异并不明显。观光旅游作为单次消费产品，季节差异性明显，游客在旅游目的地停留时间较短。摄影、观鸟等专项旅游虽然可以重复性消费，但是在市场规模和效益提升方面仍然有所欠缺。康养旅游以追求健康快乐和身心愉悦为目的，旅游动机泛化，因此，旅游者会在一个理想的目的地停留较长时间，且会不定期地前往，偏好重复多次的深度消费，容易形成较强的客户黏性。因此，旅游目的地的相关项目策划、基础设施配套、专业接待服务与全方位的组织管理等各环节都必须经得起旅游者的长期评价。

（三）康养旅游资源的分类

康养旅游资源主要可以分为自然类和人文类。自然类康养旅游资源包括环境、空气、气候、水土、森林等。人文类康养旅游资源包括传统养生文化、民族体育竞技、各地医养资源等。

1. 空气资源

以负氧离子含量极高的空气为特色，可开发吐纳、森林浴、雾浴等特色旅游产品。

2. 气候资源

气候资源即适宜的温度条件、日光条件等，可开发避暑、日光浴等旅游产品。

3. 山林资源

山林资源即特色的植物、动物，如森林、花卉、中草药等，可开发各类养生运动、医疗、饮食、保健等旅游产品。

4. 水资源

水资源即含有特殊矿物质的泉水、河流、湖泊等，可开发饮用、保健、洗浴等旅游产品。

5. 养生文化资源

养生文化资源即传统养生文化、养生文化名人、养生技能与方法等，可进行文化挖掘、整理与重新演绎，对优秀文化形式给予有力的开发与传承。

6. 地方民俗资源

地方民俗资源即不同地域、民族在漫长历史进程中形成的特色民俗养生方式，包括体育竞技活动、饮食习俗、医疗药物、保养方式等。

（四）康养旅游资源开发

随着市场需求的变化、企业利益的驱动、经济规制的放松和产业技术的创新，森林、山地、温泉等旅游资源在开发过程中愈加注重健康养生功效的发挥，而中医药、传统文化、传统体育运动等资源也展现出较好的旅游开发效应和价值，通过资源整合、技术创新、营销策划，健康养生产业和旅游产业在资源、技术、功能、业务、空间、市场等多个层面上实现了融合发展。

在当前健康养生旅游需求的大力推动下，越来越多的旅游企业拓展了相关的产品业态。例如，国际著名的洲际酒店开发了以康养为核心产品的逸衡酒店系列（EVEN Hotels），凯悦集团则收购了健康度假村品牌 Miraval Group；浙江本土的浙江旅游集团、浙江开元旅业等近年也重点拓展了数十家康养旅游基地，并形成主题旅游品牌。

与此同时，传统的健康养生企业也纷纷涉足旅游业，积极挖掘养生资源的旅游价值，提高产品的经济附加值，实现了经济效益的大幅提升。例如，浙江杭州桐君堂医药有限公司基于中医药文化，开发了一系列的养生旅游产品，桐君堂医药馆成为浙江省中医药文化养生示范基地。

当前，健康养生产业与旅游产业在目标客群、市场运作、营销策划、品牌培育、资本运营等方面的融合度日益加强，各环节和系统相互衔接、强化互动，最终形成了康养旅游产业这一新型融合型产业。

康养旅游产业的动态融合将养生资源与旅游活动进行整合开发，构建兼具健康养生与旅游休闲功能的康养旅游产品体系，实现旅游服务与养生功效的有机结合，其中，旅游活动是外在的表现形式，而健康体验和养生文化则是内在吸引要素。

在产业融合过程中，主要表现出三个方面的明显转变：一是在资源方面，单一功能的养生资源转变为具有复合功能的可开发旅游资源；二是在载体方面，单一形式的旅游景点转变为融健康、养生、休闲等为一体的综合性旅游目的地；三是在业态方面，单一表现的旅游活动转变为全方位深度体验的复合型旅游平台。

二、医疗旅游资源

（一）医疗旅游的概念

世界旅游组织将医疗旅游定义为：涵盖医疗保健、疾病健康、康复修养等主题的旅游服务。主要是指人们因常住地医疗服务费用过高或不完美而到国外或地方接受疾病治疗、康复等医疗服务，并享受度假、娱乐等旅游配套服务的过程。

康养旅游与医疗旅游的相似之处在于健康的动机相同，但是两者在客源人群和实现手段上有所不同（见表 11-1）。在大健康产业发展的前提下，二者之间的交集越来越多，进而出现了彼此交融、相互包含的状态。

表 11-1　康养旅游与医疗旅游分析表

	康养旅游	医疗旅游
旅游目的	保持、管理和改进健康与生活状态	得到疾病的诊断或改善
旅游需求	获得健康的生活方式；预防疾病、释放压力、管理生活习惯	低成本、高质量的诊疗与康复；便捷高效
行为方式	非医疗型、非侵入式、积极主动	疾病诊疗、入侵式、被动式

（二）医疗旅游产品的分类

1. “治”类产品

主要可分为重疾治疗型和轻医疗型两类。重疾治疗即生命危险系数高并且医疗资源较为稀缺的项目，如器官移植手术等。轻医疗型产品主要指生命危险系数小的项目，如整牙、整容、美容、生殖疾病治疗等。目前我国的跨境医疗旅游主要以轻医疗产品为主，此类产品在与旅游度假的融合和衔接方面较为方便，是海外医疗机构的开发重点。

在以“治”为主的医疗旅游中，旅游活动不一定是旅行的最初目的，大多数是康复后的自发活动。以整形美容医疗产品为例，一般可以分为塑身产品和整形美容产品。主要市场是女性和需要整形手术的特殊群体。目前，韩国、马来西亚、泰国、新加坡等国都在努力打造“医美之城”，韩国甚至被称为“医美王国”。

2. “疗”类产品

主要是依托地热资源、水疗资源、日光浴资源、海水资源、沙滩资源、中医药资源及风景优美的旅游资源等，开发以康复理疗、养生保健为主的产品，如美容、森林疗养、药物养生、温泉疗养等。此类产品可以满足不同类型医疗旅游者的需求，覆盖人群广泛，备受消费者的青睐，在国际医疗旅游行业发展中扮演着重要的角色。

3. “科普”类产品

主要包括药材认识与品尝、药材购买、药材交易市场观光与采购、医药文化寻根、特色治疗方式与技艺的观赏体验等。例如，我国的中医药旅游，包含了中药材、针灸、火罐、刮痧、太极等，越来越受到国际市场的欢迎，中药材贸易也正在以每年10%以上的速度递增。

以科普和教育体验为主要目的的中医药旅游产品，可以通过中医药博物馆、中药材博物园、中医药生活体验馆等具体项目，让游客亲身体验中药种植、采摘、加工及熬制等过程，现场学习中药辨识、功效等，普及中国中医文化，提高游客对中药资源和中药文化的基本认知。

（三）医疗旅游资源开发

1. 生态性开发

有益于旅游者身心健康的旅游资源都可以成为医疗旅游的康养旅游策划体，医疗旅游的发展也离不开这些旅游资源的支撑。即选址在生态环境优美的区域，如绿植密布、生机盎然的湖畔、海岸、温泉区等。

2. 便捷性开发

与主要城市之间有便捷的交通往来设施，能够实现人员、物资、技术等方面的及时对接，并与主要的医疗中心之间有应急反应机制。

3. 专业性开发

医疗旅游的开发需要专业的医学知识、现代化的医疗设施和高素质的医务人员。医疗旅游的组织和管理需要医疗技术和相关法律法规的支持，专业度会直接影响医疗旅游目的地旅游业的可持续发展。

4. 综合性开发

除医疗康复外，医疗旅游目的地所处的城市与生活环境中还应提供餐饮、运动休闲、娱乐等多种其他服务，在一定程度上可实现功能的综合化。

5. 高端性开发

目前医疗旅游属于较为高端的旅游形式，因此，需要为患者提供全方位、高品质的星级服务，如一对一贴身健康服务、五星级居住服务等。

三、修学旅游资源

（一）修学旅游的概念

修学旅游又称游学、修学游、教育旅游等，普遍的定义是“组织旅游者主要是青少年学生，利用假期以一个专题为目标，以增长知识、增进技艺为目的，到外地或国外进行旅游、观光和学习的专项旅游活动”。

（二）修学旅游的特点

修学旅游的目标群体以年轻人为主，常为中学生、小学生、硕士、博士等，群体相对集中、特征明显，老年人较少。参加修学的目的不仅可以是去国外旅行，还可以是学习特定的语言或探索特定地方的风土人情，或者可能有很多目标并希望同时完成这些目标。

（三）修学旅游的功能

修学具有文化教育的功能，是典型的寓教于乐的教育产品。可以丰富学员的见识、拓展知识、开阔视野、提升素质、增强沟通、提高实践训练技能。就个人而言，修学有利于开阔视野、增长知识、提升素质和技能，让自己在今后的学习和生活中更具竞争力。在国家层面，修学旅游作为特色旅游的一部分，具有明显的旅游产业特征。因此，修学旅游的快速发展将在一定程度上带动全国出入境旅游的发展。

（四）修学旅游的构成要素

一是修学旅游者，即旅游产品消费的主体。在知识经济时代，只要有对文化和知识的需求，必将会产生对修学旅游的需求。而修学旅游者中，学龄青少年是主体，各类专项旅游爱好者、科研人员、企业管理者和工人也是重要的组成部分，是修学旅游产品存在的前提。

二是修学旅游产品，即修学旅游的载体，是帮助游学者达成修学目的的关键。这种产品必须有寓教于乐的功能，使游与学在产品中达到和谐统一。

三是修学旅游的目的地，指具备修学旅游资源和服务设施的空间区域。一般而言，如果修学旅游的目的地能够在一定的区域上集聚更多的修学旅游资源，那么就会组成修学旅游产业的集群，可以使整个产业具有更强大的竞争力。

四是目的地的管理者，即修学旅游的主导者，主导修学旅游资源的开发、保护、使用和管理，通过对旅游行业的一系列管理实现经济、社会、环境等收益的最大化。管理者要通过有意识地编制修学旅游开发规划，融合与利用修学旅游资源，开发修学旅游产品，为修学旅游提供政策保障。

五是修学旅游企业，即旅游产品设计、供给和组织实施的功能部门，也是修学旅游者和修学旅游产品的媒介，是市场开发的催化剂。修学旅游企业可以是传统的旅行社，也可以是修学旅游资源所在地的管理部门及其下属机构。

完整的修学旅游活动，是上述五个要素相互联系、相互作用、相互制约的结果。

（五）修学旅游资源开发

修学旅游资源开发应注重丰富产品特色、开辟多种营销渠道、规范市场组织。修学旅游资源开发应以国内游学旅游为主，出入境修学旅游为辅。

1. 从产品角度

（1）产品要寓学于游，学游结合。修学旅游既不是纯粹的观光休闲活动，也不是纯粹的科学研究。修学旅游要求修学与旅游有机结合，游与学结合的深度要适合不同层次的游客。以游助学，应该让游客在旅游过程中接触到的知识更加系统化，更容易吸收，集知识性、参与性、趣味性于一体。

（2）主题鲜明突出。修学旅游资源开发要突出求学的特色，要让修学旅游者明确学什么，因此要有鲜明的主题。主题就是这个修学旅游资源开发的发展方向，一切都应围绕着主题来设计。

在选择主题时，要以主打资源为基础，修学旅游的主打资源可以是高校，可以是名人故居，也可以是动植物园。无论是何种形式，首先在分量上必须能支撑起整个旅游项目，其次要使主题突破局限，创新思维模式，独辟蹊径，有个性，突出亮点。

（3）开发过程中要讲究科学。修学旅游资源开发不能闭门造车，必须走进市场，讲求科学，了解修学产品的消费者需要和喜欢什么产品，这样才能开发出针对性强、产品竞争力强、赢得旅游者青睐的修学旅游产品。

2. 营销角度

（1）加强市场宣传。修学旅游在我国还属于初级阶段，很多人对这一新型的旅游方式并没有很深的了解。针对修学旅游的特性，应加大对青少年学生和家长的宣传力度，加大对学校的宣传投入。比如，可以通过在校园网和有关的知名度较大的报刊上，组织与修学旅游项目主题相关的有奖征文比赛，或与学校联系，建立长期的合作关系。

（2）注重品牌营销。品牌营销对于修学旅游同样重要，只有打造知名品牌，才能长久持续发展。针对目前国内的修学旅游资源，需要结合自身产品特点，建立品牌，让旅游企业形成专门从事修学旅游的部门，通过特色主题提升企业的知名度和美誉度，逐步打造知名修学品牌。

四、红色旅游资源

（一）红色旅游的概念

“红色旅游”是指以中国共产党领导人民，在革命战争年代及社会主义革命和建设时期建树丰功伟绩所形成的重要革命纪念地、纪念物及其所承载的革命精神为吸引点，组织接待旅游者进行参观游览，学习革命历史知识、接受革命传统教育，从而达到振奋精神、放松身心的目的。

（二）红色旅游的分类

根据红色旅游产品类型，主要包括以下五类。

1. 伟人故里

伟人故里主要指有历史影响力的人物所出生或者祖籍所在的地方。

2. 革命历史事件和遗址遗迹

革命历史事件和遗址遗迹主要指重大历史事件、重大活动旧址及其留存至今的物质和非物质遗产。

3. 墓碑（群）/烈士陵园

烈士陵园主要指为了缅怀在革命战争中壮烈牺牲的战士而建造的墓地等。

4. 革命历史纪念馆

革命历史纪念馆指在有红色资源的地方建造的综合性历史标志建筑物，主要以纪念碑、博物馆、纪念馆等为代表。

5. 非物质文化遗产

主要指革命故事、革命歌曲、革命诗歌、革命传说等，以口述或记载的形式流传下来，具有深厚的文化底蕴和时代价值。这些文化遗产生动地反映了革命时期人民的精神风貌和斗争历程，对于传承红色基因、弘扬革命精神具有重要意义。

（三）红色旅游资源的价值

红色旅游资源所具有的价值构成要素有以下几个方面。

一是历史文化价值。红色旅游资源是革命历史遗迹的体现，承载着我国发展进程中的一段历史和精神。红色旅游资源对后代的影响越大，其文化价值就越高，对旅游市场的凝聚力和吸引力就越强。

二是社会情感价值。红色旅游资源作为特定历史时期和历史信息的重要载体，具有浓厚的政治教育色彩。

三是经济价值。红色旅游资源主要分布在经济基础薄弱的老、弱、边疆、贫困地区。旅游业作为带动力强、关联性强的产业，为当地经济转型发展提供了路径和机遇。

四是资源完整性、原真性价值。红色旅游资源的完整保护情况可以全面反映历史文化的原真性，更好地开发和恢复历史真实性，有助于历史发展道路的完整性和延续。

（四）红色旅游资源开发

旅游资源开发是一种综合开发和经济技术行为。利用一定的技术手段，充分发挥人的创造力和智力资源，有序、科学、合理地利用和保护开发区的各种实际资源和潜在资源，实现经济效益、社会效益和生态效益协调发展。

1. 保护性开发

首先是历史文化资源的保护，其次是对周围环境的保护，最后是对民风民俗的保护。

2. 全面、系统开发

不仅要注重主体景观的设计，还要注重其他配套设施的完善。红色旅游的崇高精神和文化内涵不仅要体现在景点本身，更要渗透到配套基础设施建设和软件服务的质量和水平，全面系统地发展。

3. 尊重历史、实事求是

红色旅游本身就是历史旅游，旅游景点内容须严格把关，讲解不能人为地尽情演绎发挥。评价革命人物功过、分析革命事件及其影响等，必须在尊重历史的基础上，实事求是地挖掘和发展。

4. 和而不同

红色旅游作为一种旅游产品，旨在将“红色旅游”这一话题带回到历史文脉的人文精神之中，融入到“和而不同”的地域文化中，在开发时既要把握和谐性，又要有大背景中的不同视角，同时，还要符合景观的生态环境，在良好的生态环境基础之上，争取人与自然和谐共处的效果。

本章小结

本章共包含三节学习任务，分别围绕旅游资源数字化开发、联合开发、新型旅游资源开发进行。具体讲述了旅游资源开发、数字化、旅游资源数字化开发的概念，旅游资源数字化开发的社会效益与内容；旅游资源联合开发的概念、内容、原则、类型与作用；康养旅游资源、医疗旅游资源、修学旅游资源、红色旅游资源开发等内容。通过本章学习，使学生更加深入地认识到旅游资源开发的基本内容，在实际中运用旅游资源开发的原则，为今后科学合理地进行旅游资源开发奠定基础。

思考题

1. 阐述旅游资源数字化开发的概念。
2. 旅游资源数字化开发的社会效益有哪些？
3. 旅游资源数字化开发的内容有哪些？
4. 阐述旅游资源联合开发的概念。
5. 旅游资源联合开发的类型有哪些？
6. 旅游资源联合开发的原则是什么？
7. 旅游资源联合开发的作用有哪些？
8. 康养旅游资源有哪些？
9. 简述修学旅游资源开发策略。
10. 红色旅游资源的价值有哪些？

本章实训

一、实训目的

1. 了解旅游资源开发的概念。
2. 加深对旅游资源开发的理解。
3. 锻炼团队成员的收集与分析材料能力、团队合作能力、个人表达能力等。
4. 通过该实训，使学生深入理解旅游资源开发的基本内容与实践应用，通过亲身体验复杂的校外真实情境，将课堂所学的基本理论、基础知识与实际操作紧密结合。在这一过程中，学生不仅需要掌握旅游资源调查、评估、规划与开发的一系列技能，还需学会在面对复杂多变的现实问题时，如何有效收集、整理和分析相关信息，从而发现并定义值得深入探究的实际问题。

二、实训内容

将班级同学分组，选择离学校较近的一个 4A 或 5A 级旅游景区，考察旅游资源的开发情况，对该景区旅游资源开发进行 SWOT 分析。

三、实训组织

1. 指导教师布置实训项目，提示相关注意事项及要点。
2. 将班级成员分组，成员可自由组合。小组人数划分视班级总人数而定。由教师给每组分配所要阐述的途径，每组选出组长一名。
3. 以小组为单位，开展旅游资源开发情况考察。
4. 各小组在班级进行宣讲，每组宣讲时间以不超过 15 分钟为宜。

四、实训步骤

1. 指导教师布置任务，指出实训要点、难点和注意事项。
2. 结合教师讲解与实地调研，制作 PPT，练习后进行当众讲解。
3. 各组汇报，由学生和老师共同组成现场评议小组进行点评。
4. 对于得分最高的团队，适当进行鼓励和奖励。

第十二章
旅游资源的保护与可持续发展

知识目标

1. 掌握旅游资源保护的措施。
2. 熟悉旅游资源遭受破坏的原因。
3. 了解旅游可持续发展的实质与原则。

技能目标

1. 能够剖析旅游资源开发过程中可能引起破坏或受损的因素。
2. 能够提出旅游资源可持续发展的对策与措施。

思政目标

1. 培养学生生态环保意识，加强生态文明教育。
2. 培养学生自觉尊重自然，热爱生命。
3. 培养学生学会欣赏大自然和社会中的美，践行社会主义核心价值观。
4. 培养学生公民意识，履行公民义务，树立可持续发展理念，形成积极参加社会建设和生态建设的社会责任感。

第一节　旅游资源的保护

案例 导入

旅游资源开发利用不能突破保护红线

随着人们法律意识普遍增强，依法治理、科学保护、合理利用已经成为经济社会发展过程中的普遍意识和社会共识。实际上，我国已经颁布实施的旅游法、文物保护法、森林法、自然保护区条例等法律法规，对各类资源区的保护边界、保护要求、保护措施和利用原则、开发许可等都有明确规定。

在旅游开发领域，严格坚守法律红线已经成为业界的共识，“保护第一”成为一切资源开发利用活动的基本原则。当然，重视保护，并不意味着禁止一切开发利用活动。无论是当前的社会发展理念和生态治理理念，还是相应的法律法规，都强调科学保护、合理利用。

随着社会发展理念和生态治理理念的进步，依法治理、科学保护、合理利用的资源和环境保护利用理念将得到更多领域的认同和接受。

资料来源：王德刚．旅游资源开发利用不能突破保护红线［N］．中国旅游报，2018-06-11（003）．(部分改动)

旅游资源保护是伴随着旅游资源的开发而提出来的一项重要议题。它不仅包括对旅游吸引物本身进行保护，使之不至于因开发和使用不当而遭受破坏，而且还涉及对其所在环境进行保护的问题。

一、保护与开发的辩证关系

旅游业的生存和发展有赖于旅游资源这一根本基础。在某种意义上，开发本身就意味着破坏。在这个问题上，不能片面强调所谓“积极的破坏”。就旅游开发改变自然面貌而言，开发工作本身就涉及某种破坏，这是不争的客观事实。但也应该看到，人们在开发利用旅游资源时，完全有能力通过周密的规划和妥善的管理，将出现问题的可能性降到最低。不能因强调“保护”这些资源而一味地反对对其进行开发。换句话说，开发和保护不能对立。关键是要正确利用这些资源，使其能够满足人类的需求。

二、致使旅游资源遭受损害和破坏的原因

为了有效地保护旅游资源，需要人们认识到旅游资源遭到破坏的原因。总的来说，这些原因基本上可以分为两类：自然因素和人为因素。

（一）自然因素的作用

由于自然因素的作用而致使某些旅游资源遭受损坏和破坏的情况很多，其中较为常见

的情况包括以下三个方面。

1. 重大天灾

一些重大自然灾害如地震、洪水、泥石流、森林火灾等的发生，往往对受灾地区的旅游资源造成重大破坏。

2. 风化作用

除了上述人力不可抗的原因之外，长期风化是最常见的破坏性自然因素。例如，我国用作旅游资源的许多著名的石窟，长期以来一直面临自然风化作用的侵害。

3. 动物性原因

某些动物性原因，例如，鸟类和白蚁的破坏行为，也常常对历史建筑和文物等旅游资源的安全构成威胁。

（二）人为因素的作用

较为常见这类原因主要包括：

1. 旅游者的不当行为

因不当的旅游行为而破坏旅游资源的例子有很多。例如，被誉为古代“世界七大奇观”之一的埃及金字塔，由于过去众多游客的攀登而遭到严重破坏。

2. 当地居民的不当行为

当地居民的不当行为比游客的问题更大，而且更难控制。例如，意大利罗马的一些古迹遭受工业排放二氧化碳气体的困扰；印度的泰姬陵因空气污染的影响，导致洁白的颜色变黄；由于当地居民普遍偷猎，非洲的犀牛和大象等稀有动物面临灭绝的威胁。

3. 旅游业者的不当行为

从旅游行业的行为来看，一些地方在景区开发建设中，由于缺乏环境保护或自身利益考虑，破坏当地环境和景观的现象并不少见，如随意炸山开路、砍伐森林、大兴土木等，结果是没等到景区建设好，当地环境就已经被破坏得很严重了。

三、旅游资源保护的措施

（一）针对自然作用方面的原因

旅游资源管理者应当采取必要的技术措施，防止自然灾害的潜在危害。例如，西安将兵马俑坑、半坡遗址等历史遗迹改造成有顶棚的展厅，以减少自然天气的影响。对于容易遭受鸟类危害的古建筑，有关部位架设防鸟的隔离网罩等做法也都是积极防护的成功尝试。

（二）针对旅游者方面的原因

为了防止游客对旅游资源可能造成的破坏，首先，应加强该地区的旅游规划，充分评估吸收接待能力饱和对旅游资源的破坏性影响。其次，重要文物、珍稀动植物等旅游景点要设置隔离装置，防止游客触摸、攀爬。对违反规定的游客，将根据情节轻重予以制止、批评、罚款，并追究其法律责任。

（三）针对当地居民和旅游业方面的原因

对于当地居民和旅游经营者的不当行为对旅游资源造成的损害，除了加强保护旅游资源的公关工作外，还应该出台必要的法律法规加以限制。我国颁布的许多法律法规都与旅游资源的保护直接相关，如《文物保护法》《森林法》《环境保护法》《野生动物保护法》等。在采取预防措施的同时，对危害、破坏旅游资源的单位和个人，应当给予必要的行政和经济制裁。造成严重损害的，依法追究相关人员的刑事责任。

最后，无论是控制自然原因造成的旅游资源损害，还是人为因素造成的损害，都必须落实保护措施的责任。由于目前管理体制尚存在问题，旅游资源保护措施的落实与否是旅游资源保护成功与否的关键。

第二节　旅游可持续发展

案例导入

乡村旅游可持续发展要处理好四个关系

乡村旅游是促进乡村振兴和乡村经济社会全面发展的有效途径，在推进农业农村现代化、城乡融合发展、贫困地区脱贫攻坚等方面都发挥着重要作用。2018 年，文化和旅游部等 17 部门日前联合印发《关于促进乡村旅游可持续发展的指导意见》（以下简称《意见》）要求，认真贯彻《中共中央、国务院关于实施乡村振兴战略的意见》和《乡村振兴战略规划（2018—2022 年）》，推动乡村旅游提质增效，促进乡村旅游可持续发展，加快形成农业农村发展新动能。

从《意见》的内容体系来看，实现乡村旅游可持续发展，必须有效处理好四大关系。

一是市场化投资与农民利益主体的关系。发展乡村旅游必然要涉及旅游开发的投资主体问题，为促进乡村旅游的快速发展，我们鼓励投资主体多元化，通过市场手段吸引外来投资、企业投资，但发展乡村旅游与其他产业不同，必须坚持“以农为本”原则，始终要“坚持以农民为受益主体”，要调动农民的积极性和创造性，鼓励农民全过程参与乡村旅游开发和经营，不能让农民成为乡村旅游发展的旁观者和边缘利益者。

二是乡村旅游发展与社会资源整合利用的关系。在乡村地区，即使有很好的资源优势，乡村旅游也不可能单独发展。发展乡村旅游应与当地经济社会发展的总体诉求和发展目标相协调。

三是农业农村现代化与保持文化特色的关系。农业农村走向现代化是一个必然趋势，而以旅游业为代表的新型乡村服务业的发展必然会推进和加快农业农村现代化进程。《意见》要求要在充分保护好乡村传统文化、农业文化遗产、非物质文化遗产和文物古迹的基础上，进行乡村旅游开发，并在开发利用和有效传承乡村文化遗产的过程中进一步凸显乡村地区的文化特色，强化乡村旅游产品的个性化特征，形成保护与利用的良性互动。

四是开发建设与管理服务的关系。旅游是具有现代性、时尚性的服务产品，开发建设与管理服务同等重要。乡村旅游发展过程中的人才队伍建设和专业培训，要通过提高乡村旅游管理服务水平和经营者综合素质，来提升乡村旅游的管理效益、服务效益、品牌效益，使人才队伍建设及其衍生的管理、服务和品牌效应等成为乡村旅游健康可持续发展的有力支撑。

总之，《意见》是在我国实施脱贫攻坚和乡村振兴战略的关键阶段出台的具有战略指导意义的政策性文件，目的在于通过政策引导和推动，实现乡村旅游的健康可持续发展，使乡村旅游成为促进乡村经济社会全面发展的恒久动力。

资料来源：王德刚．乡村旅游可持续发展要处理好四个关系［N］．中国旅游报，2018-12-24（003）．（节选）

一、可持续发展的产生

“可持续发展”自20世纪70年代提出以来，逐渐被人们接受和运用。1987年“地球的未来”国际会议上，以挪威前首相布伦特夫人为首的“世界环境与发展委员会”提出了题为《我们共同的未来》的报告。报告将可持续发展定义为“既满足当代人的需要，又不损害子孙后代满足其自身需要的能力的发展”。

为了把可持续发展纳入实际行动轨道，1992年联合国在巴西里约热内卢召开了由各国首脑或政府总理参加的“环境与发展大会”，正式确立了可持续发展是当代世界的主题，强调人、社会和自然三者关系的和谐发展，要求实现全人类代际发展机会平等条件下的协调发展与共同进步。

包括中国在内的全球100多个国家政府首脑通过了《里约宣言》，共同签署了《生物多样性公约》《21世纪议程》等重要文件。环境与发展的关系丰富了可持续发展战略，为实施可持续发展战略提供了行动方案，为人们改善环境、合理利用资源、促进发展提供了全面视角。从此，可持续发展成为21世纪世界各国追求的共同目标。

二、旅游可持续发展的实质

旅游可持续发展是可持续发展在旅游领域的具体应用，是人们长期思考旅游发展与环境保护关系的产物。其本质是要求旅游业与自然、文化、人文环境相融合，协调和平衡相互关系，实现经济发展目标和社会发展目标的统一。

旅游可持续发展一个非常重要的方面就是旅游资源的可持续发展利用。旅游资源的可持续发展利用是指人类通过科学、合理规划、开发、利用旅游资源，在对人类有意义的时间和空间上，使旅游资源的数量保持动态平衡、质量不断提高，从而使人类对旅游资源的开发利用能够持续进行，不断满足社会发展的需要。

三、旅游可持续发展的原则

旅游可持续发展须遵循以下原则：

（一）公平性原则

强调本代人的公平、代际的公平以及旅游有限资源的平等分配。本代人的公平，反映在旅游景区的经营上，要给所在区域的原住民生存与发展的机会，在创造公平机会的同时，必须承担相应的公平的责任、义务。代际的公平，即给后代人公平利用自然资源的权利，反映在景区经营上，即眼前经营者与管理者的利益与继任者利益的冲突，短期的近视行为与景区长远规划建设的冲突。公平分配有限的旅游资源，即指旅游景区拥有法律允许的开发其旅游资源的权利，但同时也负有不使开发活动危害他人与地区环境的义务。

（二）协调性原则

旅游可持续发展认为生态、经济与社会的协调发展是可持续发展的前提。要考虑旅游业与经济社会发展水平之间的关系，以及旅游业发展规模和水平对生态环境的承载能力，保持适度发展规模，促进旅游协调稳定、健康持续地发展。

（三）持续性原则

发展依赖于可持续，旅游资源开发、旅游业的发展应在生态系统的承载力范围内，不能为满足本代人的需求、谋取短期利益，而进行旅游资源的掠夺性开发。根据旅游资源的不同类别与属性差别，协调好人类旅游资源开发、保护和需求的关系，科学合理地规划、开发和保护有价值的旅游资源，使之能最大程度地发挥其应有的价值，尽可能延长寿命，促进旅游资源的可持续利用。

（四）共同性原则

旅游可持续发展作为追求发展的目标，其所表现的持续精神是共同的。虽然旅游可持续发展的具体目标、政策措施和实施措施可能因各国文化、历史和社会经济发展水平的差异而不一致，但旅游可持续发展的共同性，要求人们在实现旅游可持续发展这一总目标时必须采取全球共同的联合行动。

四、旅游可持续发展的内容

（一）生态保护意识

加深人们对旅游所产生的环境效益的理解，使人们的行为规范符合旅游可持续发展的标准，使人们积极参与环境保护并树立强烈的环境保护理念，强化人们的生态保护意识。

（二）资源可持续利用

保护旅游资源的多样性和生存能力，减缓不可再生资源的衰竭速度，提高增长的质量，解决以破坏环境和资源为代价的非持续性发展问题，以最小的旅游环境与资源投入要素使用量，获取最大的旅游效益总量，保持旅游业可持续发展。

（三）国家开发与保护战略

旅游业的发展存在贫富差距。一般来说，旅游产业发达的地区可以不断地在新的领域进行投资，可能会为了获取最大收益不顾环境的承受力；旅游业不发达地区为了解决温饱问题滥用旅游资源，从而造成开发性破坏和破坏性开发。各国应从总体上宏观把握，建立综合发展与保护的总体框架，促进旅游业的公平发展。

（四）评价体系规范化、科学化

要保护旅游区的生态环境，为可持续旅游发展提供永续空间，必须关注以下四个“水平”：旅游环境评价指标参数的科学水平、旅游开发地的最低安全水平、可接受的旅游风险水平和旅游地生态发育的空间水平。该评价指标体系在一定程度上反映了旅游地生态环境可承载容量的极限。如果超过这个限度，就会给环境带来很大的破坏。

（五）和谐发展、生态平衡理念

旅游资源的可持续发展需要实现旅游资源的最优化配置，这就要求人类从生态理念出发，树立人与自然和谐的发展观，自觉保护生态环境、维护生态平衡，强调旅游经济与生态环境的协调发展。可持续发展要求当代人的发展不影响后代人的发展，强调当代人与后代人发展的平衡和公平。

本章小结

本章共包含两节学习任务，分别围绕旅游资源保护与旅游可持续发展进行讲解。具体讲述了保护与开发的辩证关系、致使旅游资源遭受损害和破坏的原因、旅游资源保护的措施；可持续发展的产生、旅游可持续发展的实质、原则与内容。通过本章学习，使学生更加深入地认识到旅游资源保护的重要意义，找出当前破坏旅游资源的因素，实现旅游可持续发展的目标。

思考题

1. 旅游资源遭受破坏的原因有哪些？

2. 旅游资源保护的措施有哪些？
3. 阐述可持续发展的概念。
4. 旅游可持续发展的原则是什么？
5. 试论述旅游可持续发展的策略。
6. 试论述保护与开发的辩证关系。

本章实训

一、实训目的

1. 了解旅游资源保护的概念。
2. 加深对可持续发展的理解。
3. 锻炼团队成员的收集与分析材料能力、团队合作能力、个人表达能力等。
4. 通过该实训，使学生了解旅游资源保护的基本内容，养成热爱自然、热爱社会的情感倾向，理解生态文明、社会文明的美学实质，形成陶冶情操、创造美的意识和能力。

二、实训内容

将班级同学分组，选择离学校较近的一个 4A 或 5A 级旅游景区，考察旅游资源的保护情况，并提出可持续发展的建议。

三、实训组织

1. 指导教师布置实训项目，提示相关注意事项及要点。
2. 将班级成员分组，成员可自由组合。小组人数划分视班级总人数而定。由教师给每组分配所要阐述的途径，每组选出组长一名。
3. 以小组为单位，开展旅游资源保护情况考察。
4. 各小组在班级进行宣讲，每组宣讲时间以不超过 15 分钟为宜。

四、实训步骤

1. 指导教师布置任务，指出实训要点、难点和注意事项。
2. 结合教师讲解与实地调研，制作 PPT，练习后进行当众讲解。
3. 各组汇报，由学生和老师共同组成现场评议小组进行点评。
4. 对于得分最高的团队，适当进行鼓励和奖励。

参考文献

[1] 任以胜,陆林,韩玉刚. 新旅游资源观视角下旅游资源研究框架[J]. 自然资源学报,2022,37(3):551-567.

[2] 毛卫东,黄震方,杨春宇. 社会旅游资源的概念及范畴探析[J]. 企业经济,2008(7):144-146.

[3] 黄娟琴,王珂,夏淑芳,等."3S"技术在旅游业中的应用及其展望[J]. 国土资源遥感,2004(3):1-4.

[4] 李丰生. 旅游资源经济价值的理论探讨[J]. 经济地理,2005(4):577-580.

[5] 杨威,周尚哲,王杰,等. 波堆藏布谷地冰碛丘陵形成机制及其环境意义[J]. 冰川冻土,2005(2):220-225.

[6] 郭建文,贾文毓. 中国古代"八景"中水文类景观的成景规律[J]. 山西师范大学学报(自然科学版),2020,34(2):86-93.

[7] 李海菲,杨夏玲,王钰婷,等. 北部湾七星岛旅游资源保护与开发初步研究[J]. 海洋开发与管理,2022,39(5):83-87.

[8] 常贵蒋,车洁萍,李艳梅. 乡村振兴视域下古镇旅游资源保护与开发研究——以广西黄姚古镇为例[J]. 当代农村财经,2022(7):44-46.

[9] 唐羽. 辽宁抗联红色旅游资源调查及评价研究[J]. 辽宁科技学院学报,2022,24(4):91-94.

[10] 王华,刘修斌,高文. 平武县双凤村及周边区域旅游资源调查评价与开发建议[J]. 四川地质学报,2022,42(1):161-165.

[11] 周惠琴,蔡燕歆. 剑门蜀道旅游资源调查和评价研究[J]. 城市建筑,2022,19(2):73-77.

[12] 李海霞,吴雯雯. 大数据在风景园林旅游资源评价中的应用[J]. 安阳师范学院学报,2020(5):72-75.

[13] 王多,童俊,彭九慧. 基于气象大数据的承德市避暑旅游景区评价[J]. 农业灾害研究,2022,12(4):71-73.

[14] 向娟. 达州红色文化旅游资源数字化保护与旅游开发研究[J]. 四川文理学院学报,2022,32(2):45-50.

[15] 肖光明. 珠三角地区旅游资源联合开发探讨[J]. 商业时代,2009(6):86-87.

[16] 潘国雄．广州大学城修学旅游资源开发探析[J]．黑龙江教育学院学报,2012,31(10):199-202.
[17] 韩梦阳．基于区域合作视域的红色旅游资源开发研究——以湘赣两省为例[J]．中国商论,2022(14):53-55.
[18] 陈菡．宜宾市古镇旅游资源保护与开发战略分析[J]．魅力中国,2020(33):404.
[19] 宋徽,谢雨亭．万佛湖风景区旅游资源保护与可持续发展研究[J]．旅游纵览,2022(8):31-34.
[20] 高漫娟,毛开泽,黄郑雯,等．基于生物多样性保护的生态旅游研究进展[J]．西部林业科学,2021(9):36-40.
[21] 伍光和,王乃昂,胡双熙,等．自然地理学[M].2版．北京:高等教育出版社,2008.
[22] 《中国水利百科全书》编辑委员会．中国水利百科全书[M]．北京:中国水利水电出版社,2006.
[23] 丁季华,旅游资源学[M]．上海:上海三联书店,1999.
[24] 石玉林．资源科学[M]．北京:高等教育出版社,2006.
[25] 董晓峰．旅游资源学[M]．北京:中国商业出版社,2006.
[26] 张吉献,李伟丽．旅游资源学[M]．北京:机械工业出版社,2021.
[27] 郎富平,陈友军．旅游资源调查与评价[M]．北京:中国旅游出版社,2020.
[28] 张艳萍,肖怡然,邓思胜．旅游资源学理论与实务[M]．北京:北京理工大学出版社,2019.
[29] 马耀峰,甘枝茂．旅游资源开发与管理[M]．天津:南开大学出版社,2013.
[30] 魏丽英,路科．中国旅游资源概论[M]．北京:冶金工业出版社,2019.
[31] 肖星．旅游资源与开发[M]．北京:高等教育出版社,2019.
[32] 黄松．历史遗迹概览[M]．上海:同济大学出版社,2021.
[33] 孙克勤,孙博．世界遗产[M]．北京:北京大学出版社,2020.
[34] 邓宁,牛宇．旅游大数据:理论与应用[M]．北京:旅游教育出版社,2019.
[35] 王玲．康养旅游策划[M]．杭州:浙江大学出版社,2022.
[36] 李晓琴,朱创业．旅游规划与开发[M]．北京:高等教育出版社,2021.
[37] 谢泽明．旅游资源学[M]．北京:机械工业出版社,2022.
[38] 郭胜,张红英,曹培培．旅游学概论[M]．北京:高等教育出版社,2020.
[39] 李颖．基于旅游大数据的景观评价研究——以浙江省丽水市为例[D]．杭州:浙江大学,2020.
[40] 廉欢．历史遗迹旅游资源价值评价研究——以沈阳东陵公园为例[D]．大连:大连理工大学,2020.
[41] 孙迎．中国旅游业数字化转型问题研究[D]．长春:吉林大学,2022.
[42] 祝向波．攀枝花市康养旅游资源评价与开发研究[D]．成都:成都理工大学,2017.

[43] 张瑞洁 . 临沂红色旅游资源整合研究[D]. 济南:山东师范大学,2019.

[44] 聂祝兰 . 西递景区社区参与程度及满意度对旅游资源保护的影响研究[D]. 南宁:广西大学,2016.

[45] 洪一方 . 庆元廊桥旅游资源保护与开发研究[D]. 兰州:西北师范大学,2021.

[46] 国土资源部地质环境司,中国地质环境监测院 . 地质环境监测技术方法及其应用 Geo-Environmental Monitoring Technology and Application[M]. 北京:地质出版社,2014.